みんなの経営学

使える実戦教養講座

佐々木圭吾

日経ビジネス人文庫

文庫版まえがき

本書は、みんなが知っておくべき経営学の教養を紹介する本です。そもそも経営学とは、企業という特定の領域を対象にして、どうすればよいのかという政策にまで踏み込むという意味で実践的な学問です。一般的に、経営学はプロフェッショナルのための専門領域と思われがちです。

しかしこの本は、ドラッカーの「マネジメントは一般教養である」という言葉を足がかりに、『みんなの経営学』というタイトルが表しているとおり、働いている人やその人たちを支えている人など、すべての人が身につけるべき教養として、経営学を出来るだけわかりやすく捉え直してみた本です。

ですから、この本は経営学の用語や概念を解説する、いわゆる経営学のテキストではありません。また、いかに儲けるか、うまくやるかといったことを書き連ねた経営のハウツー本でもありません。

経営学を大学で教えることで生計を成り立たせている私も、経営学が「よりよく生きよう」として一生懸命働いている人たちの役に立っているのかという、素朴な疑問を感じることがあります。

職業人生の中で経営学の知見は、皆さんの人生を豊かなもの、幸せなものにすることにいかに貢献しているのでしょうか？　というよりも、少しは貢献できているのでしょうか？実際には経営学の理論と働いている人の現場での実践との間には大きな溝があるように感じます。

この本はこの溝を少しでも埋めようと、一部のプロフェッショナルや経営リーダーのためではなくみんなの知っておくべき教養として、経営学の諸理論の基底にあるエッセンスを出来る限りわかりやすく再構成しようと奮闘した私の知的冒険の結果と言っていいかもしれません。

『みんなの経営学』が出版されたのは二〇一三年夏でした。従来の経営学の解説本とは趣の異なる本でしたので、読者の方の反応が気になるところでしたが、気の小さい私の臆病な心配をよそに、大新聞や雑誌や学術ジャーナルの書評に取り上げられたり、この本を用いた研究会も開かれたりして、皆様からたくさんの意味深い質問（と少々のお褒めの言葉）を頂戴しました。

すべての質問に答えることは出来ませんが、文庫版のまえがきを利用して、三つのご指摘に対する私なりに考えた回答（らしきもの）を書いてみたいと思います。

質問や要望とは、

「経営学を経営実践にどう活かしていくのか」

「部下が経営学を知ると上司のマネジメントが難しくなるのではないか」
「もっと勉強するための本を紹介して欲しい」
の三つです。

まず経営学の経営実践への活かし方を考えてみたいと思います。「経営学を経営実践にどう活かしていくのか」という質問には、二つのニュアンスがあるようです。

一つはこの本の実践的な意味を確認するという内容ですが、もう一つは、財務会計や在庫管理などの実践的な経営学の手法は別として、経営というのは結局人間力の問題であって、経営理論や経営学の教養を知ることにたいした意味はない、というある種の批判です。

アリになれ、トンボになれ、人間になれ

前者の経営実践への活かし方については、ぜひ本書を読んで頂きたいと思いますが、つづめていえば、経営理論は企業経営における真実（リアリティ）を捉えるためのメガネだということです。そして実践と理論の相互循環によって経営力を高めていくことが、経営学を経営実践に活かしていくプロセスになると思います。

とは言っても、仕事を進める上で最も大事なのは、決断力や信頼力などの人間力ではないかという感覚を多くの方がお持ちではないかと思います。これが「経営学は経営実践にどれだけ役立つのか」という疑問につながるわけですが、先日、ある研究会で面白い話を

聞くことが出来ました。お話し下さったのは、伊藤忠商事の社長や中国大使など、官民ともに重職を歴任された丹羽宇一郎さんです。

丹羽さんによると一流のビジネスパーソンになるための要諦は、「アリになれ、トンボになれ、そして人間になれ」ということにまとめられるのだそうです。この言葉は城山三郎さんも書かれているものです。

まず「アリになれ」とは、仕事に就いたら、自分の担当する分野に関しては、業務運営上のスキルを磨くだけではなく、当該領域の専門書なども読んで、学者にも負けない知識を身につけなさいということでした。いわゆる実践力や技術力を磨きなさいということです。

しかし法制度や商売・商品の専門的な知識だけでは、視野が狭くなってしまったり、偏見や先入観を持ってしまったり、世の中の変化について行けなってしまったりする危険性があります。そこで次には「トンボになれ」を実践しなくてなりません。

「トンボ」になるということは、複眼思考を持つことです。専門分野に限らず、幅広い知見から、起こった出来事を包括的・多角的に考察し、自分なりの構想を練る理論力や構想力が大事になります。

そして最後は「人間になれ」です。人間とは何か？　かなり厄介な問いですが、丹羽さんのご経験や膨大な人文社会に関する読書の結果としては「弱い者に優しくなる」ことこそ人間にしか出来ないことではないかということでした。実践力や技術力を身につけ、理論力や構想力を磨いた上で、弱い者にこそ優しくなれるかが肝要だと言うのです。しかも、偉くなるとなかなか人間になれない、というユーモラスなこともおっしゃっていました。

「アリになれ、トンボになれ、人間になれ」という言葉から、技術や理論だけでは不十分なことは確かなようです。経営学を身につけただけでは、一流のビジネスパーソンにはなれません。最後は人間にならなくてはいけないからです。このことに経営理論の寄与できる割合はごくごく一部でしょう。ですから、経営学の教養の役割は、「トンボ」になるステップにあるように思います。

本文（第6章）の中でも、ある理論の教養とはその理論の限界を知ることでもあると書きました。経営学を知ることで企業の内外で起こる様々な経営現象を包括的・多角的に捉え、偏見や先入観を排して、真実（リアリティ）を捉えることに経営学の諸理論は役立つはずです。その上で、人間力も磨かなくてはならないのです。

「働かせる」から「働く」ための経営学へ

二つ目は「部下が経営学を知ると上司のマネジメントが難しくなるのではないか」という問題です。

ある研究会で質問された方もやや苦笑いされていたのですが、上司のマネジメントの仕方を見て「この前までX理論タイプだったのにうまくいかないものだからY理論タイプに変更したな」などと部下が察したらやりにくいということなのでしょう。

関連した質問に「バーナードの『無関心圏』概念の行き着く先は『洗脳』ですか？」という大学生からの質問がありました（無関心圏については本書第I章をご覧下さい）。

命令の無関心圏とは、上司の命令を引き受けるか否かについて何の疑問も持たずに部下によって受容される命令のことを指します。それが極端に展開された場合、無批判、無気力な状態やいわゆる洗脳された状態になってしまうのではないか、というかなり本質的な問題を指摘する声です。

バーナードの本意についてはかなり難しい議論が存在するのですが、学術的な解釈は別として、上司やリーダーにとっては自分の言うことをしっかり聞いてくれる部下の存在はありがたいものでしょう。どのようにすれば部下が自分に従ってくれるのか、予定通りの成果を出してくれるのかは、これまでの優れたリーダーシップの論理を探究することと同意のようにも思えます。しかし他方で、そこでの部下は従順な下部（しもべ）のようなイメージなのかもしれません。

働く人やその人たちを支えるためのみんなの経営学を構想する中で、徐々に考えさせられることになったテーマは、「働かせる」から「働く」への視点転換の難しさです。「働くということは、他人を働かせることだ」という解釈もできますが、これまでの経営学がどこか上から目線というか、実際に働く人たちをちょっと離れた立ち位置から客観的に観察することで発展してきたことも確かなことのように感じます（難しい言い方をすると科学としての経営学を追究してきた結果なのでしょう）。

私としては、自分のことを棚上げせずに書き進めたつもりです。できるだけ現場の第一線で働く人の視線から解説したり、自分の小さな経験談を挿入したりすることで、「働かせる」他人事としての経営学ではなく、「働く」自分のこととしての経営学を書いたつもりです。

ただ従来、少なからぬ経営学の諸理論は「働らかせる」という視点から作られており、より良く「働く」ための経営学への再構成はなかなか難しく、ほんの少しでも接近できていれば良いのですが、その試みがうまく書かれているか否かは、これから本書を読まれる皆さんのご判断に委ねたいと思います。

世界はますますイノベーションの時代を加速化させています。上司の言うことを従順にこなすだけでは組織のパフォーマンスを上げ続けることは困難な時代になっています。リーダーの役割は、メンバーを従わせることから、現場の一人ひとりが情報の蓄積された主体であることを強く認識し、集団や組織で知識を創造していくことに変化しています。

こうした時代だからこそ、経営学の教養が必要になります。教養とは、世の中の表層的な流行や変化に惑わされることなく物事の本質を見抜き、社会正義や倫理にかなった正しい意思決定を導く、みんなが知っておくべき知識です。上司やリーダーだけでなく組織メンバー全員が教養としての経営学の諸理論を身につけることが必要なのです。

「経営学の教養へのブックガイド」

しばしば、実務家の方との勉強会や大学での授業の後で、「『詳しくは専門の本を読んで下さい』と書いていますが、どの本を読めば良いですか?」という質問がありました。

私としては、自分の関心や問題意識を持たずに本を読んでも、前述した他人事としての経営学の知識になってしまうように思います。ですから、自分自身の抱えている問題を出来るだけ直接取り扱っているような本を選ぶことが大事になります。

そのことを踏まえた上で、一般的な「ポスト・みんなの経営学」のブックガイドとして、次の本をおすすめしたいと思います。

まず本書の中でも何度か引用していますが、フェファー&サットン『事実に基づいた経営』(清水勝彦訳、東洋経済新報社)をあげたいと思います。偏見や先入観による通説に惑わされずに、事実を正確に捉えることに重要性を訴えています。

また、経営学全般の知識を体系的にお知りになりたいのであれば、榊原清則『日経文庫・経営学入門〈第2版〉上・下』(日本経済新聞出版社)を最初に読んでみてはいかがでしょうか。大変簡潔な文章で経営学の要点を解説してあります。

下巻では比較的最近のトピックを取り上げ、経営学的な知見を適用しています。巻末に経営学に関するブックガイドも載っていますので、経営学をより詳しくお知りになりたい方は、是非ご参照下さい。

経営学研究者が書いた本については、この『経営学入門』のブックガイドをご覧頂くとして、ここでは、本書の主張である教養としての経営学を深めるのに役立つと感じられた、主に実務家の書かれた本を三つほど紹介したいと思います。

現代の大企業や経営管理システムの成り立ちを知る意味では、アルフレッド・P・スローン『GMとともに』（有賀裕子訳、ダイヤモンド社）がおすすめです。ボリュームも結構あって手に取ると怯《ひる》んでしまうかもしれませんが、事業部制やマーケティングを実現していったプロセスがイキイキと描かれています。経営学の本の中で最もエキサイティングだと確信しています。

事業の創造や企業の変革に取り組む経営者の視点としては、既に有名な本ですが、やはり小倉昌男『小倉昌男 経営学』（日経BP社）が勉強になると思います。併せて（本ではありませんが）、DVD『プロジェクトX 挑戦者たち 腕と度胸のトラック便～翌日宅配・物流革命が始まった～』（NHKエンタープライズ）を見て頂くと、現場での実践のマネジメントまでを思考した小倉氏の戦略の意味がより理解できると思います。

最後はグレッグ・スミス『訣別 ゴールドマン・サックス』（徳川家広訳、講談社）をおすすめします。知り合いの先生が徹夜で読み込んでしまったと言っていましたが、私ものめり込むように読んでしまいました。

通常この手の本はゴシップや恨み節にまみれているように思われがちなのですが、筆者のゴールドマン・サックス社愛のせいでしょうか、明るく楽しく読み進めることができます。その中で、現代企業経営の本質、組織の文化や倫理のあやうさを浮き彫りにします。

おわりに、単行本に引き続き文庫化の機会を下さった日本経済新聞出版社の堀口祐介さんにお礼を申し上げたいと思います。また、東京理科大学MOT佐々木研究室OGの戸田順子さんに校正のお手伝いを頂きました。ありがとうございました。

文庫本になった『みんなの経営学』が読者の皆さんに新しい経営の在り方を考えて頂くきっかけになればいいなあと心から願っています。

二〇一六年五月

佐々木　圭吾

まえがき――経営リーダーだけではなく働く人みんなのための経営学

経営学は役に立つのか

経営学とはどんな学問で、経営学を知っているとどんな役に立つのでしょう。もっと直截的な言い方をすると、極めて実践的な学問に見られている経営学なのですが、私たちが働いている経営の現実や第一線の現場とどのように関わっているのでしょうか。

私たちが働くのは生きるためです。でも、ただ生物学的に生存するためというわけではありません。よりよく生きるためです。現代社会でよりよく生きるために経営学はどのように役立つのかという疑問に、経営学を研究する者として答えようとするのがこの本の主題ですし、この主題の解明を試みた結果がこの本の内容ということになります。

「今さらながら『経営学は役に立つのか？』なんていう疑問を、経営学者が提示するなんてふざけているんじゃないか！」とお怒りになる方もいらっしゃるでしょう。確かに書店をのぞけば、経営学研究者やコンサルタントによって執筆されたビジネス書が山積みされています。世の中は経営学ブームと言ってもいいような状況です。

とは言え、満員電車に揺られて職場に出勤し、製品を組み立てたり、顧客と接したり、書類を作成したり、ソフトを組んだり、実験したり、部下を教育したり、会議を開いたり、内容は人それぞれでしょうが、仕事をこなして、深夜に帰宅する毎日の中で、経営学はどのようにみなさんの役に立っているのでしょうか。いや、そもそも役に立っているのでしょうか。

「経営学なんて知っていても仕事の役には立たないよ」と話す人もいますし、「経営学の本を読んだけど、苦境脱出の解決策は見つからない」と嘆く人もいます。何が問題なのでしょうか。

この本は経営学の基礎的な用語や概念の解説書ではありませんし、これを読むと会社が儲かるようになるといった経営のハウツー本でもありません。二十歳そこそこの学生やまさに第一線で活躍するビジネスパーソンや経営者の方たちと関わる中で、経営学研究者として経営学と経営実践のギャップをテーマに、私の考えを書き連ねた本です。私自身にも数年間という非常に短い期間でしたが、電機メーカーに勤めた経験があります。そのときに感じた本当に必要な経営学の知識との距離感を少しでも小さくしたいという思いと言ってもいいかもしれません。

今の書店に並んでいる本の表紙には、コーチング、グローバルリーダー、ネットワーク型組織、ブルーオーシャン戦略など、企業経営を良い方向に導くとされるたくさんの概念が飾られています。はたしてそれだけで十分なのでしょうか。経営手法を学ぶ以前に働く人みんなが知っておくべき、経営学そもそもに関する基礎的知識、すなわち「みんなの経営学」があるのではないかという直観が、執筆の原動力となっています。

経営学は教養である

私に生じた違和感や直観を結ぶ鍵となったのは、誰でも知っている経営学者の代表格であるドラッカーの「マネジメントとは一般教養である」という言葉です。

> マネジメントとは、伝統的な意味における一般教養である。知識、自己認識、知恵、リーダーシップという人格に関わるものであるがゆえに教養であり、同時に実践と応用にかかわるものであるがゆえに教養である。
> （ドラッカー『［新訳］新しい現実』（上田惇生訳）ダイヤモンド社、三〇一頁）

では、教養とは何でしょうか。

私たちが教養という言葉を語るとき、そこには三つの要素が染み込んでいるように思えます。一つは、教養とは実技や実用ではない、世の中の風潮に惑わされず、自分の思考を自由に働かせ、物事を正しく捉えるための基盤となる知識であるということです。物事を多角的に、かつ客観的に考えて、正しい答えを見出す知的な基礎能力と言っていいかもしれません。

もう一つは、社会の理想や規範や模範を含んだ倫理的な概念だということです。「彼は教養のある人だ」と言うとき、その人はただ広範な知識を持つだけではなく、その知識を正しく用い、公共心あるいは倫理観を持っていることがイメージされます。知識をひけらかしたり、周囲に迷惑をかけたり、暴力的な人物に教養があるとは言いません。

最後に、一部の専門的な実践家が知っておくべきスキルや分析する際に用いる枠組みではなく、現代の社会に生きるみんなが知っておくべき知識だということです。知っている人が得をするといったタイプの知識ではなく、みんなが知っていることで、社会が良い方向に進んでいく礎となることが目指されているタイプの知識です。

ドラッカーの言った「経営は教養である」という言葉からは、経営学もまた働く者みんなが身につけておくべき、基礎的な知的能力と人間力としての教養という特徴を持つ必要があるはずです。

しかしドラッカーの主張とは裏腹に、経済社会に対する企業活動の重要性が増すにつれて、経営学は専門的で実践的な学問という色彩を強めて発展してきたように思えます。経営学は、野心的な経営者や職場のリーダーといったプロフェッショナルのための実践的知識や専門的学問となっています。

そもそも教養でもあるべきはずの経営が専門的で実践的な手法としてのみ喧伝されていて、経営学もまた専門的で実践的な学問領域となっていることが、経営学と働く現場の実践との違和感を生じさせているように感じます。たとえば、リーダーシップ論はリーダーにのみ必要な知識なのでしょうか。組織論は組織を設計するような立場の人間だけのための理論なのでしょうか。戦略論は経営幹部や戦略スタッフのみが身につければよいのでしょうか。

企業が誕生したばかりの頃は、経営学は専門家のみが知っておけばそれでよかったのかもしれません。しかし企業が経済の主役になり、経営の良し悪しがそこで働く人の幸不幸に直接的な影響を与える現代社会において、経営学は働くみんなが知っておくべき教養になっているのです。

教養としての経営学に思いを馳せると、経営学は経営者のためのものではなく、働く人や働く人を支える人全員が身につけるべき、経営学の諸理論と理論の基底や前提条件に関する正しい知識ということになります。ならば、経営学をみんなが身につけておくべき実践的な教養として見直してみようという、経営学を専門分野とする学者からしてみると一種の冒険的な試みの第一歩が、本書なのです。

本書の構成

経営学の理論と経営実践の現実に感じる違和感を解き放つ糸口は、働く人全員が知っておくべき、教養としての経営学という構想にありそうです。

そこで冒頭の第I章では、経営学そのものに関する基礎的知識から考察していきたいと思います。個々の人間には主体性があるがゆえ、他人を直接動かすことはできません。そういった人間をいかに動かすのか（動いてもらうのか）ということが、経営学創始以来の根本テーマです。逆に言えば、人を機械や道具のように動かせるとしたら経営学はいらないということです。こうした経営学の最も基本的な考え方を、権限受容説という考え方をもとに説明していきます。

第II章では経営そのものではなく、経営が行われる場としての企業を考えていきます。企業とは何でしょうか。企業が経済活動の主人公であることは間違いないことなのですが、企業は営利を追求するだけの装置なのでしょうか。米国や日本の企業の生成や発展の歴史を紐解きながら、働く人が知っておくべき企業の本質に対する基礎的な知識を解説していきます。

第III章から第VI章までは、経営学の中の代表的な概念である、モチベーション、リーダーシップ、経営組織、経営戦略を取り上げて、その概念の背景にある基礎的な視点や考え方を紹介していきます。経営学は、財務管理や労務管理など非常に幅の広い領域を持っているのですが、その中核である経営管理（マネジメント）の領域に的を絞って議論していきたいと思います。

第III章では、働く人の最大の関心事であろうモチベーションについて考察していきます。

働く人のやる気を高めるにはそれなりのご褒美を用意すればいいと言われていますが、みんなが欲しがるご褒美はカネです。ではカネという財はなぜこれほどに人を引きつけるのでしょうか。お金って何なのでしょうか。そもそも、皆さんの職業人生で最もやる気の出た経験はご褒美の多さによって生じたのでしょうか。人間のやる気を左右する要因について幅広く紹介していきます。

第Ⅳ章は、経営成功の鍵になるとされるリーダーシップを取り上げます。「あなたも優れたリーダーになれる」といったタイトルのビジネス書は数えきれませんが、そこで語られるリーダー像はまさにスーパーマンか神様のような人間です。現実にはこれを知れば即座に優れたリーダーになることを約束するような理論はありません。ここでは、リーダーに過剰な期待を寄せる人間の性向など、リーダーシップを取り巻く要因を含めて、多角的にリーダーシップ概念を考えていきます。

第Ⅴ章は経営組織です。組織論はこれまで経営学の中心的な地位を占めてきました。また、日常生活でも組織ほど多用される社会科学の概念はないと思われるぐらい、頻繁に登場する言葉です。しかし今日、官僚制を代表格に大規模組織を無用の長物とする見解もあり、組織論は混迷の時代を迎えています。この章では組織概念の解説からスタートし、なぜ組織が必要なのかという基本的なテーマを探っていきます。

第Ⅵ章では、経営戦略の本質的な特徴に迫ってみたいと思います。今日は経営戦略ブームの時代と言っていいでしょう。経営学の中では比較的新しく登場した研究領域ですので、経営戦略を策定するための基本的な理論やツールについても簡単に紹介します。さらに、企業の戦略やそれが具体化された中期計画が机上の空論にならないための、現実の戦略的経営について考察していくつもりです。

最終章である第Ⅶ章では、あらためて、経営理論の活かし方についての基礎的な話を紹介します。経営学といえども理論は理論と頭の中にしまっておいても意味はないですし、理論を金科玉条として振り回してもいけません。経営学の理論と経営の現実の関係について考えていきます。また、今日の経営を取り巻く環境のちょっとした変化やその傾きから、経営学の進んでいる方向についての私の考えを述べてこの本を閉じたいと思います。

目次

III 職場にやる気を起こすには——楽しく働くためのモチベーション理論

IV 優れたリーダーの条件とは——集団を束ね導くための論理

V 1＋1を2以上にする組織とは――挑戦と安定を両立する

I

経営学はなぜ必要か

――儲けるためではなく よく生きるための学問

1 企業成長の差を生み出すもの

(1) 経営学とはどんな学問か

皆さんは経営学と聞いて、どんなイメージを持たれるでしょうか。たとえば大学の学部名であったり、本屋に並ぶ書籍のタイトルであったり、「経営学」という言葉を見聞きする機会は、経営学を研究しているわけではない一般の人々にとっても決して少なくないはずです。むしろ現代を生き抜く私たちにとって、「経営」や「経営学」は最も関心の高い事柄の一つでしょう。

言うまでもなく、私たちは離れ小島で自分と家族とだけで生活しているわけではありません。社会的な分業の中で、周囲の人と相互作用しながら自分に与えられた仕事をして、報酬を得て自分と家族を養い暮らす社会的存在です。社会的存在であることを否定して、精神世界における幸福を一人でひたすら追求する生き方もあるかもしれませんが、そのようなことができるのは極めて限られた人だけでしょう。

しかしいくら社会的存在だとしても、今日の日本に生きる私たちの生活の快・不快を直接に左右するのは、社会情勢や国民経済レベルでの景気ではないでしょう。革命のような社会動乱や思想統制などが行われない平和な社会である限り、それらは私たちの生活に間接的な影響を与えるものでしかないはずです。

おそらく個人の生活の快・不快を直接的に左右する大きな要因の一つは、その人自身が受け取る給与やボーナスの大小や職場の雰囲気や仕事の内容ではないでしょうか。現代の多くの人々は、企業や組織、集団を媒介にして、経済や社会と関わっていると言えます。端的に言ってしまえば、たとえ景気が良くても自分の会社がつぶれたり、自由で友好的な社会でも上司との折り合いが悪かったりすれば、快適な生活を送ることは難しいでしょう。どれほど少なく見積もっても平日の三分の一は職業生活を送っているわけですし、そこで受け取る経済的報酬の額が生活の基盤を形作ることになるからです。また、私たちは仕事の内容や職場での人間関係が日常生活の精神的な健康に大きく影響することも知っています。

ざっくばらんに表現すれば、景気や社会情勢にかかわらず会社がつぶれないように工夫し、職場で生き生きと楽しく働くにはどうすればよいのか、という問いへの解答を探究するのが経営学なのです。

このように書くと「経営学とは拝金主義的で、一企業の利益や一個人の幸せのみを追求する極めて利己的な学問だな」という印象を与えるかもしれませんが、もちろんそんなことはありません。次の章で詳細に述べますが、ドラッカー[*1]は、自由主義社会においては経済の主体が個人から組織（＝企業）に移行しており、経済・社会政策よりも企業経営（＝マネジメント）を的確に行うことが、経済や社会を正しい方向に導き、そして個人の生活を幸福にすると訴えて、現代経営学の礎を築きました。

つまり、経営学とは、より良い企業経営のあり方を探究し啓蒙することで、社会の発展と個々人の間の幸福を実現していこうとする学問なのであり、決して一企業や一個人の金儲けの方法を考案する学問ではありません。

(2) 経営学の特徴

社会の発展や個人の幸福を探求する学問は、経済学や社会学など他にもありますが、経営学はどのような特徴を持つのでしょうか。

多くの本で紹介されているように、経営学は、企業の経営活動を対象に、企業行動の原理や経営管理（マネジメント）のメカニズムの解明とより良い経営活動の導出を目的とした社会科学の一分野です（榊原、２０１３）。

このように書くと難解に感じられる方もいるでしょうから、簡単に経営学の特徴を二つにまとめて紹介しましょう。

一つは、（公企業なども含めた）企業という特定の領域を対象にした学問、すなわち「領域科学」であるということです。決められた理論や教義を当てはめるのではなく、企業という対象を特定化し、そこに様々な理論を使ってアプローチする学問であるため、経済学や社会学や心理学からの知見も多面的に活用する学際的な特徴を持っています。

もう一つは、現実のメカニズム解明にとどまらず、どうすればいいかという政策に踏み込むという意味で、「実践科学」であるという特徴を持っています。もちろん個々の企業の経営改善活動を経営学とは言いませんが、その活動の基盤にある経営改善の手法やツールの理論的枠組みを開発することを、経営学には期待されているのです。

このように経営学とは「領域科学」と「実践科学」という二つの特徴を持ち、他の学問領域にはあまり見られないユニークさを持っています。

たとえば、次ページの図1－1は繊維業界に位置づけられる企業の非繊維事業の割合と売上高成長倍率を示したものです。一目見れば、非繊維事業の割合が高い企業ほど売上高を伸ばしたことを見て取ることができます。そもそもある既存事業を営んでいた会社が既存事業以外の新規事業に進出することを「多角化（diversification）」と言いますが、この図は多角化戦略が企業の成長をもたらしたことを意味するわけです。

多くの製品や事業、市場にはプロダクト・ライフ・サイクル（Product Life Cycle：

＊1　P・F・ドラッカー：「まえがき」でも取り上げましたが、マネジメントを発見、発明したとされる、世界で最も有名な経営学者と言っていいでしょう。主要著書に『マネジメント』『企業とは何か』などがあります。

図1―1　企業の成長と多角化

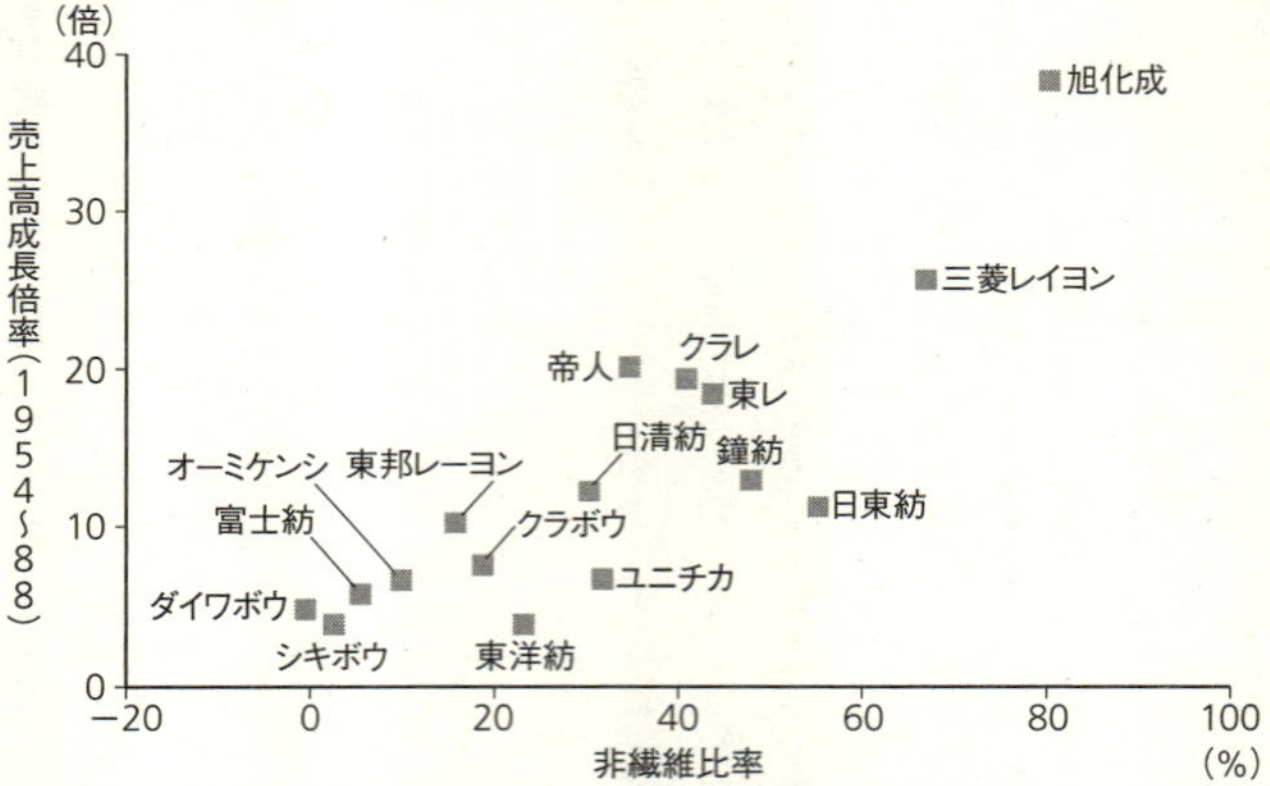

（出所）　伊丹敬之・加護野忠男『ゼミナール経営学入門』日本経済新聞出版社、2003年

ＰＬＣ）と呼ばれる、いわば人間の一生のような流れがあり、製品が生まれ、成長し、成熟し、やがては衰退していくことが知られています。

つまり、いつまでも単一の事業だけにしがみついていると、次第に市場は成熟化し衰退していくことが予想されるのです。したがって、プロダクト・ライフ・サイクルの限界を超えた存続・成長を図ろうとするならば、企業には多角化、すなわち新たな事業へ進出し複数事業を営む必要があることをこの図は訴えているのです。

要するに、図１―１は多角化戦略を積極的にとった企業は成長したことを示していることになります。

しかし、ここで注目したいことは、多

角化という企業行動がなぜ生じたかということです。もちろん誰かに強制されて行ったわけではありません。また世界や日本の経済状況が否応なしに、半ば自動的に多角化を迫ったというのであれば、企業間の成長の差を説明できません。

企業やその経営管理を研究対象とする経営学では、成長や収益などの業績の差を生み出すものが、個々の企業の主体的な意思決定の差ではないかと考えます。

この経営学のアプローチの特徴を（しばしば例として語られる）極端な話で説明しましょう。

テーブルの上に明々と火の点いた一本のろうそくが立っています。そのろうそくに大きなコップをかぶせました。あっという間に火は消えました。ろうそくの火はなぜ消えたのでしょうか？

おそらく、多くの人は「コップの中の酸素がなくなったから」と答えるはずです。もちろんそれで正解なのですが、もし経営学しか知らない、つまり純粋な経営学的思考しか持っていない人がいたとしたら、こう答えるはずです。「ろうそくの火に根性がなかったから」と。

経営学者だって基本的な教育は受けているはずですし、こんなことをまじめに言い出す人はどこにもいな

いでしょう。もちろん、いわゆる「根性論」を是としているわけではありませんが、しかし極端に示せば経営学的思考とはこのようなものです。

すなわち、ある現象を生じさせた対象そのもの（この場合は「ろうそくの火」）の主体性を認め、その主体的な意思決定を原因として考えるということなのです。

(3) 主体的に思考し行動するための経営学

個々の企業の業績の差は、置かれている状況が同じでも、そこから時代の流れを読み取り、勇気を持って多角化の意思決定を行い、知恵と努力を積み重ねてきた結果なのではないでしょうか。つまり、外的環境ではなく、自分自身の勇気ある意思決定と知恵と努力が成果の差を生み出したのです。

例としてあげた繊維産業は、戦前から構造的な不況に陥るのではないかと懸念されていました。このままでは停滞するという環境認識は、おそらくすべての企業の経営者が持っていたでしょう。また社内には様々な経営資源（生産設備などの有形資産や技術や知識の無形資産）があったと思います。既存の事業や市場を深耕する方が、慣れている分だけ楽だったかもしれません。しかしその後成長した企業は、勇気を持ってリスクの高い新事業へ経営資源を展開し、自らを取り巻く環境そのものを転換していったわけです。

このように経営学は、ある現象が起こったり、何かが変化したり、差異が生じたりした原因を、外的な環境や社会状況に求めるのではありません。むしろその外的環境でさえも主体的に構成しようとするような、企業や組織の中の個人といった対象そのものの意思決定の内実に現象や成果の原因を求める学問なのです。

ですから、経営学を身につけている人は、その考え方の癖として、物事がうまく運ばなくても他人や世の中のせいにはしません。主体的で積極的な姿勢を身につけているはずだからです。

日本における現代経営学の礎を築いた一人である占部都美教授（神戸大学名誉教授）は、

「経営学は、単に思考するための学問でなくて、思考して行動するための学問である。一定の目的を達成するために、環境を与えられたものと見ないで環境を積極的にコントロールしていく人間の主体的な行動を取り扱う唯一の学問である。だから、経営学を本当に身につけた人間は、不思議と思えるほど、積極性と主体性を持った人間になる」

（占部編著『経営学のすすめ』筑摩書房、まえがき）

と述べています［ここで取り上げた占部教授の文章は金井壽宏教授（神戸大学）に教えて頂きました］。

(4) 経営（management）で一番大切なこと

経営学は、対象そのものの主体性を認め、その主体的な意思決定を行動や変化の結果の原因であると述べました。このことは前述のような企業や経営者を対象にした場合だけではなく、たとえば職場のマネジメントを考える際に最も大事な前提を与えてくれます。

それは、「人を直接動かすことはできない」というものです。マネジメントである以上、他の人を動かすことで自分一人ではできないことを成し遂げるのですが、機械や道具を操作するようには人間を意のままに動かすことはできません。

時々、電車や居酒屋の中で「新人のAは俺の言うことを全然聞かない！」などと怒って話している人を見かけたりします。愚痴りたい気持ちはよくわかりますし、程度の問題なのでしょうが、基本的に人間は自分の主体的意思決定に基づいて行動しているのですから、自分の言うことを聞いてくれる人などほとんどいないのが実際でしょう。

しかし、この当たり前のことが意外に忘れられてしまっているのではないでしょうか。直接動かすことのできない他人をいかに動かすか（動いてもらうか）が、マネジメントを考える際の最重要ポイントになります。

個々の人間にできることは限られています。詳しくは組織について考察する第V章で解説しますが、物理的にも肉体的にも限界があります。自分を取り巻く環境をより良いものに変えていきたい人間は、個人の限界を突破する仕掛けを工夫します。それが組織です。組織を形成することで、一人ではできないことを複数の人間の協働によって成し遂げようとするわけです。したがって、組織のメンバーそれぞれにしかるべき行動をとってもらわなければなりません。

しかし、たとえ相手が直接の部下であったとしても、機械を操作するように他人を直接動かすことはできません。それぞれ人間は自分の意志や判断に基づいて行動しているからです。主体性を持って行動する人間を、どうやって組織の目的を達成するように動かすかが、マネジメントの要諦になるわけです。逆に言えば、他人を機械や道具のように動かせるのでしたら、経営学は不必要な学問と言うこともできます。

他人を直接的に動かすことができない以上、人を動かすためにできることは、意図したように動いてもらうような状況を作ったり、説得したりして、間接的な影響を与える程度のことでしょう。言い換えれば、予定通り動いてもらうように外堀を埋めることぐらいしかできないということです。

謙虚と言っていいかは判断が難しいのですが、「部下を動かす」よりも「部下に動いてもらっている」という自覚がマネジメントを考える際の、最も大事なスタートポイントになると思います。

2　経営学の想定する人間像

(1)　人間は強いけど弱い

経営学では、人間がそれぞれ主体的に意思決定して生きる存在であることを重視することを説明してきました。このように書くと、主体的で積極的な、自己規律の利いた自立した人間像を思い浮かべられるかもしれません。もちろんイメージ通りの、極めて野心的に自分の夢の実現に向けて積極的に行動している人もいるでしょう。ただ、現実には主体性なく流されるままに動いているとしか思えないような人もいるのです。同じ人物であっても、時と場合によっては両方の性質を往き来するかもしれません。

しばしば、性悪説と性善説という言葉を耳にします。人間は生まれ持って利己的で、自分のためなら他人をだましたり陥れたりすることもいとわない本性を持っていると考えるのが性悪説。逆に、人間の本性は善であって、本来は利他的で他人をだまそうなどと思ってもおらず、時々人間が悪いことをするのは、私欲にまみれてしまったからだと考えるのが性善説です。

誤解を恐れず言えば、中核的な社会科学の一つである経済学は、人間は性悪であるという前提に立って経済現象を分析する学問といえるでしょう。経済学にもいろいろありますが、基本的に人間は極めて打算的であり、あわよくば他人をだましてでも自己の利益（効用）の最大化を目指す存在であるとされています。

もちろん、自分を含めた現実の人間がそんなことだけで動く存在ではないことは、経済学者でも重々承知していますし、実際に個々の人間の性質はバラツキが大きいでしょう。しかし人間を打算的な存在と想定して社会的な相互作用を分析すると、国や社会レベルでの経済現象を把握できたり予測できたりするわけです。

経済学に比べると、経営学における人間像は統一化されていないようです。分析しようとする対象やアプローチの仕方によって異なるのですが、もう少し複雑な現実の人間像を想定することが多いように思います。性悪、性善の分類からすると、性悪よりも性善に近い「性弱説」とでも言うべきでしょうか。

これまで説明してきたように、人間は主体性を持って意思決定する存在です。つまり人間はやりたいことやなりたい像を各自が持っていますが、それは決して利己的なことばかりではないでしょうし、ましてや他人を傷つけることではないはずです。むしろそんな生き方は「かっこわるい」と感じるでしょう。悪いことや不正なことに荷担したいとは思っていないでしょうし、自分が正しいと認めることを貫いて生きていきたいと思っているでしょう。

しかし、人間は自分の自由意思のみに基づいて行動できるわけではありません。自分が所属する社会や組織にはルールや慣習があり、無批判にそれに従って生きているとも言えます。あるいは、自分が正しいと思っていることに反する見解に同意したり、上司の言うままに行動したりしてしまうことがあるのではないでしょうか。つまり、人間は善であろうとするけれども、長いものに巻かれたり、一時の利己的快楽におぼれてしまったりする弱い面があるわけです。こうした人間の強い面と弱い面の両面を受け止める全人格的な人間観を、経営学は持っています。

(2) 権限委譲に見る人間の弱さ

たとえば、「権限委譲」という言葉があります。やや長くなりますが、権限委譲という概念をめぐって、強さと弱さを兼ね備えた人間という見方への考察をしていきましょう。「権限」とは役職に応じて正当に与えられる力のことで、自分の持っている権限の一部を部下に引き渡すことが権限委譲です。企業組織とは経営者の持つ経営すべてにわたる大きな権限を下へ下へと委譲させた階層であるという見方もできるわけです。もっと広い視野からすれば、根源的な権限は株主などの企業所有者の私的所有権から発していると考えられます。

A課長がB社員に「北海道市場の状況を報告しろ」と指示・命令を発し、B社員がそれを受けてレポートを作成したとします。そのときA課長には権限が発生したことになるわけで、それはA課長がC部長から委譲された権限に源泉があると考えられるわけです。

しかし、本当にA課長の持つ権限がB社員を強制的に動かしたのでしょうか? 近代経営組織論の始祖であるバーナード[*2]は、権限が委譲されるなんてフィクション(作り話)で、権限は部下によって受容されて初めて成り立つものだと言っています。

なぜなら、上司の発した指示が部下にとって意味不明だったり、実行不可能なものであったり、正義に反するものであったりすれば、部下にはそれを拒否することができるからです。受け流すこともできますし、究極的には会社を辞めて、上下関係を解消してしまうという選択肢もあるからです。権限は振り下ろされて発生するのではなく、引き受けられて成り立つものなのです。こうした考え方を権限受容説と呼びます。

しかし読者の中には、「上司の権限から生じる指示通りに動くことで仕事は進められるんだよ」とか、「職位によって発生するはずの権限が部下の受容によって成り立つなんて、

＊2　C・I・バーナード：後で紹介するテイラーと並んで、経営学創設期において最も大きな影響を与えた、近代組織論の始祖と言われる経営学研究者です。しかし彼は大学に勤めるいわゆる学者ではありません。ニュージャージー・ベル社の社長を務めた経営者です。一九三八年に著した主著『経営者の役割』は、ハーバード大学で行った公開講義をもとに完成された本です。

図1－2　受容性による命令の分類

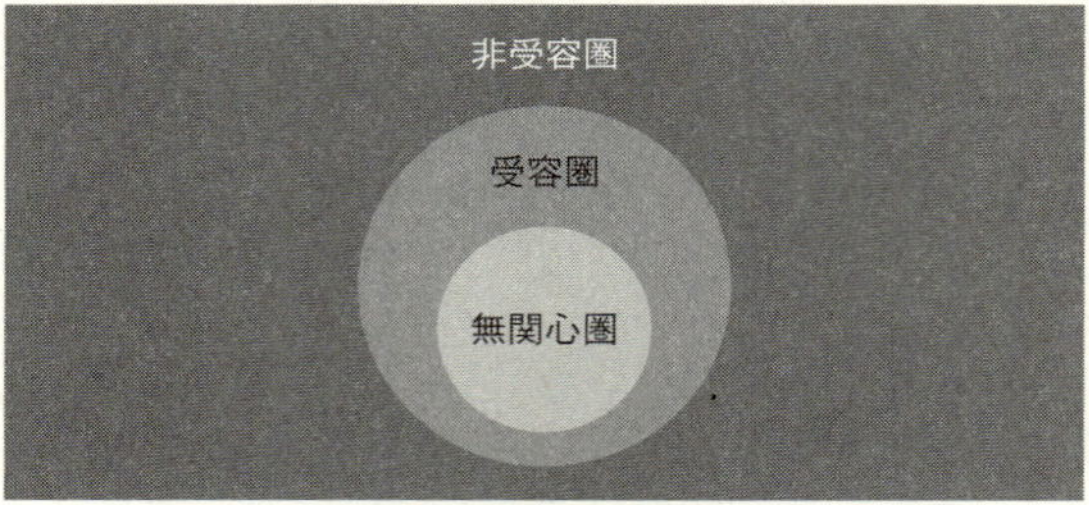

無関心圏が広いほど、管理者の権限は安定する

職場がめちゃくちゃになってしまうよ」とか、権限受容から想定される組織の不安定性を心配される方もいるかもしれません。しかしバーナードは、権限受容という真実の中で権限を安定させるのがマネジャーの役割の一つだと言っています。

バーナードはまず権限が受容される度合いに応じて、権限を三つのタイプに分類します。

第一は部下によって拒否されてしまうような、いわば非受容圏に位置する命令です。先ほど述べたように部下の信念に反したり、実行不可能な命令だったりする場合です。第二は、部下が考えた上で引き受けられる命令です。これは受容圏に位置する場合です。第三は、部下が何の迷いや疑いも持たずに引き受けられる命令です。バーナードはこれを無関心圏（zone of indifference）の命令と呼び、この無関心圏を大きくすることが権限を安定させることだと言っています。

(3) 無関心圏を拡大するマネジメント

前項であげた権限における「非受容圏」は、命令が部下に拒否あるいは無視されて、望んでいたように部下を動かすことができなかった場合を指します。「受容圏」と「無関心圏」の違いは、部下が検討した上で意識的に引き受けることを決めたか、無意識的にその命令に従ったかという点です。

たとえば大学の講義中、学生に「ちょっとペンを貸して！」と言えば、おそらく学生は何の迷いもなしにペンを貸してくれるでしょう。これは大学教授である私のお願い（命令）が無関心圏に位置するため、極めてスムーズに他人を自分の意のままに動かしたことを示すわけです。

また「チョークが切れているので学務室に行って何本か取ってきて！」と言えば、多少「何で私が？」と思いつつ取りに行ってくれると思います。これは受容圏のお願いです。

さらに「講義してたらお腹が空いてきたので近くのコンビニでパンを買ってきて！」と言ったら、おそらく学生は「自分で買いに行ってください」あるいは「我慢して講義を続けてください」と言うでしょう。これは私のお願い（命令）が非受容圏のお願いだったからです。

今あげた例は命令の内容による受容度合いの違いを表したものですが、同じ命令でも常に同じ結果になるとは限りません。たとえば、私が講義中に四六時中ペンをかじる癖があったとします。その上で「ペンを貸して！」というお願いをしたら、おそらく受容圏どころか非受容圏に移行します。逆に私が極めて熱心で献身的に学生のために教育する教員であったら、「チョークを取ってきて」くらいのお願いは無関心圏になるかもしれません。

権限を安定させ組織的業務をスムーズに行うためには、部下が上司の命令を何の躊躇や迷いもなしに引き受けること、すなわち無関心圏を大きくしていかなければなりません。拒否されるのはもちろん、悩んだ上で引き受けてもらえるようでも、スムーズな組織運営は困難でしょう。無関心圏を大きくすることが肝要なのです。

では、無関心圏を大きくするには何をすればいいのでしょうか。バーナードは常日頃のコミュニケーションの大事さを訴えています。事業の目的や仕事に関する取り組みや部下への思いやりをきちんと伝えていれば、権限受容に対する無関心圏は自ずと広がってくるというのです。広義に解釈すれば、マネジャー（上司）の日常の行動や思想の高潔さが無関心圏を大きくさせるのではないでしょうか。

たとえば、職場でいくら偉そうなことを言っても、アフター5がだらしない上司の言うことは心の底から信用することはできませんよね。それでも実績のある上司ならついて行くという人は少なくないと思いますが、打算的な計算の上で従う命令は受容圏の命令であり、安定的な権限の成立とはほど遠いように思います。

(4) 権限委譲というフィクションはなぜ作り出されるのか

ここまでは上司の側に立って権限受容の説明を行ってきました。上司は大変だと思った人もいるかもしれませんが、これは上司だろうが部下だろうが大変な話です。

権限は部下に受容されて成り立つものです。一人ひとりが権限を意識的あるいは無意識的に受容するからこそ成立されるのです。それにもかかわらず、私たちは日頃から権限は委譲されるのが当たり前だと思っています。

バーナードはそうしたフィクションが作られる理由の一つを、人間の「集団への気遣い」によるものだと言っています。上司の命令は多少無理、または変だと思っても、自分がそのことを発言することで職場の雰囲気が悪くなったり、同僚同士の人間関係にひびが入りそうだと考えて、素直に言うことを聞く姿勢を保ったりするということです。

しかしバーナードは、「集団への気遣い」以上に権限委譲のフィクションを成り立たせているのは人間の「責任回避志向」だと言います。上司の言うとおりにやれば失敗しても自分のせいではなく、あくまで上司のせいにできるというわけです。しかし権限はそれを引き受けた人の受容によって成り立つのですから、引き受けた以上、他人のせいにはできません。引き受けたあなたに実質的な責任があるはずです。それを認めるのが嫌なので、権限（命令）が上から降ってきてそれに従うのが仕事だと自分に言い聞かせているのです。

そうした個々人の弱さが、権限委譲というフィクションを生産し続けているわけです。

このように人間は主体性を持ち自律的な意思決定をする存在ですが、長いものに巻かれたり、責任を逃れようとしたりする弱い存在でもあります。

不祥事を起こしてしまった企業の方から、詳細な事故の顚末を聞く機会がありますが、少なからぬ事例で、その発端は担当者の小さな嘘であったようです。悪意を持った嘘ではなく、人間の弱さから生じたささやかな嘘です。それが積み重なって大きな事故や事件になるのです。

不祥事とまでは言わなくても、予定通りに運んでいない仕事の実情を早く報告すればいいのに、上司に叱責されそうな気がしてついつい後回しにしてしまい、結局多くの人に迷惑をかけてしまうような事態に陥った経験はないでしょうか。そんなときは「そもそもこんな仕事をやらされて」と、仕事が否応なしに上から降ってきたのだから仕方ないと自分を慰めたりします。

人間の悪さではなく、弱さが権限委譲というフィクションを作り出すのです。

3　正しい現実の把握

(1)　限定された合理性

人間が常に自分の信じる道を選択し正しく生きているわけではない、権力に依存したり、責任を回避したりする弱い存在であることを述べてきました。さらに人間にはもう一つの「弱さ」があります。それは正しく生きようという意志がいくら強くても、合理的な意思決定ができるほどの能力がないということです。この人間の能力を、「限られた合理性(bounded rationality)」とか「人間には『認知限界』がある」と称したります。

経済学の主流（新古典派経済学）では、人間は経済的な打算の上で自己の利益を極大化しようとする合理的な存在として捉えられています。これを経済人仮説と呼んだりします。それに対して経営学では、人間には合理的な選択をできるほどの情報処理能力はなく、せいぜい自分の満足いくレベルの選択肢を並べて選ぶ程度であるという人間仮説を設定しています。

たとえば、おいしいランチを食べたいと考えたとしても、この目的を達成するために、昼休みに食べて帰ってくることのできるすべてのレストランのすべてのメニューを選択肢としてあげて考察するなんてことがあり得るでしょうか。せいぜい知っている店のいくつかのメニューの中で、「今日はまあこれでいいか」くらいの基準で店を決めているのではないでしょうか。この例は個人の意思決定ですが、仕事の上の意思決定も合理的であろうとはするでしょうが、限られた選択肢の中の多少曖昧な結果と効果の予測のもとでの考察によって行われています。

合理的な意思決定とは、与えられた目的を達成するためのすべての手段を知って、それぞれの手段の結果を完全に予測できて、その結果のもたらす効果（効用）を完璧に把握できる場合に達成されます。

しかし私たち人間は、目的が与えられたからといってそれを達成するためにすべての手段の選択肢を思い浮かべられるわけではありません。たとえすべての手段がわかったとしても、どのような結果をもたらすかを完璧に予測などできません。さらに、その結果がいかなることにいかなる効果をもたらすのかをもらさず把握して評価することなどできません。

言うまでもなく、人間は全知全能の存在ではありません。したがって、現実ではせいぜい自分の探索できる範囲内での選択肢を想定し、おおよその結果や効果を推定して、まあこれでいいかなと満足できるレベルを基準に意思決定しているにすぎないのです。

(2) 蟻のメタファー

こうした考察を行ったサイモン[*3]は、経済学の経済人仮説に対して、経営学的な人間観を満足人仮説あるいは経営人（administrative man）仮説と呼んでいます。

彼は人間の行動を「蟻のメタファー（隠喩）」で解説しています。蟻は餌を見つけるために忙しく動き回っていますが、目的を達成するための合理的な行動をしているのではありません。蟻の歩いた軌跡はジグザグとしていて一見複雑な行動をしているようですが、これは蟻自身の複雑さではなく、たとえば目の前の障害物をよけながら、巣に帰ろうとしたものですので、いわば地形の複雑さを反映したものです。目の前の石などの障害物を回避する程度の単純な状況判断の結果なのです。

サイモンによれば、実は人間も同じです。一見すると複雑な思考や行動を行っているようですが、決して目的を達成するための一貫した合理的行動をとっているのではなく、目の前の障害となる事象への反応や極めて限定された短期的な状況判断で動いているという

＊3　H・A・サイモン：組織における人間の限定合理性と意思決定過程の研究を行った経営学者。一九七八年にはノーベル経済学賞を受賞しています。主著には大規模組織を分析した『経営行動』があげられますが、人工知能や政治学など多岐の分野にわたって活躍しました。

わけです。逆に限定された範囲の短期的な状況に対してだったら、効率的で効果的な意思決定ができるわけで、組織とは一人ひとりには合理的決定を導くような限定された状況を作り出す装置として捉えられるのです。

このようにサイモンは、人間の行動を蟻にたとえました。彼の言うとおり、情報処理装置としての人間は、実は蟻とそんなに変わらないのかもしれません。しかし人間は蟻よりも少しは複雑で「やりたいこと」や「信念」を持つ存在です。これが経営行動を複雑にします。

つまり、蟻との大きな違いの一つは、一人ひとりがなりたい自分や実現したい夢、または自分が正しいと思う信念を持っていることです。すなわち、人間は目の前の事実と同様に、何が正しいのかという価値によっても突き動かされるのです。

たとえば、ある人が英語の猛勉強を始めた理由は、その人の英語のテストの成績が50点と思わしくなく、平均点は70点、あるいは合格水準が75点という事実を知ったからかもしれません。もう一つは、日本と世界の架け橋になるような仕事をしたいという、その人の夢を認識（あるいは再認識）したから猛勉強し始めたことも考えられます。

人間は目の前の事実と同様に、あるいはそれ以上に自分の成し遂げたいことや信念、価値観に基づいて意思決定し、行動しているのではないでしょうか。

(3) 事実前提と価値前提

人間は主体性をもって自律的に意思決定する存在です。私たちは他人を動かそうとしても直接動かすことはできません。各人の意思決定に間接的な影響を与えられる程度です。その間接的影響とは、意思決定の材料（前提）を適切に設定してあげることです。意思決定の前提には、事実前提と価値前提があります。

先ほどの英語の猛勉強の例を考えますと、客観的な事実やデータを与えることによって、その人に英語の勉強という行動をさせることが可能になりそうです。こうした意思決定と行動を促す客観的な事実やデータを、事実前提と呼びます。他方の日本と世界の架け橋になりたいという夢は、事実ではなく理想や価値観です。英語を勉強するこうした目的や価値観、理想もまた、意思決定や行動を導く前提となります。これを価値前提といいます。

先にあげたサイモンは、経営における意思決定を科学的プロセスと捉えようとして、客観的な知識やデータによる事実前提を重要視しました。しかし、事実と並んで価値観やそもそもの目的といった要素も、仕事を進める上で十分に考慮すべき意思決定前提です。

私が大学を出て某電機メーカーに入社したての頃の話ですが、海外事業部の中南米課に配属されました。そこで半年後ぐらいには赴任する予定の中南米のある国の一般環境分析レポートの作成を命じられました。インターネットもない時代でしたので、社内資料はも

図1−3　意思決定前提

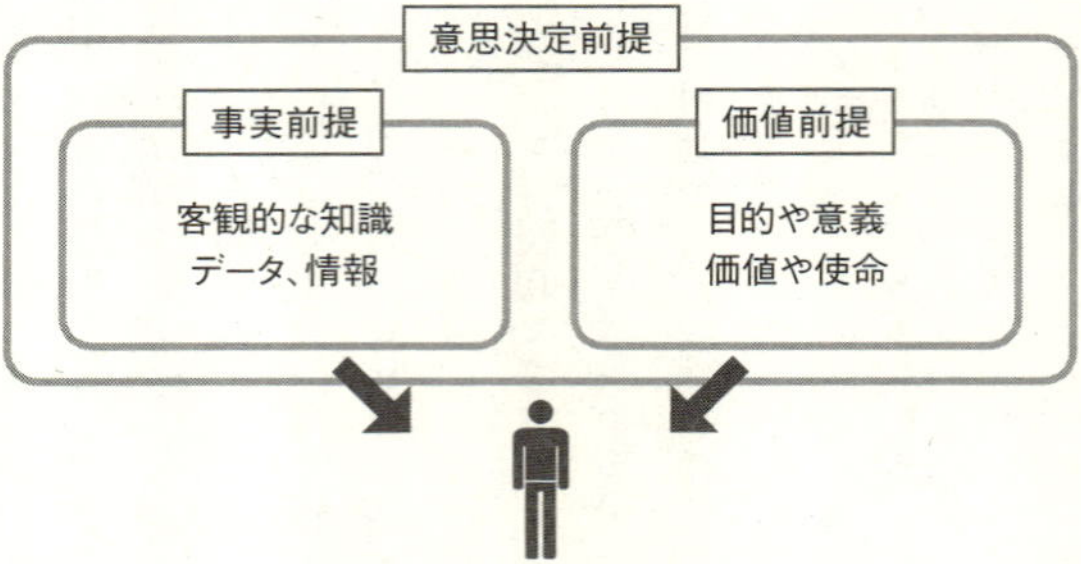

ちろん、図書館や領事館まで足を運んで、人口統計から経済、技術、政治などの状況をまとめてレポートを作成し提出しました。

自分としてはそれなりに頑張ったつもりでしたが、上司に呼び出されて「学生気分が抜けていない!」とやや強い調子で叱責されました。要は、私のレポートを読んでもその国に投資しようという気が一切起きないというわけです。

たとえ一般環境分析のような客観性を求められるようなレポートでも、これから赴任する自分の役割を理解した上で作成しなければ意味がないということです。上司は、会社が実現しようとしている世界社会への貢献というビジョンに基づく中南米課や現地会社のミッションを詳しく説明し、レポートの再提出を指示しました。

もしかすると新入社員教育のための恒例の儀式だったのかもしれませんが、(当時、素直だった?)自分には目から鱗が落ちたような体験でした。これ以降、現地会社に赴任しても、自分に与えられたミッションは何なのか、自分は何をしたいのか、何ができるのかを強く意識して仕事に取り組むようになった気がします。

(4)　正しい行動を導く意思決定前提

意思決定を導く要因が、事実だけではなく価値でもあることは述べました。それに応じて、自分の部下に望ましい行動をとってもらうための意思決定の際の前提も、事実前提と価値前提とに分けることができました。

事実前提とは、いわば意思決定の際の材料となるデータや現実です。目の前の顧客の要望や目標数値そのものや目標と現状の乖離などによって、人は行うべき方向とそれをどの程度、一生懸命行うかを決定します。

それに対して、価値前提はなぜそれを行わなければならないか、何をすることが正しいのかという理由、すなわち大義名分です。具体的には、企業や組織の理念やビジョンから生じる使命感のようなものでしょうか。ノルマの設定だけでは、やがて人はへばってしまいます。なぜそうしなければならないのかという意味を人間は欲しているからです。この価値前提もまた、意思決定の方向と大きさを規定します。

したがって、この二つの前提を両方とも適切に設定することが、正しい意思決定と行動を引き起こすために重要になります。

では、適切な意思決定の前提とはどのようなものなのでしょうか。その基本的原理は「正しい」前提ということになると思います。すなわち、正しい事実と正しい価値を前提として設けることです。正しい事実とはいわば正確な事実認識であり、正しい価値とは究極的には社会正義に結びつくような企業の目的ということになるでしょう。

サイモンのような人間観、すなわち人間が持っている情報処理能力が蟻と大して変わらないという見方からは、複雑な世の中をできるだけ分解して、たとえ認知限界のある人間でも正しい解を得られるような前提を設けられればいいということになります。

たとえば、五年後に日本での売り上げを倍にするという目標（意思決定前提）よりも、昨年東京の品川区で一〇〇万円売れた商品を今年は一二〇万円売るという前提の方が、具体的で適切な行動を生じさせやすいはずです。

その理由の一つとして、日本全体の現状を把握したり五年後の未来像を想定したりすることよりも、限定された地域の現状把握やできるだけ近い未来の推測の方が、処理するべき複雑性も不確実性も大きく削減できるということをあげられます。

しかし、何のためにそれを行うのかといった価値前提もセットされて、意思決定前提は効果的に働くと思います。

たとえば、ある製薬会社の研究所では、病院や介護施設などへのボランティア活動を会社をあげて行っています。その会社では、医薬品事業を通じた人間の生活品質の向上を経営理念（価値前提）としていますが、お題目のようにそのことを訴えても明確な効果が得られるわけではありません。痴呆などで苦しんでいる患者とその家族に直接触れる（事実前提）ことで、研究員の創薬や開発への努力がより引き出されることになります。

具体的には、「今日のところはここまででいいか」と仕事を終えていた人たちが、ボランティア活動での経験を思い浮かべ、「もう少し頑張ってから帰ろう」という強い思いを持って、より一層努力するようになるのです。

人は主体性を持って自律的に意思決定する存在であるため、直接他人を動かすことができません。他人を動かして事をなすマネジメントにおいては、事実と価値という意思決定における二つの前提を適切に設けることが大事なのです。

4　経営学が役に立つ理由

(1)　偏見や先入観というメガネ

適切な意思決定を行うためには、正しい事実を把握できるように前提を設けることが大事です。しかしながら、正しい意思決定前提は、自動的に正しい事実認識をもたらし適切な意思決定と行動を導くのでしょうか。

人間が蟻よりも厄介なもう一つのことは、自分が直面する現実や出来事を意味解釈することです。同じ前提が置かれたとしても人によって行動は異なります。

たとえば（有名な話ですが）、靴の販売を目的としたセールスマンが、靴を履く慣習のない民族の村に行ったとき、「靴は売れない」と判断するか、「これは大きなチャンス」と判断するかはわかりません。

人間は、コンピュータがキーボードから入力された命令を直接的に行うように、見たことや聞いたことに反応するわけではありません。目や耳にしたことを自分自身の意図や判断基準に照らし合わせた上で意味を解釈して、その解釈をもとに判断していく存在です。正しい前提だけではなく、それに基づいた正しい意味解釈を通して行う意思決定が、適切な行動を引き起こすことになるわけです。

つまり人間は、目の前の車を無意識（反射的に）に避けたなどの場合を除けば、一人ひとり外界からの情報や刺激を解釈して意味を見出して判断を行う存在です。簡単に言うと、外からの情報や刺激は、自分自身の持つ思考や判断の枠組みという「メガネ」を通して認識されるのです。

この解釈や意味を生む「メガネ」とは、その人の持つ信念や世界観などでしょう。最終章で取り上げる組織的知識創造理論ではこれらを暗黙知と呼んでいます。個人の持つそうした信念や世界観は、その人の直接的または間接的な経験から作り出され、言語によって詳細に表現したり構造を明確に捉えたりすることが極めて困難だという特徴を持ちます。

　このメガネが経験によって作り出されるということは、一人ひとり歩んできた人生が異なるということから考えますと、各々異なったメガネを持っていることを意味します。しかし、私たちは一人で孤島に住んでいるのではなく、多くの人々と社会的生活を営んでいます。そうした社会的相互作用からその社会や組織に共通する部分ができてきます。たとえばそれが常識というメガネです。

　常識とは社会人が持っているべき知識であり、常識がなければきちんとした社会生活は営めないわけですが、常識を持っているがゆえに新しい現象の意味を見逃してしまうことがあるかもしれません。たとえば、大学入試で携帯電話の親指入力で膨大なデータを送った例などは、大人の常識からすればあり得ないことであり、きっとカメラで写真を撮って送ったに違いないなどという解釈をしてしまうわけです。

　でもこの例で言う「大人の常識」は、ある程度の年齢に達している人の中での常識であり、社会全体からすればむしろ偏見や先入観というべきものかもしれません。

　同世代というだけでも、本人たちは常識と思っている偏見や先入観が形成されるのですから、企業においては濃密な相互作用の中で、会社や業界の常識という強靭な偏見や先入観が作られることになります。

　おそらく世の中で正確な事実の把握を阻害し、誤った意思決定と行動を引き起こすという害悪をもたらしているものは、その組織や集団が常識と考えている、実は常識と表裏一体の偏見や先入観というメガネではないでしょうか。

(2) 予言の自己成就

ここでやっかいなことは、このメガネはどういう構造を持っているかなどを言語で表現することが非常に難しいということです。誰も自分が偏見や先入観にまみれているとは思っていません。自分は極めて常識的なメガネをかけて生活していると思っているはずです。たとえ、自分の常識で判断できない出来事に直面しても、自分のメガネが正しいのかを真剣に悩むことはまれなのではないでしょうか。

こうしたそれぞれのメガネを持っている人間が相互作用する企業という組織の場では、個人の思い込みや信念が様々な災いをもたらすことが多いようです。それがその人の失敗だけに限定されるのであれば、大きな問題にはならないかもしれませんが、リーダーやマネジャーなどの組織の長が誤ったメガネを持っていると、そこから生じる災禍は意外と大きなものになりかねません。

たとえば、「最近の若者は指示待ち族だ」という思考のメガネを持っている課長がいたとします。彼は無意識的にそう思い込んでいますから、部下の自主性や自発性などを軽視し、若い社員に細かな指示を与えます。日頃からたくさんの指示を与えられてそれを毎日

図1－4　予言の自己成就

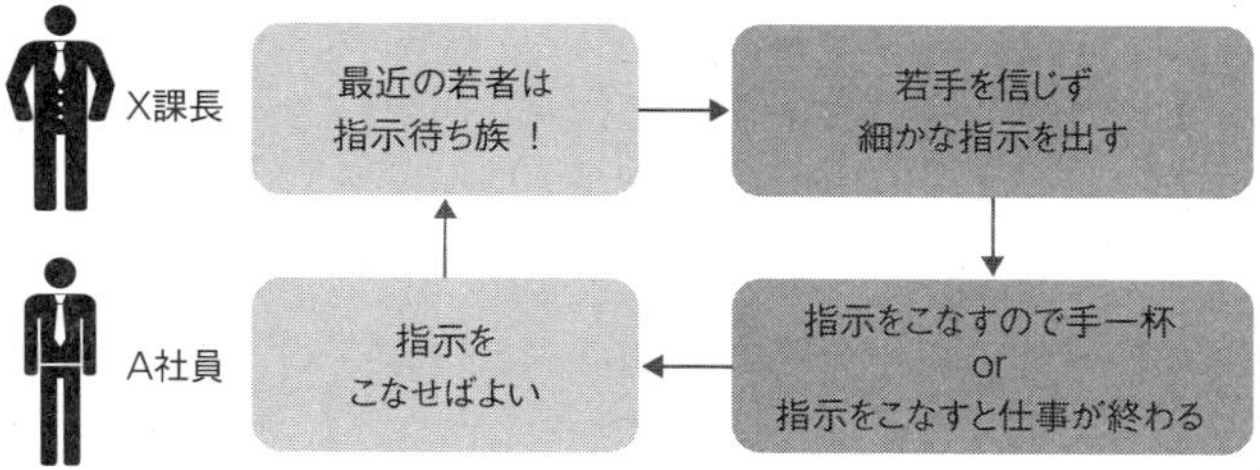
X課長
A社員
最近の若者は
指示待ち族 ！
若手を信じず
細かな指示を出す
指示をこなすので手一杯
or
指示をこなすと仕事が終わる
指示を
こなせばよい

こなしているうちに若い社員も、「仕事とは指示をこなすことだ」とか「指示をこなすと仕事が終わる」とか思うようになります。そうやって指示をこなすことしか考えない社員を見て、課長は「やっぱり最近の若者は指示待ち族ばっかりだ」と自分の信念を強化させることになります。そうして、より細かな指示を出すようになるわけです（金井、１９９９）。

社会科学では、ある思い込みや信念が社会的相互作用の中で現実化してしまうこの例のような現象を、「予言の自己成就」と呼んでいます。

ここで注意したいのは、決してこの課長が悪い人だったり、愚かな人だったりするのではないということです。一生懸命に仕事を進ませようとしているだけです。よかれと思って行っていることで、いわば「負のサイクル」を強化させてしまっているわけです。この「予言の自己成就」という現象は、時に大きな金銭的損失や、従業員だけでなく顧客や関係者などたくさんの人に不幸をもたらします。

企業とは、一人ひとりが家族や自分のキャリアや社会的なステータスを賭けて真剣に生きている場です。そこでは一時の衝動や思いつきではない、合理的で論理的な思考や判断が求められます。しかしこれまで見てきたように、人間は主体性を持って自律的な意思決定をする存在ながら、その判断力は、長いものに巻かれてしまったり、極めて小さな情報処理能力しかなかったりする弱さを持ちます。さらに、人間はそれまでの経験から、思考枠組みといったメガネを無意識に装着してしまっています。

(3) 経営理論を学ぶ理由

では、どうやって正しい意思決定を導くことができるのでしょうか。組織において正しい意思決定を導くよう支援するツールが、実は経営学の諸理論ということになります。もちろん、ある理論に従えば正解が導き出せるというのではありません。経営理論を知ったからといって立派な経営ができるわけではないという言葉も耳にしますし、経営には何より経験が大事だということも真実でしょう。その上で経営理論が大事で、とくに近年、経営を専門に学ぶスクールが数多く存在する理由は何なのでしょうか。

先ほどの「若者は指示待ち族だ」と無意識的に思っている課長が、予言の自己成就という罠にはまり、自分を含めて職場のメンバーみんなを不幸な目に遭わせている状況があったとします。この負のサイクルから抜け出すには、どうすればいいのでしょうか。

いろいろな手立てはあるのかもしれませんが、課長に、自分のマネジメントのやり方がこのような状況を引き起こしているんだということを自覚してもらうしかないように思います。この自覚をもたらす道具が、経営理論なのです。

たとえば一九五〇年代後半に米国の経営学者ダグラス・マクレガーは、X理論とY理論という概念を提唱しました。ここでいう理論とは、実践上用いられる知識のような意味なのですが、私たちは日常の生活の中でも、こういう状況ではこう対応するんだ、といった実践上の理論（theory-in-practice）をたくさん持っています。マクレガーは多くのマネジャーを調査し、マネジメントのやり方を基底に、ある働く場での人間観や動機付けに関する二つの実践上の理論のタイプに大きく分けられることを見出しました。

一つは「人間はそもそも怠け者で、アメとムチによって強制したり命令したりしないと働かない」と考えるX理論、もう一つは「人間は自分の自己実現のために進んで働く存在で、機会を与えてあげれば喜んで働く」と考えるY理論です。

マクレガーの主張の中心は、二つの理論があるということそのものではありません。マネジャーの持つ信念、とくに働くことや人間に関する信念がその人のマネジメント・スタイルを通じて、企業経営や職場の運営に大きく影響を与えるということです。

ここで、前述の課長がマクレガーの理論、すなわちマネジャーのマネジメントの基底には大きく分けてX理論とY理論があるということを知っていれば、自分がマネジメントの前提としている考え方はX理論に近いなと自覚できるはずです。それでうまく仕事が回っていないようだったら、自分のマネジメント・スタイルを反省的に捉え直すことができるでしょう。Y理論的なマネジメント・スタイルを実験的に取り入れるかもしれません。

多くの経営理論は、直接それが実践上の解となるものではありません。むしろ、様々な経営現象をできるだけ客観的に、ズレや漏れのないように把握する概念的枠組みのようなものです。それを知ることで、自分や自社の持っている偏見や先入観といった目に見えないメガネを自覚的に捉えられる鏡なのです。

(4) 自省を促す概念的枠組みとしての経営理論

この章の第1節で、経営学とは企業の経営活動を対象に、企業行動の原理や経営管理(マネジメント)のメカニズムの解明とより良い経営活動の導出を目的とする学問だと述べました。経営学の特徴は、主体的な人間の行動や意思決定を取り扱う社会科学だということです。経営学は、対象そのものの主体性を認め、その主体的な意思決定を行動や変化の結果の原因であると考えるのです。

このことは、マネジメントを考える際の最も大事な前提を与えてくれます。それは、「マネジメントとは他人を通して事をなすことだけれども、人を直接動かすことはできない」というものです。一人ひとりが主体的な意思決定や行動をする存在だからです。

図1—5　経営理論を活かす思考と行動

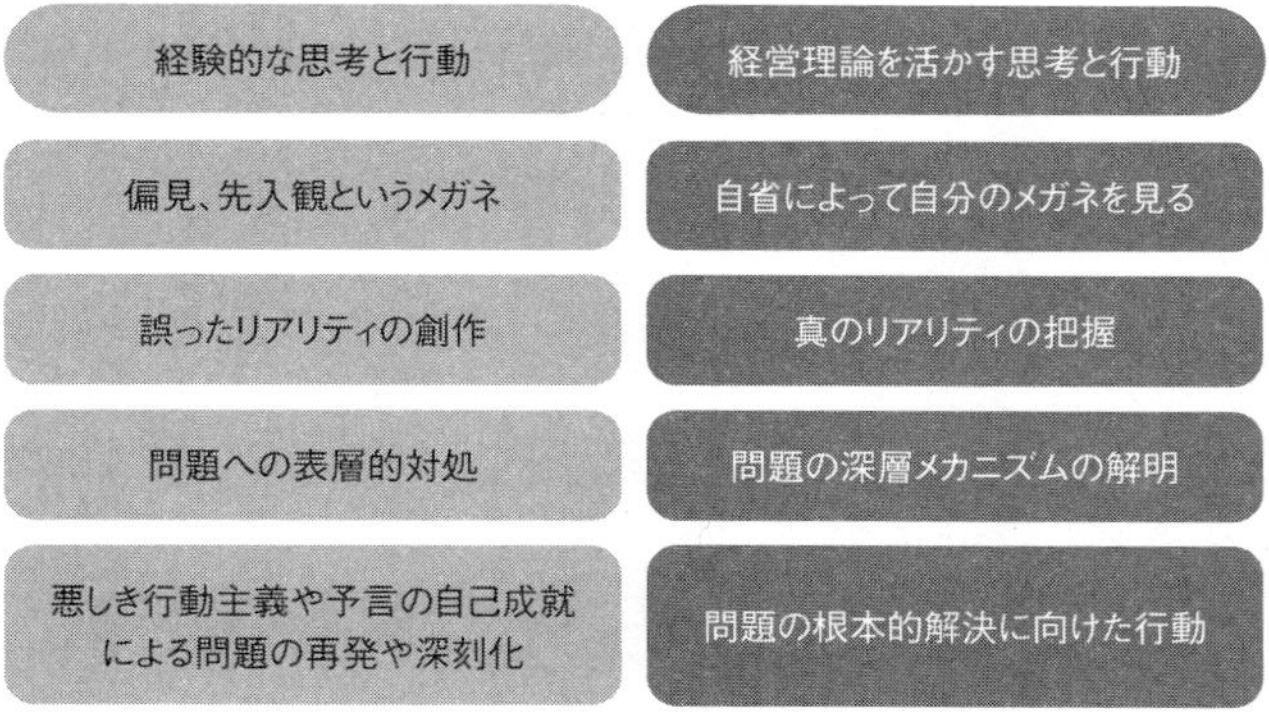

経験的な思考と行動	経営理論を活かす思考と行動
偏見、先入観というメガネ	自省によって自分のメガネを見る
誤ったリアリティの創作	真のリアリティの把握
問題への表層的対処	問題の深層メカニズムの解明
悪しき行動主義や予言の自己成就による問題の再発や深刻化	問題の根本的解決に向けた行動

しかし現実の人間は、自分の自由意思のみに基づいて行動できるわけではありません。自立的で主体的な人間も決して超人的な存在ではありません。むしろ多くの人間は極めて弱い存在でもあります。人間の弱さには大きく二つの面があります。一つは、長いものには巻かれてしまったり、できるだけ責任を回避しようとしてしまったり、一時の利己的快楽におぼれてしまったりする弱い面です。もう一つは、人間の認知能力には限界があって、合理的な決定をしようにもできない弱さです。

これらの弱さを補って、できるだけ正しい行動と意思決定を導くように、事実前提と価値前提を置くことが企業の組織や経営システムの要諦になるのですが、正しい前提を置けば正しい意思決定が導き出されるわけではありません。同じ前提のもとでも、人間は実践上の理論という無意識的なメガネのフィルターを通して物事を解釈するからです。優れた経営者や技術者の高度な判断に限らず、私たちは日常の生活の中でも、こういう状況ではこう対応するんだ、といった実践上の理論（theory-in-practice）をたくさん持っています。

しかしこの実践上の理論は迅速で効果的な結果をもたらす反面、それが無意識的なものであった場合、しばしば偏見や先入観という歪んだメガネになります。予言の自己成就というメカニズムで企業の経営や職場の運営に大きな負の影響をもたらすことさえあります。

こうした災禍を避け、より良い経営を実現するための支援ツールが経営理論です。

戦略論で有名な孫子は「彼（敵）を知り己を知れば百戦殆《あやう》からず」と述べました。確かに、正しい意思決定の基本は正しい現実（reality）の把握でしょう。

この正しい現実の把握を妨げているものは、情報やデータの不足だけではありません。自ら身につけている偏見や先入観や常識といった歪んだメガネが正しい現実の把握を妨げているのです。企業の経営や仕事の遂行にあたって、自分がいかなるメガネを身につけているのかを自覚させる装置こそが経営理論です。

経営理論を知ることで、動機付けやリーダーシップや戦略の立て方などのそれぞれの領域の体系的な諸概念を学べ、自分が勝手にそれしかないと持っていたやり方を客観的に見直すことができるようになるはずです。つづめれば、経営理論は実践上の解そのものではなく、解を導き出すための自省（reflection）を促進する概念的枠組みと言えるでしょう。

II

企業とは何か

――企業論[*4]をもとに
経済活動の主人公を知ろう

1 企業とは何か

(1) リストラ（人員整理）の不思議

最近は、業績不振を理由に、大企業の人員整理を含むリストラ計画や希望退職者募集実施の記事を見かけることがさほど珍しいことではなくなりました。そうしたニュースを耳にした学生や知り合いから、業績不振の原因を作ったわけではない一般の従業員が解雇されるのはおかしいのではないかという声をしばしば聞きます。

多くの場合、業績不振の原因は一人ひとりの働きが悪かったわけではなく、むしろ予期できなかった環境変化や企業の戦略の誤りに原因がありそうです。企業全体の業績に責任を負うのはもちろん経営者などのトップマネジメント・チームですから、彼らも退陣や役員報酬の大幅減額などのペナルティーを受けます。悪いのは自分たち経営陣ではなく、ちゃんと働かない従業員だと思っている人もいるかもしれませんが、基本的には業績不振は自分たちの責任ですから納得性がそんなにないわけではないでしょう。

しかし、人の能力や実際の働き度合いはバラバラだとしても、決して怠けていたわけではなく一生懸命に現場で働いていた人たちが、会社全体の業績不振の責任をとらされるのは理不尽な気がします。しかも解雇という経済的にも社会的にも精神的にも強烈なペナルティーを食らうのですから、一般の方がリストラのニュースを聞いたときに、今あげたような感想を持つのは当たり前のことかもしれません。

もちろん、新聞などで目にする多くの人員整理は業績不振打開のために致し方なく行う最終手段といった場合が多いと思います。しかし業績の好不調にかかわらず、成績が一定の割合の下位の従業員を恒常的に肩たたきして、新しい従業員と換え、そこで社員を競争させて、また一定の割合の従業員を解雇するといった恒常的な人員整理を行っている企業もあるようです。はたして企業に雇用責任はあるのでしょうか、ないのでしょうか。

こうした問いは、企業とは何なのかという根源的なテーマにたどり着きます。すなわち、「企業が金儲け（利益）のための経済主体」だったら、リストラは容認されるどころか、利益の最大化を目指し、その時々の事業に応じた最適な資源配置のために、人員整理は恒常的に取り組まれるべきことかもしれません。一見すると経営者の極めて利己的な主張のようですが、社会的に見ても、リストラによって解雇された人たちは、労働市場の「見えざる手」、すなわち市場メカニズムによる調整機能によって労働力を必要とする成長性の

＊4　企業論の中核である企業概念や企業形態の発達については、小松章教授の『企業形態論［第3版］』新世社を参考にしました。企業論について詳しく知りたい方は、ぜひご一読ください。

高い産業に移動し、国全体の生産性向上に寄与することになるというわけです。

他方、「企業には社会的責任がある」というような言葉に代表される社会的存在だとしたら、企業の代表的なステークホルダーである従業員を簡単に解雇するような事態は、できるだけ避けるべきこととなるはずです。社会的に見ると、他産業への労働者の移動は決して机上の理論通りにスムーズに進むわけではありません。たとえば、住居や自分の専門分野を変更しなければならなくなるかもしれません。失業者の増加は社会不安をあおります。社会の安定のためにも企業には雇用責任を果たす義務があるというわけです。

確かに戦後の混乱期を乗り越えて、高度経済成長を成し遂げて以降、十数年ほど前までの日本では、大企業が倒産したりリストラを行ったりして、労働者が失業することなどは、あまり考えられなかった出来事です。こうしたリストラが世間的には一つの大きなきっかけとなったと思いますが、今日ほどそもそも企業とは何なのかという疑問を多くの人が感じている時代はなかったのではないでしょうか。

経営に関する書物は世の中にたくさん出版されていますし、経営の諸理論や実践の手法を学ぶ機会も多いと思います。しかし、経営を考える以前に、経営の対象であり、経営が行われる場である企業についての知見が大事なのではないでしょうか。経営者、そしてこれから経営陣の一員になろうとする人にとって、企業の本質に対する確固たるパースペクティブ（総体的な見方）が必要なのです。

(2) 経済学における企業と経営学における企業の違い

では、企業とは何でしょうか。一般的に使われる言葉ほど意外にその厳密な規定が曖昧で、企業という概念も意外に多様で難解なものです。

たとえば一般的には、企業とか経済活動を分析する学問としては経済学を思い浮かべる方が多いでしょう。でも、伝統的な近代経済学にとっての企業は、資本や人、原材料、そして技術などを用いて生産活動を行う経済主体です。

つまり、経済現象を分析する際には、企業におけるインプット（投入）されたものの種類や量によってアウトプット（生産量）が決まるということが大事なことになります。

この投入物と生産物との関係を単純化させたものを生産関数と呼びますが、誤解を恐れずに表現すると、近代経済学における企業とはこの生産関数そのものとして捉えられてきたといえるかもしれません。企業はいわば生産関数を持つ「点」であって、企業の具体的活動や内部の構造自体は、これまでさほど重要なことではなかったのです。

主体的人間の意思決定メカニズムを解明しようとする経営学では、もちろん企業を点として捉えているわけではありません。私たちが具体的にイメージするのは、三菱商事のような広範囲にいくつもの事業を展開する大企業から町中で見かける小さな工場まで、様々な企業でしょう。こうしたいろいろな企業の共通点に注目すると、企業とは「営利を目的として経済事業を行う組織体」ということになるでしょう。

もう少し具体的に言い直すと、複数の人が協働して生産や販売などを通じて人々の必要とするものを供給して利益をあげる活動をしている主体（単位）が企業です。

しかし経済の実態として、または法律的に企業の主体は何者かというと、出資者と経営者ということになります。法律的にはいろいろな論争があるようですが、暗黙的な概念規定として会社は出資者のもの（株式会社は株主のもの）なのです（小松、２００６）。経営は株主から経営を委託された経営者（取締役）が行います。したがって、企業の当事者とは株主と経営者です。

こうした考えからすると、従業員は企業を構成する当事者そのものではなく、雇用契約された企業の外部者ということになります。あえて下品な言い方をすると、企業が営利目的を果たすために行う、モノやカネとはちょっと違う形態で行うお買い物の一つといえるかもしれません。この文章を読むと多くの人が不快感を抱くでしょう。実は私も書いていて嫌な感じに襲われます。なぜこのようなことになったのかについて、歴史的に企業の起源から考えてみましょう。

(3) 家内営業と企業の違い

歴史の文献を紐解くと、企業の起源の捉え方はいくつかあります。株式会社の起源は一

図2―1　企業とは何か

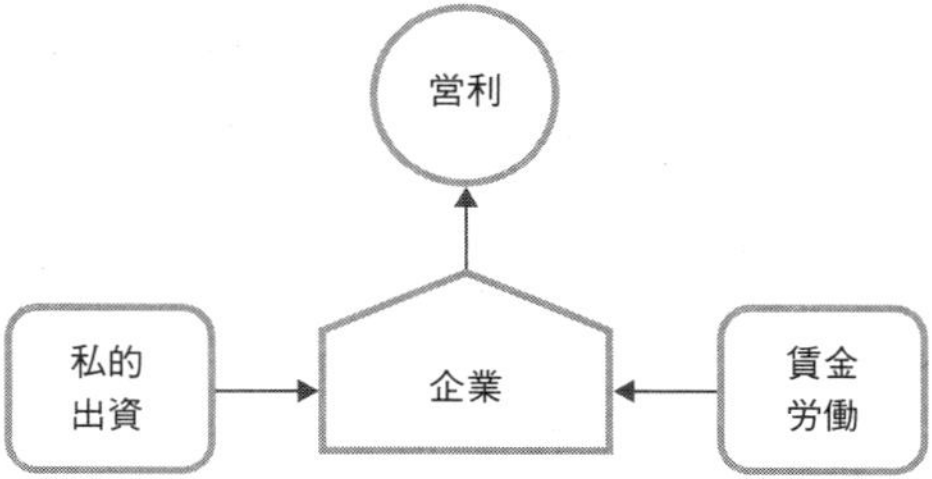

五、六世紀の大航海時代におけるイギリスやオランダの東インド会社にさかのぼることができますが、家族や身分的つながりで結ばれた少数のメンバーで何らかの事業を行う例はかなり古くから存在したようです。

しかし、今日考えられるような営利目的のための経済活動を行う組織体という特徴は、当初あまり見られませんでした。いわゆる事業を営む家族程度のごく少数のメンバーが自分の生計を立てることを目的とする家内営業だったわけです。おそらく、それらの多くは、個人事業主が自分の労働を糧に自分と自分の家族を養う自営業だったでしょう。

このような自営業や家内営業をする事業体のことを、日常私たちは企業とは言いません。では、家内営業と企業とはどこが違うのでしょうか。この違いから一般的に難解と言われる企業の本質的特徴を解説していきましょう。

まず企業と家内営業の第一の違いは、営利目的を有しているか、いないかです。「家内営業だって事業主自身とその家族の生計を立てられる儲けを出しているじゃないか」というご指摘を受けそうですが、営利目的でいうところの利益とは、働いているメンバーとその家族の生計を充足させた上で、なお生じる余剰としての利益であり、この利益の追求こそが企業経営の目的となります。従業員に給与を払ってとんとんでは、企業経営をしているとは言えません。企業においては、株主などの出資者に対する利益配分を行わなければならないからです。

誤解を恐れず大胆に言えば、ある資産をそのままにしておくことは無駄であり、それをできるだけ活用してそこから利益を作り出さなければならない、というような考えが資本主義の根幹の一つです。私たちの生きる資本主義社会においては、企業は余剰としての利益を生み出し、出資者に利益を分配しなければならなくなっているわけです。

企業と家内営業を比較すると企業規模の大小を意識しているようにも見えますが、企業は規模の大小にかかわらず、「営利目的」という観点から、他の組織体と区別されることが多いようです。たとえば、行政機関や宗教団体などは利益を目的にして経済活動をしているわけではないので、企業とは言いません。

また、国営企業や公営企業、あるいは協同組合のように経済活動を行っているけれども、利益をあげること自体が目的ではない非営利の企業も存在します。しかし一般的には、余剰としての利益を配分することを目的とするかしないかが、企業と他の組織体を分ける境界となっています。なぜなら、企業の出資者は慈善事業としてお金を出しているわけではなく、そこからそれ相応の利益を期待しているからです。

つまり利益を期待する私的出資をもとにして、事業から得られる余剰である利益を生み出すことを目的とすることが、家内営業と比較した場合の企業の特徴の一つです。

家内営業と企業の二つ目の違いは、賃金労働というポイントです。しばしば（藤沢周平原作などの）時代劇で侍の一家とその使用人が協働して、農業や家内工業を営んでいるシーンを目にします。使用人たちは何らかの賃金契約をして給料をいただく形で働いているわけではありません。もちろん相応の手当はあったのでしょうが、侍の当主と使用人たちはご奉公といった身分的な関係で結ばれていたのです。

こうした家族や身分的な関係での奉公が賃金労働に転化していく歴史的背景についてマルクス[*5]は、農奴制などの前近代的身分関係の崩壊によって自由な労働者が生まれたことと、そうした労働者が自分自身では生産活動を行えるような手段を持っていなかったことをあげています。

こうした点から見ると、設備や資金といった生産手段が乏しい中で、労働者は自分自身の肉体や頭脳を資本としてそれを活用することで利益を得る事業主のようなイメージです。

＊5　K・マルクス：一九世紀のドイツの哲学者、経済学者。いわゆるマルクス経済学を生み出した政治経済学の大家で、主著は言わずと知れた『資本論』です。

身分や縁故といった前近代的なウェットな人間関係から解放され、賃金労働を基軸とする雇用契約の関係という自由を手に入れたと見ることもできそうです。

しかし前述したとおり、従業員は営利目的を果たすために企業が雇用契約によって手に入れた経営資源の一つという特徴が明確にされたともいえます。家内営業の時代には一緒に働く人々はまさに家内営業主と一心一体の親子や師弟といった「身内」だったかもしれませんが、現代の資本主義社会はそれらを経済的な関係に置き換えてきたのです。

(4) 企業と社員の関係

事業が成功して事業体の組織規模が拡大し、賃金労働を行う従業員が事業を実質的に営む主体となると、事業主の仕事は従業員の管理に重きが置かれるようになり、事業主は企業を営むもとである資本から余剰としての利益を生み出す資本家としての機能を持つようになっていったわけです。

このように、企業とは「私的出資と賃金労働の両方によって、営利を目的とした経済事業を行う組織体」とまとめることができるでしょう。小松（２００６）では「私企業は、私的出資と賃金労働の結合関係にもとづく利益目的の経済事業組織（営利経済事業組織）なのである」とされています（同書４ページ）。

時々、企業にとっての経営資源のことを「ヒト、モノ、カネ」と言ったりします。あるいはHR（ヒューマン・リソース：人的資源）という言葉を耳にしたことがあるでしょう。皆さんはこうした言葉を聞いて違和感をお持ちになりませんでしたか。企業にとってヒトは大事です。しかし、モノとカネと並列に置かれているのは変だというか、嫌な感じがしませんか。

「経営資源はヒト・モノ・カネ」という言葉が含意しているのは、ヒトは経営資源ということです。従業員は企業の持ち物であって企業そのものではないということなのです。したがって、企業そのものの存続が危ぶまれるときに、人員整理というリストラを行うことは、当然というか、この視点からは理にかなっているわけです。

もちろん、労働者を保護する実効力のある法律はたくさんあります。会社が倒産した際には、まず賃金や退職金を優先的に支払った上で、債務者に残った資産を渡すことにもなっています。また、企業は、愛社精神や従業員との一体感を醸成しようと様々な活動を行っていますし、時々ニュースで耳にはしますが、何の理由もない突然の解雇は極めてまれな例ではないでしょうか。

しかし企業の当事者は出資者と経営者であり、従業員は重要な経営資源であるという視点は、企業に働く私たち全員がきちんと知っておくべき教養の一つだと思います。私たちは「寄らば大樹の陰」などと言って、企業や組織に一方的に依存することなく、一人ひとりが自分という資本を持った事業主であるという自立心を持たなければならないのです。

2　大企業の誕生

(1)　経済活動の主人公としての大企業

少し前のことになりますが、電子・半導体分野で事業を世界的規模で展開する、日本を代表する大企業の次世代経営者を育成するプログラムの内容について相談を受けました。人事部門のチームが構想したプログラムは、哲学のセッションも含めた大変ユニークなものでした。もちろん経営学の根幹である経営戦略論や組織論、財務などの一般的に経営者に必要とされる内容も盛り込まれており、私も「しっかりと考えられたプログラムだなあ」と感じていました。

しかし、そのミーティングの席上、当時のS会長が、ぜひ企業とは何かについて考えさせるようなテーマ、いわゆる企業論も取り上げて欲しいと発言されました。

S会長はITバブル崩壊によってその会社が大変な苦境に立たされた時期に社長になり、その会社としては初めての人員整理を行うという苦渋の決断をされた方です。その後、販売や製造の国際化を押し進め、企業業績を回復させたわけですが、その経験から、経営者たるもの企業とは何か、何のために存在するのか、ということに関する幅広い知識と自分自身の確固たる企業概念を持つ必要があると感じておられたのでしょう。

おそらく（私の勝手な解釈ですが）、S会長は予期していなかったほどの売り上げの低迷や赤字の拡大という状況の中で、企業の利益や今後の成長を優先させるか、これまで一緒に働いてきた従業員の生活を守るか、など経営者としての様々な悩みを抱えつつ、いろいろな決断を行ってきたのでしょう。

こうした決断を行うにあたり、そもそも企業とは何か、何のために存在するのかを深く考えざるを得なかったのだと思います。それゆえ自分の後進の育成に際して、意思決定の基盤としての企業概念を確固たるものにさせておく必要性を経営者として感じられたのだと思います。

すなわち、企業をいかに経営するか、ということ以前に、経営するそもそもの対象である企業とは何かをつかんでいなければ、立派な経営者にはなれないということです。

とくに現代の経済活動の実質的な主人公の一人は、大規模化し複数の事業を営む大企業(big business)です。大企業においては、企業を取り巻く内外の環境は複雑な利害関係が張りめぐらされています。関連会社や協力会社まで含めると、その雇用者数も大きく、一企業の動向が地域社会の盛衰に影響を及ぼすことも多いでしょう。また、機関投資家も含めた多くの株主から莫大な出資金をもらっていますし、銀行からの借入金も少なくないはずです。さらに、たくさんの顧客がその企業の製品をもとに事業を展開したり、生活したりしているでしょう。

こうした大きな責任の中で意思決定していかなければならない経営者にとって、利害の一致しない複雑な関係性の手綱を捌《さば》く上でそもそも企業とは何かをしっかりとつかんでおかなければなりません。企業論を学ぶことが必要だとするS会長の発言の背景には、営利目的で存在する経済事業体を超えた現代の大企業を経営する責任感や使命感があったのではないでしょうか。

では、大企業はどのように生まれてきたのでしょうか。大企業の生成史を振り返って現代企業の概念を探究してみましょう。

(2) 米国における大企業誕生のドラマ

前節において、企業とは「私的出資と賃金労働の両方によって、営利を目的とした経済事業を行う組織体」というようにまとめてみました。言い換えれば、営利目的を達成するために、まずは私的な出資をもとにして、賃金契約を結んだ従業員が何らかの業務に従事することで事業を遂行するわけです。

大企業の生成プロセスに関しても、これまで大きく分けると二つの流れで説明がなされてきました。一つは、いかに多くの資金を調達できるようにしてきたかという見方です。もう一つは、いかに大規模な複数の事業を効率的に運営できるように経営管理システムを発展させてきたかという見方です。もちろん、この二つの発展の流れは相互に影響を与え合ってきたわけですが、ここではまず後者の仕事やヒトやモノに関わるシステムの方から説明していきましょう。

この分野で最も有名なのは、米国の経営史研究者のチャンドラーです。[*6] 彼は米国における現代企業の生成プロセスを『経営者の時代』という本の中で明快に示しました。彼の理論を中心に現代の大企業生成過程を説明しましょう。

「取引コスト理論」と呼ばれる経済学の考え方に従えば、取引には価格というシグナルをもとにスポット（その都度）に市場から最も良いものを売買する市場的取引と、権限といった原理をもとに、固定されたメンバー間で長期にわたって継続的に行う組織的取引が存在します。そのどちらが選択されるかは、取引にかかるコストの大小によって決まります。つづめて言えば、企業とは組織的取引として内部に抱えていた方がよい財、すなわち経営資源の集まりということになります。

経済全体を広い市場の海だとすると、企業はそこに浮かぶ島です。市場的取引の世界の

＊6　A・D・チャンドラーJr.：米国の経営史学者で、ハーバード・ビジネス・スクール名誉教授。事業部制が多角化戦略によって発生する歴史的過程の分析から、「組織は戦略に従う」という命題を作りました。主著に、ピューリッツァー賞を受賞した『経営者の時代』などがあります。

中に、内部に組織的取引を行う企業という島が生まれてきたわけです。しかもこの島々は意外と大きく、経済世界の動静にかなりの影響を与えるようになっています。このような大きな島がいかに誕生したのかが、チャンドラーの設問なのです。

チャンドラーによれば、現代企業とは以下の二つの要件を備えています。

一つは、複数の職能を備えるとともに、工場や営業所といった複数の現業単位を持っていることです。時代考証の真偽はさておき、しばしば時代劇などで見かけると思いますが、現代企業以前はものを作る人は作るだけ、売る人は売るだけだったようです。こうした一つひとつの事業単位が統合されて生まれたのが、現代企業です。

もう一つは、こうした統合された諸現業や諸機能を調整するために経営管理組織が発展してきたのです。組織は階層的に作られ、現業を扱う管理だけでなく、職能ごとの管理や、全社的な資源や意思決定の調整を行うトップマネジメントも生まれてきました。私たちのイメージする大規模組織の企業です。

では、こうした特徴を持つ現代企業はいかに生み出されたのか。こうした現代企業が生まれたのは、一九世紀後半の米国においてです。企業の歴史という意味では比べものにならないくらいの長い歴史を持つヨーロッパにおいてではありません。

当時の米国の状況は、一言で述べれば急成長の時代です。移民による急激な人口増加によって中西部開拓が進み、米国の広大な国土のあちらこちらに巨大な市場が誕生していました。技術的には、情報伝達のための電信と輸送のための鉄道が張りめぐらされました。そして、産業革命の波及的影響からの工業化が進行する時代でもありました。

また、現代企業誕生の背景には、産業革命の帰結としての「規模の経済」という原理の発見がありました。工業化が進むにつれて、同じようなものを大量に生産すると劇的にコストが下がることが見出されていったのです。しかし規模の経済を実現する大規模な生産と販売は、産業革命の起こったヨーロッパではほとんど実現されませんでした。

というのも、ヨーロッパでは生産だったら生産、販売だったら販売に専念している一つひとつの事業が市場的取引で結ばれていたからです。つまり、ヨーロッパでは、社会的な分業のメカニズムが長い時間をかけて高度な発達を遂げており、事業統合のような企業行動が生まれにくかったのだと思われます。それに対して、米国にはシステム的な制約はありませんでした。

大量に物資を必要とする市場が急速に発展するという一九世紀のアメリカの特殊な状況の中で、規模の経済の利益を享受するため、原材料から生産、販売に至るバラバラの事業主体が次々に結びつく形で大企業は生まれていったのです。

バラバラな事業主体が契約などでそれぞれの主体性を維持したまま連携してもよさそうですが、大きなものの流れをきちんと調整管理するためには、全体を一つの組織とした指揮下に置かなければならなかったのです。

つまり、作る人が運んだり自分で売ったりする事業まで内部に取り込んで、権限を用いて大量のものの流れを直接的に調整する組織的取引によって膨らみ続ける市場に対応しようとしたわけです。それに合わせて、全体的なものの流れを調整する組織や管理システムも発展していったのです。

原材料から製造、販売に至る一連のものの流れを内部に取り込むことで、大量生産・大量販売された商品は、それまでのものに比べ安価で品質の安定したものだったのでしょう。この現代に通じる大企業の仕組みは、やがて世界に広がっていったのです。

(3) 資金調達から見る企業形態の発展

規模の経済を実現するために、小規模だった企業が次々に統合され、大企業が誕生するという流れを説明しましたが、それは大きな資金を必要とします。すなわち企業の大規模化は、資金を調達する新しいメカニズムも要請することになります。

そもそも企業の成長ステップのスタートは、出資された資本金です。この資本金を信用のもととして、銀行からさらなるお金を借り入れ、資本金と借入金を合わせた総資本で事業を営みます。事業で得た利益はすべて出資者に還元されるのではなく、一部は内部に留保され、新しい自己資本を形成します。その大きくなった資本でさらに大きな借り入れもできて、さらなる大きな事業を可能にします。このように、出資された資本金が事業を通じて循環的に大きくなっていくわけです。

すなわち、企業の規模拡大においては、そのスタートである出資される資金、すなわち資本金が大きな役割を持っています（小松、２００６）。これをたくさん集めて規模の経済を実現すれば、大きな利益を生み出すことが期待できます。

いかにたくさんの資金を準備できるか。その行き着いた先が、今日の主流の企業形態である株式会社ということになります。ここでは、株式会社へたどり着く企業の資金調達メカニズム発展の歴史を振り返ってみましょう。

よく「金を出す」「口を出す」などという言葉を聞きますが、資金調達メカニズム発展のドライブは、たくさんお金を集めたいけれども、金と同時に口も出す人が多すぎて、変な方向に進んだり身動きがとれなくなったりしては困るというジレンマの相克にあります。出資の分散と経営の支配のジレンマと言い換えることができるかもしれません。

個人が持っているカネや信用には限りがありますので、たくさんのカネを得るためにはたくさんの人からの出資が望まれます。しかし人間はカネを出した以上、あるいは事業が不首尾に終わった場合にかかってくる責任が大きいほど、その企業の経営を放っておくことができません。口を出したくなります。多くの人が集まってワイワイガヤガヤと企業の経営方針を議論していても、なかなか統一した方針は定まりそうにありません。

歴史的に見て、企業のスタートは、共同ではなく一個人がすべての資金を出す個人企業という形態です。ちなみに、働いている人が一人ということではありません。

個人企業では出資者が一個人ですから、その資金力や信用には限界があります。借り入れた場合でもそれが返せなくなった場合は、その出資者個人がすべての責任を負わなければなりません。これを無限責任といいます。

個人企業の多くは、出資者が経営者も兼ねています。個人ですべての責任を負っているのに、他人に経営を任せてはおけないでしょう。したがって経営支配の権利は、出資者個人に集中されます。基本的には起業・事業意欲の高い人が出資し経営するのでしょうから、自分の好きなように企業を動かしていけるという点は出資者にとってメリットとなります。しかし個人の出資には限界があり、大きな事業には適しません。この限界を突破するためには、複数の人からの出資を集めること、すなわち出資の分散の必要性が生じてきます。

そこで登場したのが合名会社です。これは複数の出資者が共同で出資する会社です。出資者はそれぞれが無限責任を持っており、経営は出資者の間での合議制によって行われます。多くの場合は親族など信頼関係の保持できる出資者同士だったようで、広範な出資を集めるというよりは、個人企業の延長として見た方がいいかもしれません。

(4) 株式会社登場

次は合資会社です。合資会社とは、合名会社に基本的には経営に口を出さない出資者を

図2－2　会社制度の発展

	出資（発言権と責任）	経営（支配権）
個人企業	一個人の無限責任	一個人
合名会社	複数による共同出資形態 無限責任	合議制、出資者間の信頼関係
合資会社	合名会社 ＋有限責任の出資者	無限責任出資者による合議制
株式会社	資本金のすべてを株式化 有限責任の株主	株主への支配権の小口化 株主総会で専門経営者へ委託

加えて出資の分散と経営の支配を維持しようとする形態です。この口を出さない出資者は、会社が倒産しても自分の出資金が返ってこないだけの責任しか持ちません。これを有限責任といいます。有限責任しか持たない出資者は、無限責任の出資者の合議制には参加しません。

すなわち、無限責任の出資者による経営を全面的に信頼するしかないわけです。経営に口を出したくても出せない上に、出資金を自由に引き上げたり、誰かに受け渡したりすることも困難で、やはり多くの出資を集めるには限界がありました（小松、２００６）。そのため、より多くの出資を集めるためのさらなる企業形態の進化が求められました。

そこで最後に登場したのが、資本金のすべてを株式化した株式会社という企業形態です。ここでの出資者とは株式を購入した者であり、すべての出資者が有限責任しか負っていないことになります。一般の人も極めて簡単に特定の企業への出資ができますし、何か気に入らないことが生じれば自由に売る（譲渡する）こともできます。一般の人が比較的気軽に出資することができるわけです。

このように、より広範に社会全体からの出資を得ることで、総額としては極めて多額の資金を獲得することが可能になります。

経営の支配権という視点では、すべての株式保有者が持ち株分に応じた権利を持つことになります。このことで、かつて無限責任の出資者が保有していた経営支配権もまた分散されることになります。

しかし実際には、株主総会を基軸とする多数決の原理という意思決定メカニズムを通じて、一部の大株主による支配権を保持することができます（小松、２００６）。逆に言えば、よりたくさんの人からちょっとずつ少額の資本を集めることで大きな資本を手にすることができますが、一人ひとりの出資が少額なゆえに経営の支配権はこれまで通り一部の大株主が確保できる仕組みと言うことができるでしょう。

また無限責任の出資者が支配・経営するという制約から解放された株式会社は、資金調達という限界を突破したばかりでなく、専門的な経営者による経営も可能にしました。いわゆる所有と経営の分離です。お金がなくても、能力さえあれば、大企業の経営者に選ばれることも可能になりました。

株式会社は、それまでの企業形態が持っていた資金的制約と人的制約を突破したことにより世界中に広がっていったのです。このことが、第2項で述べた大規模企業の誕生と歩みを同じくすることは、容易に想像がつくでしょう。今日では、世界中から資金を集める国際的な企業が、世界的なレベルでの効率のよい経営を実現すべく、世界中から選ばれた経営者によって管理・調整されているのです。

3　日本の会社誕生紀

(1)　企業の当事者は誰か

これまで解説してきたとおり、企業を中心的に動かす主体は株主と株主から経営を委託された経営者です。法制度の上の趣旨から見ても株主と取締役が会社の当事者です。こうした視点で捉えると、従業員は、株主と経営者によって主体的に構成される企業と賃金労働契約によって雇用された外部関係者ということになります。

しかし一般的に、というより日本において、従業員が企業の外部関係者という考えは馴染みにくいのではないでしょうか。

一枚の紙でも、ノートの片隅でもよいのですが、「株主」「経営者」「従業員」と書いて、同僚や友人の誰かに「企業の内部の構成員（あるいは当事者）を○で囲んでみて」と、その紙を見せてください。私の経験では多くの人が「経営者」と「従業員」に○をします。

法律的には「株主」と「経営者」であることを説明しても、かなり多くの人が「従業員こそが企業の主体であって、外部関係者なんて理解できない」と思うようです。

つまり日本では、経営者と従業員が企業の内部構成員であり、株主は外部関係者という考えの方が常識になっています。だいたい多くの新入社員が一年もしないうちに「ウチの会社は」とか、ダイレクトに「ウチは」と勤務先を表現するようになりますよね。

従業員が会社の主体であるとする常識、あるいは会社観は、どうやら日本でとくに強く見られる考え方のようです。なぜ日本ではこのような会社観が作られたのでしょうか。

一九七〇年代に文化人類学的な参与観察、つまり実際に日本企業の従業員となって調査研究を行ったロッドニー・クラークも、『ザ・ジャパニーズ・カンパニー』という本の中で、法制度上の株主や株主総会の権限は欧米と比較してもかなり大きいものであるにもかかわらず、日本では従業員が企業の主体であるかのように思っている（ことは不思議である）と書いています。

その他にも、欧米人から見た日本企業の「不思議」がいくつか書かれています。その中の一つに、部長とか課長とかいう社内で勝手に決めているはずの職位が産業的にも社会的にもある種の階層を作っていて、会社間のコミュニケーションの円滑化のために、産業全体が構造化されているようだというような指摘もあります。どうやら日本では、会社での職位が社会的なステータスに直結している度合いが大きいのかもしれません。

普通であれば、通常の論理では理解できない対象（たとえば、未開の地の住人やギャング）に向かうべき文化人類学者が調査に来るくらい、日本の企業は「不思議」にあふれているようです。労働組合が経営に参画する制度の国もあるようですが、従業員も会社の主体だとする会社観は日本企業の不思議の代表格のようです。このテーマから日本の企業論を探究していきましょう。

(2) 日本の企業史をながめる

現代の大企業が米国のある時期の特殊な事情によって誕生したように、従業員が会社の主体を構成する一員であるなどの考え方もまた日本特有の歴史的な流れの中から形成されているはずです。

日本近代の企業史研究を紐解くと、まず顕著な特徴の一つは、家内営業から個人企業、そして合名・合資会社、株式会社へと発展する企業の支配権をめぐるドタバタを社会的にあまり経験していないことです。つまり明治維新以降、欧米の優れた制度が輸入されて日本の近代の企業史はスタートするのです（小松、２００６）。

経営史の分野の研究では、長かった鎖国を解き、明治維新を終え、突然、世界規模の経済競争に巻き込まれました。したがって、世界との貿易を通じた国際競争に勝つことが、国家としての日本とその後「財閥」と称されるようになる日本の大企業の大命題であったようです（宮本ほか、1995）。

日本の国益という社会の合意が近代企業を生み出していく基盤の一つだったのですが、それを成功させる最大の障害は人材不足でした。すなわち、最も希少で貴重な資源は、外国語を話すことができたり、ある種の科学技術を習得していたり、経営管理の手法を身につけていたりする人材だったのです。この人たちがバラバラに存在しているだけでは、欧米に対抗する力になり得ません。この力を一つに集結させる装置が財閥だったと考えられるでしょう

こうした高等教育を受けた者の多くは旧武士階級の人間であったため、彼らを企業に惹きつけるには、高給というインセンティブだけではなく、国家や社会のために尽くすという企業や事業の大義名分が必要でした（森川、1993）。そのために財閥を中心とする多くの企業が、企業は出資者のための営利目的の装置ではなく、社会の公器であるとする経営理念を社内外に向けて発信したのです。

しかし明治の企業の仕組み自体は欧米からの輸入品でしたし、法制度的にも株主を中心とする会社制度の色彩が強いものでした。日本固有の観念として会社を「家」として捉える傾向もあったのですが、労働移動率も今よりもはるかに高かったようです。

従業員が「会社は自分たちのもの」といった会社観は、明治期にはさほど社会的に広がっていなかったかもしれません。

(3) 戦中・戦後で形成された日本企業の不思議

明治期のこうした基盤の上に現在の日本特有の企業システム形成に大きな影響を与えたのは、どのような出来事だったのでしょうか。経営史研究の中では、決定的な要因について諸説展開されていますが、ここでは第二次世界大戦における戦時経済体制と、大戦終結に伴う一連の民主化政策、そして高度経済成長を取り上げてみましょう。

まず第二次世界大戦時は、まさに国家総動員体制で兵器などの軍事物資が生産された時代です。今日で言う「〇〇工業会」といった業界団体が整備され、統制経済のもとで企業活動が営まれました。ものの流れや技術という面でも、たとえば零戦の生産システムを見ると、今日のサプライヤーとの強い信頼関係を基盤とする生産システムの原型を確認することができます。

このときの財閥はもちろん根底に自分たちが富むために行うという営利目的を持っていたでしょうが、多くの国民を動員した生産活動が営利目的によって鼓舞されたわけではないことは容易に想像がつくと思います。

この戦時経済体制は、終戦によって全く解体されてしまったわけではないようです。たとえば、各種工業会も戦後の産業政策に大きな影響を与えていますし、前述したロッドニー・クラークの指摘した、産業全体の構造化の根源にも社会全体が統制経済で結ばれていた名残のようなものがあると考えられるかもしれません。

しかし終戦に伴う一連の民主化政策は、今日の日本企業のありように大きな影響を与えました。無視できない出来事の一つは、一九四六年に施行された公職追放（パージ）です。ここで言う公職には、戦前・戦中の有力企業や軍需産業の幹部などが含まれました。多くの大企業の幹部が一斉に経営の現場からいなくなってしまったのです。

その結果、従業員出身の若い中堅幹部から人選してトップや経営陣を構成せざるを得なくなりました。若い専門経営者たちの中からは新しい事業モデルや経営システムを構築する者が現れ、日本経済発展の礎を作っていったのです。

たとえば川崎製鉄（現ＪＦＥスチール）では、終戦とともに（後の昭和二五年に社長に就任する）技術者の西山弥太郎氏が高炉から銑鉄までを一貫して生産するという画期的な事業モデルを構想し、銀行から多額の借り入れを行った上で、千葉製鉄所でその構想を実現しました。

技術的には垂直統合による大量生産を目指し、経営的には銀行から多額の借り入れを行い、レバレッジ効果（借入金などの他人資本を導入することで同額の自己資本でもより高い利益率をあげること）を追求するというビジネスモデルは、その後の日本企業の一つの規範的なモデルになったと言われています（米倉、1999）。

また戦後の民主化政策と一九五五年に始まる日本経済の高度成長は、基本的には従業員をかなり長期にわたって雇用するという慣行、いわゆる終身雇用制度を生み出しました。おそらく、日本固有の「家」という観念の上に、高度成長期における人材不足が終身雇用の慣行を定着させていったのでしょう。

従業員の中から経営者が選ばれることと従業員が長期にわたって同一企業に勤務することが、日本において企業の内部者としての経営者と従業員、そして外部者としての株主という一般的な観念、あるいは常識を醸成していったのでしょう。

(4)　見えざる出資のメカニズム

法制度の趣旨とは異なる従業員も会社の当事者とするという考え方は、前の項で説明したような終身雇用から醸成される従業員側の希望的な主張、あるいは幻想にすぎないのでしょうか。

一九五〇年代半ばに来日したアベグレン[*7]は、日本企業のユニークな特徴を「日本的経営

＊7　J・C・アベグレン：米国の経営学者で、ボストン・コンサルティング・グループ日本支社代表を長く務めました。その後の「日本的経営」研究に大きな影響を及ぼしました。

図2−3　見えざる出資のメカニズム

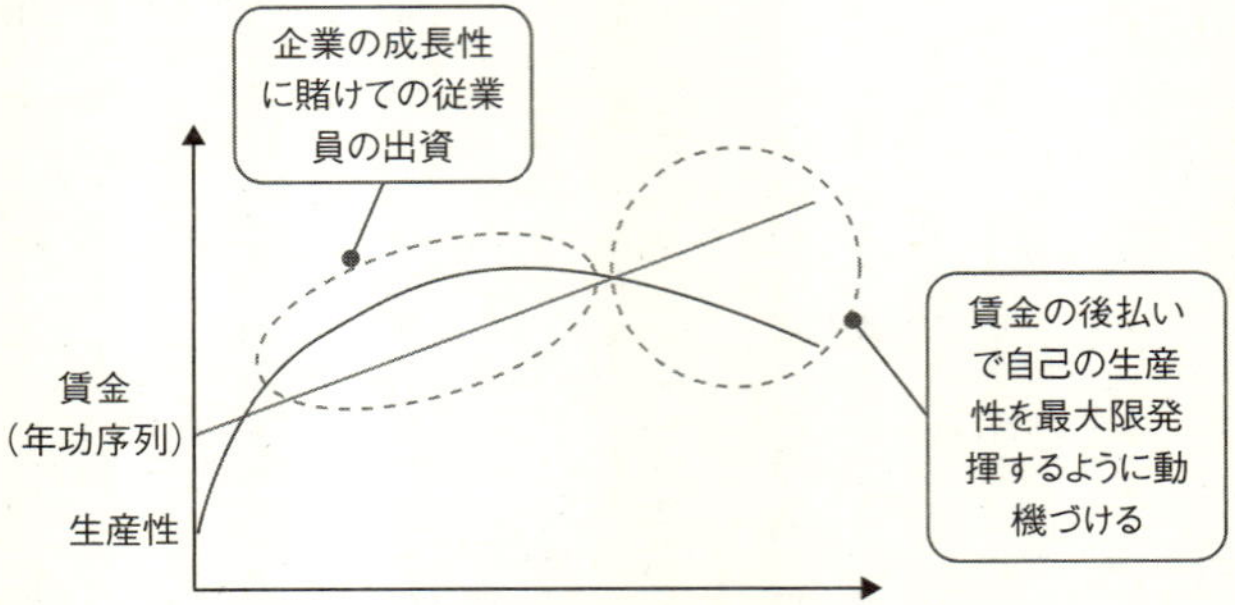

（出所）　次の図を一部修正。伊丹敬之・加護野忠男『ゼミナール経営学入門』、日本経済新聞出版社、2003年

の三種の神器」としてまとめました。三種の神器とは「終身雇用」「年功序列」「企業別組合」です。当初は日本の企業システムの後進性を示す概念であったとの指摘もありますが、その後、高度成長を支えた日本企業発展の源泉と言われるようになりました。

これら三つの特徴が組み合わされると、企業と従業員の間にユニークな関係が成り立ちます。賃金の上昇が年功序列に従ってある程度同じ傾きの直線、従業員の能力（生産性）は緩い山形を描くと仮定して、それらが生涯かけてバランスされるように組み合わされます。

というのも、ヒトという財は企業の資産の中で最も不確実な存在だからです。本当の価値（実力）も測定困難ですし、将来どれだけ成長（価値が増大）するかもわかりません。その都度、生産性に合わせた賃金を計算することは、とくに知的労働の割合が多くなればなるほど困難になります。したがって、頑張れば後でご褒美があるよという形で、大まかには生涯をかけてバランスをとるように設計された制度が年功序列的賃金と言えるかもしれません。

このように考えると、従業員は入社してちょっとの間は生産性以上の賃金をもらうのでしょうが、基本的には若年、中堅時代は本来受け取るべき生産性よりも少ない賃金で働くことになります。その未払い分は、中堅時代以降の賃金と退職後の企業年金で受け取ることになります。

企業が成長しより多くの利益を実現できるようになれば、従業員は多額の賃金や年金を受け取ることができます。また、従業員の生涯をかけて受け取る金額は個々の企業の業績に依存するわけですから、組合は産業別よりも企業別の方が理にかなっています。

つまり日本の従業員は単なる賃金契約された労働者ではなく、企業に賃金の未払いという形で出資を行っている出資者なのです。これを「見えざる出資のメカニズム」といいます。この考えに従えば、従業員は会社にとっての外部者ではなく、自分の勤める企業に「賭けている」企業の主体的な当事者といえるのです（伊丹・加護野、２００３）。

4　人間の理想を実現するための装置としての企業

(1)　ドラッカーによる企業の定義

では著名な経営学者であるドラッカーは、企業をどのように捉えているのでしょうか。ドラッカーの企業概念は、自由経済体制下における企業を、社会のルールを守り、社会への機能を果たす、経済的事業体であるとまとめられます（ドラッカー、2008）。

この社会のルールを守るということは、いわばコンプライアンス（法令等遵守）のことで、「法令等」の「等」とは、社会通念のことです。そのため、今日のコンプライアンスは、法律を守っておけばいいという受け身の単純な問題ではなくなっています。とくにグローバルに事業展開する企業にとって、各国の、そして世界の社会通念への配慮を怠ってはいけない、大変な時代になってきました。

このように社会のルールを守るのも容易なことではないのですが、この節のテーマとして取り上げたいのは、社会に果たすべき機能と事業体という次元です。

まず、経済的事業体とは、平たく言えば「自分の食い扶持は自分で用意する自立した存在」ということになります。企業は何らかのインプットを得て、内部で広い意味での技術的変換を行い、価値を付与したアウトプットを社会に提供する中で、利益を創出しながら生きている経済的に自立した存在です。この自立性が損なわれるということは、自立した企業としての死を意味するわけですから、それが脅かされたら一つの手段としてのリストラもやむなし、ということになるでしょう。

次に、社会に果たす機能とは、それが失われると社会全体のシステムに支障を来す、その要素（企業）の持つ働きのことです。では企業の持つ機能、すなわち企業が存在する理由とはどのようなものなのでしょうか。たとえば、自動車を製造販売する会社の機能は、自動車を通じて利便性の高い社会づくりに貢献することだけなのでしょうか。企業が果たす役割についてドラッカーは、社会の富と雇用の機会を増大させることをあげています。すなわち企業は、社会全体の発展や雇用機会の拡大というような公共の利益と出資者の営利目的にかなう私的な利益を両立させるべき存在です。しかし、たとえば雇用という側面を見ても、これら二つの目的は必ずしも容易に両立できるものではありません。いたずらに企業の公共性のみ訴えても不十分ですし、株主の私的な利益を追うだけでも不十分なのです。

企業が経済活動の主役になっている今日、社会全体の発展や雇用の機会創造に企業が無関心でいることはできません。ドラッカーも、経営者の責任は「公共の利益と事業の利益を一致させ、社会的利益と私的利益の調和を図ること」であると述べています。

同時にドラッカーは、こうしたことが経営者の善意によってなされるようなものではないとも述べています。すなわち、企業の私的利益が上がれば必然的に社会の利益の上がるような政策が必要だというのです。この視点から、私的出資と賃金労働という企業の原点を振り返ってみたいと思います。

(2) ペンローズの企業家能力論

「社会の発展に寄与するとか公共の利益とか言ったって、しょせん儲かって大きくなった企業のアクセサリーみたいな表題だろ」といった印象を持っている人は多いでしょう。では創業時の経済的に不安定な時期には、公共の利益への関心など不要なのでしょうか。

マルクスを代表とするように、経済や社会が発展するための条件として、何らかの原初的な資本の蓄積が必要だとする理論は有名だと思いますが、個々の企業の創業や新事業立ち上げ時に関して重要な考察を行ったのがペンローズです。[*8]

彼女の研究は「資源スラッグによる会社成長」の理論などと言われています。今日の経営戦略論の大きな潮流となっている資源ベースの戦略論の源流となるなど、経済学、経営学の双方に大きな影響を与えました。

彼女は主著『企業成長の理論』の中で、経営者的能力と対比する形で企業家的能力という概念を説明しています。そのエッセンスを私なりに表現すると、企業家の最も大事な能力とは無から有を生み出す能力だということです。

たとえば、やりたいことやアイデアだけを持つ人間が、金銭的な信用を得て資金を集める能力です。くだけた表現をすれば、企業家能力の実態は、えも言われぬ人間性や極めて上手な「はったり」であるのかもしれません。

米国での大企業生成が、当時の米国の特殊的な事情から生じたことは前述しましたが、それに加えるとすると、ロックフェラーなどの野心的な企業家の存在、あるいは企業家精神の誕生が大事な要因にあげられます。彼らの野心や夢が資金を集め、産業を革新し、経済を発展させていったわけです。

つまり、起業の原点には、自分が金持ちになりたいという野心はもちろん、事業を通じて人々の生活を便利で豊かにしたいという夢や理想があるのではないでしょうか。しかしこの夢や理想が全く個人的なものであったり、反社会的なものであったりした場合にも、出資者は喜んでお金を出したのでしょうか。

日本では、明治期の日本企業が国益と一致することを標榜したと述べましたが、本田宗一郎をはじめとする戦後発展した多くの日本企業がその創業期に行った銀行とのやりとり

＊8　E・T・ペンローズ：業務を通じた従業員の能力向上・蓄積、経営者の持つ力を中心に、企業成長のメカニズムを描き出したことで有名な経済学者です。

の例も有名だと思います。それは、出資者や銀行家の胸を打つような社会的使命感、人類発展に貢献する夢やビジョンが出資者の心を動かしていったように思えます。つまり、起業家の社会的正義を伴った理想が信用を創造したのではないでしょうか。

たとえば日本有数のスポーツ用品企業であるアシックスは、資金的元手も技術的知識もスポーツ市場についての知識もまるでなかった鬼塚喜八郎氏が、死んでいった戦友に報いるために「スポーツを通じて健全な青少年を育成する」という一念のみで創業され、発展していった企業です。彼の真摯な思いに、資金的にも技術的にも協力してくれる人が集まっていったのです。

(3) 雇用の安定と社会的利益

企業の私的利益が上がれば必然的に社会の利益も上がるような政策が必要だとする視点に立ったとき、従業員も企業の内部の当事者であるとする会社観は、企業の存在意義に一つの新しい可能性を提示するものかもしれません。

出資者と経営者にとって企業の究極的な目的が営利にあることは述べましたが、従業員も企業の主体だとすると、従業員にとって企業は何のために存在するのでしょうか。

ただ賃金を受け取るだけなら、煩わしい人間関係の薄い時給の高いパートタイム的な働き方の方がいいはずです。一流大学を出た優秀な人なら、自分で起業を図るべきかもしれません。しかし多くの人が大企業の正社員を目指します。もちろん、誰しも起業できるような能力や野心を持っているわけではありません。

一般の人が現実生活の中で欲しているのは、大成功して大金持ちになることでも、単に高い給与を受け取ることでもありません。長期にわたってある程度の報酬を得つつ、社会のために仕事を行うことなのではないでしょうか。その上で経済的に自立したり、家族を養ったりしたいというのが本音のはずです。

また、しばしば多くの企業で「若いうちは失敗してもいいから挑戦しろ」というような言葉を耳にします。もし個人で事業を営んでいたら、失敗はなかなか許されません。そこで生じた負債がそのまま個人にのしかかってきます。しかし経営管理システムの整った企業では、コンプライアンスに反するようなものでない限り、若手の一人が挑戦した結果としての失敗が企業の存在を脅かすほどの規模にはなりません。企業全体から見れば、ちょっとした失敗は何らかの経費でカバーされるでしょう。

米国の企業経済学者のロバーツは、企業において従業員は過小な報酬で働きますが、それは失敗した際の保険をみんなで掛け合っているんだと言っています（内野、２００６）。つまり従業員にとっての企業は、試行錯誤の中で実験し、学習し、挑戦を行うための場です。一人ひとりが独立した事業者であればなし得ないような社会を変えていく夢への挑戦を行い、社会生活を改変するイノベーションに結実させる装置こそが、企業なのです。

これまでの議論をまとめてみましょう。企業は経済的事業を営みながら、法令等を遵守し、社会全体の発展を図る存在です。出資者の営利目的と同時に、従業員に対する安定的な雇用を提供しなければなりません。安定と挑戦を両立させることで、イノベーションを興し、社会を改変していくことこそが、企業の主要な存在意義だと思われるのです。

(4) 日本の企業観を捉え直す

日本企業は従業員も企業の主体的な当事者という新しい会社観を形成しました。これが単に労働者側の甘えによるものであれば、その後の日本経済の発展はなかったはずです。しかしたとえば見えざる出資のメカニズムが説明するような、生産性を向上させる方向に向かいました。そして一九五五年からの約二〇年間の高度経済成長を実現することになりました。第二次世界大戦終戦時、GDPが米国の一〇分の一ほどしかなかった荒廃した国が、わずか二〇年の間に世界の経済大国になったのです。

高度経済成長が公害などの問題を引き起こしたことも事実ですが、この間に日本人の生活は少なくとも物質的には豊かになりました。平均寿命も大きく延びていますから、精神的な豊かさの増加も決して否定できないことだと私は思いますが、これにはたくさんの反論がありそうですね。

ドラッカーは、日本の高度成長は二〇世紀後半中、世界史的に最も注目すべき出来事だ

図2−4 日本人の企業観

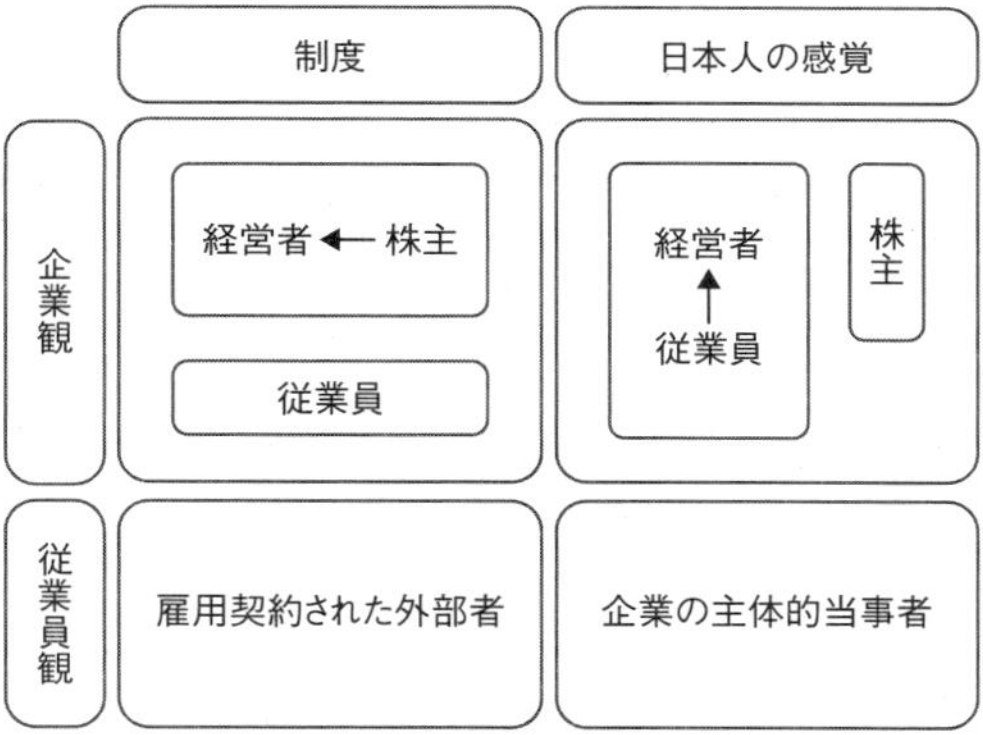

（出所） 次の図を一部修正、小松章『企業形態論［第3版］』新世社、2006年、110ページ、図5.1

と言っています（ドラッカー、1999）。私なりに言い換えれば、何百年か後の大学入試の世界史科目において、二〇世紀後半で暗記しておかなければならない必修事項が日本の高度経済成長ということになるのでしょう。

ドラッカーによれば、経済的な覇権を築くような国や社会には他の国よりも卓越した生産性向上の仕組みが作られているはずです。それまでの覇権国である米国は、科学的管理法という生産性向上手法を極めた国です。科学的管理法の要諦を端的に述べれば、頭の良い誰かが生産工程を科学的に分析・工夫・再構成し、それに従順に従う労働者を機械のように捉え、それぞれの出来高に合わせた公正な賃金を与えるというものです。経営者や技術者の「思考」の部分と、労働者という手足を動かす「行動」の部分を分けてそれぞれの専門性を発揮させようとするわけです。二〇世紀初頭の大衆を労働者として組織化するには大変優れた仕組みでした。

日本における新しい生産性向上の仕組みの根源は、経営者と従業員のパートナーシップ的関係です。従業員が単に雇われた労働者ではなく、生産現場で学習を行い、カイゼンなどの取り組みを通じて新しい製品や新しい生産方式を考案し、イノベーションを実現していく存在だと経営者が認めているというのです。現場で働く従業員こそが知識の源泉であり、それを有効に活用する先進的な仕組みであるとドラッカーは指摘したのです。

従業員が賃金分の指示されたことだけをその都度実行するのではなく、その後の企業の発展に寄与するような行動をとるようにするには、従業員を外部者ではなく企業の主体としていく必要があります。

終身雇用慣行の崩壊やグローバル・スタンダードとしての株主主権の圧力で、日本ではこのような会社観が急速に失われつつあるのかもしれません。しかし教育レベルの向上や情報革命の進行の中で、一般の従業員は何も知らないマシンではありません。株主と経営者と従業員の三者が主体であるという実は新しい企業概念の萌芽が、日本においてみられたという解釈もできるのではないでしょうか。従業員の主体的関わりが、企業の、そして社会の発展に欠かせないと思われるのです。

III

職場にやる気を起こすには

——楽しく働くための モチベーション理論

1　イノベーション時代のモチベーション

(1)　X社中央研究所の特別報酬制度

これまでの章では、経営学についての基礎的な知識と経営の行われる場である企業について考えてきました。この章から第Ⅵ章までは、経営学、とりわけ経営管理理論における代表的な概念である、モチベーション、リーダーシップ、経営組織、経営戦略を取り上げて、その概念の背景にある基礎的な視点や考え方を紹介していきます。

そのはじめとして、仕事を進める上で非常に関心の高いと思われる「モチベーション」や「やる気」を取り上げていきましょう。

人事部門で制度設計をしている人に限らず、「組織メンバーのやる気をどう引き出すか」は、働く人にとって最も身近で深刻な悩みなのではないでしょうか。この悩みがなかなか解決しない難しい問題であることは、多くの職場で実感されているはずです。

ある大手製薬会社X社の方から聞いた話です。X社の中央研究所において、努力しても報われないという研究員の不満が若手を中心に広がっていました。

製薬産業において新しい薬を世に出すことは簡単なことではありません。どうすればこの病気は治せるのか、この症状を抑えられるのか、といったひらめきに近いようなコンセプトの創造から、何万もの化合物が地道に作り出され、それらの中から選ばれた試薬が、いくつものチェックを受けて、臨床開発に行き着きます。ここからもたくさんの検証が行われ、薬として使用していいですよという認可を得るのですが、最終の臨床試験段階でドロップアウトしてしまうことも少なくありません。

最初の何万もの化合物から最後の薬に残るのは一つですから、確率的にはまさに「万に一つ」ということになりますし、研究開発期間も一〇年以上にわたることが決してまれなことではありません。こうした事情から、日々の努力を成果に結びつけて考えにくく、研究員のやる気が低下していたわけです。

組織の士気が低下していることを問題視した人事部は、特別報酬制度を設けることにしました。この特別報酬制度の内容は、手がけた新薬が上市《じょうし》された場合、そのプロジェクトに関わったメンバーに対して、売り上げに応じて多額の原資を準備し、貢献度に応じて報酬が支払われるというものでした。

その後しばらくして、大型新薬が上市されることになりました。当然、上記制度に従って総額で一億円を超える特別報酬が準備されたのですが、それを受け取る際の一つの条件が「受け取った金額はもちろん、受け取ったことも一切口外してはいけない」というものでした。結果としては、その新薬に関わった研究室は士気が高まって盛り上がるどころか、逆に雰囲気が悪くなってしまいました。研究に関わった多くのメンバーが「あいつはもらったのか」「Yさんはいくら受け取ったのか」などが気になりだし、いわば疑心暗鬼の状態になっていったのでした。

一人の研究員は、「前まではマイルストーンをクリアするごとに社長や所長がお酒を持って研究室にやって来て、アルバイトのアシスタントも含めてみんなで乾杯する、すると周囲の研究室のメンバーも祝福の拍手をしていました。昔の方が良かったのかなあ。今ではアルバイトに特別報酬が配られることもありません」と語っていました。

(2) 期待理論

このような特別報酬制度の設計思想の基底にあるのが、一九七〇年代に確立された期待理論を基礎として働く人のやる気を上げようとする考え方です。期待理論とは、「ある業績をあげようとする仕事意欲の大きさ」は「ある努力をすればその業績を達成できるという期待」と「その業績をあげることによって得られる報酬とその魅力度」との掛け算によって決まるというものです。

朝早くから夜遅くまで会社にいて机の前で研究や開発の努力を続けたとしても、画期的新薬の創薬コンセプトが生まれるわけではありません。ふとしたひらめきや製薬業界とは関係ない人との会話の中からヒントが見つかることがあるかもしれません。実際に世界に

図3—1　期待理論の概要

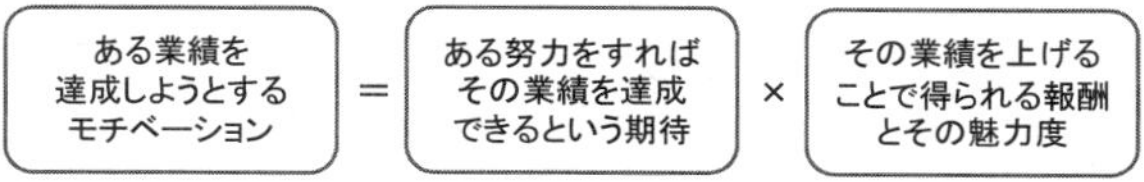

普及した新薬の中には、そうした偶然がなければ完成しなかったものが少なくないようです。

すなわち、創薬のプロセスでは努力が成果に結びつく期待が極めて低いのです。努力しても成果に結びつく期待感が小さければ、頑張ろうとする意欲も低下してしまいます。

期待理論からすれば、こうした場合は成功したときの報酬を思いっきり大きくすればいいということになります。成功する確率は極めて低いけれども、もし成功した際には大きな報酬が得られるということで仕事への意欲を高めるというわけです。

さらに、研究員といってもいろいろな人がいます。その人が欲しいもの、あるいは魅力的に感じる報酬の種類はバラバラのはずです。かっこいいイタリア製のスポーツカーでもよいのでしょうが、自動車に興味のない人はあまりうれしく感じないかもしれません。ですから、X社でも特別報酬の実質的な内容はカネです。カネはみんなが欲しがっている共通のものだと考えられるからです。

X社の例でも画期的な新薬が生まれたわけですから、期待理論の成果と考えることもできます。ただ前述したとおり、新薬開発には一〇年以上の月日がかかるので、この新薬に関して言えば特別報酬制度が設置される以前からの取り組みです。したがって、どこまでが特別報酬制度のおかげだったのかは極めて不明確です。問題は、その結果として多額のカネという報酬を手にしたはずの研究員たちのいる組織が、企画者側の意図に反して士気を低下させてしまったことです。

大きな目標を達成した経験をしたという面からも、仕事に対する効用感も高まり、意欲は大きく伸張するはずでした。なぜこのような事態が起こってしまったのでしょうか。

(3) イノベーションとは

多くの企業で、従業員のやる気を高めるはずのインセンティブの仕組みが制度疲労を起こしているというような話を聞くようになりました。前述した例はその一つです。

そうした問題を引き起こしている一つの原因は、仕事の変質にあると思います。具体的に言えば、単純にマニュアルに従った定型的業務から、新しい製品を企画・開発したり従来の方法をあらためてより効率的で効果的な手法を作り出したりしていくようなイノベーション業務への移行です。

この本を読まれている方の中で、「何も考えずに、言われたとおりに手足だけ動かしておけばいい」などと指示される仕事をされている方は極めて少ないはずです。おそらく、皆さんの仕事の出来映えを決める主要素は、提案や改善などの活動を含めたイノベーション業務にあるのではないでしょうか。

イノベーションとは、しばしば技術革新と訳されることもありますが、新しい技術にとどまらず、製品・サービス、またはビジネスシステムの発明や開発から、人々の生活や行動に変化をもたらすような価値の創造・実現する行為を指します。

イノベーションを推進する業務は、他の業務に比べて異なる特徴をいくつか持っています。ここでは、革新を必要としない業務と比べた場合の、仕事の質に関わる二つのイノベーション業務の特徴に注目したいと思います。

第一は、そのプロセスの主要な核となる部分が、知的労働によって構成される知識創造活動だということです。知識創造のエッセンスについては最終章で紹介したいと思いますが、ナレッジ・マネジメントの基本理論を作った野中郁次郎教授によれば、人間が暗黙的に感じた思いやひらめきを言葉に表し、形あるモノやシステムに結実させていくことが知識創造活動です。

イノベーションが単にモノを移動するような肉体労働ではなく、ひらめきやアイデアをひねり出し、実現していくような、知識創造活動を中心的な内容にすることに多言は要しないでしょう。

第二は、高い不確実性を伴う活動だということです。新製品や新技術を生み出す場合、自然科学的または技術的な困難性が待ち受けているのは容易に想像できます。また、そうした新しい製品・サービスやシステムを市場や自組織に導入する際には、顧客や従業員の社会や組織がすんなり受け入れてくれるのかという不確定性に直面します。

極端に言えば、それまで世の中になかったものを作り出すわけですから、どれだけ売れるのか、現場で本当に使えるのかなど、過去のデータから推論しただけでは、正確な予測などできないことが多いようです。要するに、どうすれば解が得られるのかわからないという難しさに加えて、そもそも何が解なのかがわからないという非常に高い不確実性を抱えて仕事を進めていかなければならないわけです。

すなわち、日常業務と比べて、イノベーション業務は、非常に高い不確実性に直面する知識創造活動という特徴を持つのです。こうした特徴が企業に新しいマネジメントのあり方を要請していると考えられます。

(4) 新しいモチベーション思想の必要性

では説明したようなイノベーション業務の特徴は、X社の特別報酬制度設計の基礎となった期待理論とどのような不具合を起こしているのでしょうか。

このようなケースが生じる根本的な理由の一つには、組織で行われる知識創造活動の貢献度を個人別に正確に測定・評価することが困難だという事情があげられます。モノを運んだり、組み立てたりするような作業だったら、移動されたり組み立てられたモノの数で、一人ひとりの仕事をした量を測ることができます。しかし知識創造活動の場合は、それを明確に示すことはできません。

たとえば、エジソンのような天才がいて、発想から試作まで一人でこなしたり、仕切ったりしているような場合には、得られた成果を一人が受け取ればよいのでしょう。しかし、今日はいわば組織の時代であり、研究も開発もチーム単位で行われるのが主流です。その中で、個々人の成果や貢献を誰が見ても納得できるような客観的な値に変換していくことは容易ではありません。

こうした事情に、イノベーションは高い不確実性を伴う活動であるという二つ目の特徴を加味してみましょう。期待理論に従えば、高い不確実性の状況下では、努力が成果に結びつく期待が極めて小さいので、多額の報酬を用意しなければ仕事モラール（仕事へのやる気）は高まらないということになります。

イノベーションに対する報酬が社食の食券などであれば、多少の差は笑って済ませられるかもしれませんが、金額が大きくなると自分の働きがちゃんと認められているのかどうかに人間は鋭敏になります。それゆえ、金額が大きくなるほど、一人ひとりの貢献度をきちんと反映した分配基準が必要になります。

しかし、前述の通り、知識創造活動ではそれが困難です。曖昧な基準で配ったりしたら、従業員の不公平感を高めて、仕事モラールを低下させてしまいます。

それを心配した会社側が、「受け取った金額はもちろん、受け取ったか受け取っていないのかも口外してはいけない」という指示を出したわけです。このことで研究室全体の空気が悪くなってしまったのです。

つまり、今日の企業の命運を決めるイノベーションにおいて、不確実性の高い活動という特徴を考慮すれば、活動後にその成果に応じて配分される報酬を大きくしなければならないのですが、組織的な知識創造活動という特徴を考慮すると、個々人の貢献度の測定困難性ゆえに、高額な報酬が不公平感を生み出し、仕事モラールが下がるという負の効果を生じさせてしまうのです。

これは製薬会社の研究所だけに生じる問題ではないはずです。多くの業界や会社でこれまで有効であるとされてきたやる気を引き出すシステムが、いわば制度疲労を起こしているのです。

イノベーション時代におけるモチベーションややる気を高める仕組みはいかにあるべきなのでしょうか。まずは次節において、これまでのモチベーション理論を振り返ることから始めたいと思います。

2　外発的モチベーション理論

(1)　モチベーション理論の基本フレーム

経営学に限らず、様々な科学分野では、学者が当事者としてではなく、あえて外部者として客観的に冷徹に研究調査することで理論的に進歩してきた面があると思います。

とくに人間のやる気を引き出す経営上の工夫や集団のあり方などについての研究を「モチベーション理論（動機付け理論）」といいますが、動物や人間を対象にした「実験室実験」からの知見を応用したものが多かったようです。もちろんそこでは様々な知見が得られているのですが、誤解を恐れずに言えば、初期の研究の考え方の基本の一つは、（非常に下品な表現ですが）働かせるためには「餌《えさ》」が必要だということです。

たとえば、動物に芸を仕込むには、腹を空かせておいて、ある行動をとったらご褒美に餌を与えるわけです。そうしますと、きっと動物は空腹感が減じて満足します。そして、もっと餌が欲しいと同じ行動をとるでしょう。そうしたことで動物に期待通りの行動をとらせることが可能になるのです。こうした行動のドライブ（動因）となる餌を外部から与えることで、対象の行動を左右させる理論一般を動因理論といいます。

動物だったら餌、すなわち食糧という動因を用いるわけですが、人間は何を欲しているのでしょうか。まずはカネです。会社から求められている行動をとるとカネがもらえる↓カネをもらえば生活が楽になる↓もっと一生懸命に働こう、と思うわけです。会社もそのことで社員の生産性が上がれば、より大きな利益を上げられます。

会社からはカネさえもらえればそれでよいと考える人も少なくないでしょうが、人間はどうやらカネだけを求めるわけでもなさそうです。たとえば、給料なんて低くても自分の好きなことを仕事にしたいと思う人もいるでしょう。また、カネよりも出世したいなんてこともありそうです。では、人間は何を欲しているのでしょうか。これがモチベーション理論の一つのテーマになります。これを探究する分野を内容理論といいます。

簡単にまとめると、「動因（刺激）」↓「満足」↓「仕事モラール（やる気）」↓「生産性（業績）」ということになるでしょうか。会社や職場の業績を上げようとするならば、この図式の出発点である動因を効果的なものにすればいいわけです。それを特定しようとする一連の研究が、モチベーションの内容理論なのです。

もう一つは、前述した期待理論のように人間の欲求が充足されるプロセスに注目して人間のやる気を引き出そうとする研究です。これをモチベーションの過程理論といいます。期待理論が現実にも最も適用されている代表格と言っていいでしょう。

(2) 科学的管理法による差別的出来高賃金制度

モチベーションに関する内容理論は二〇世紀に入ってから発達した考えですが、報酬のシステムに工夫を加えて人間のやる気を引き出そうとする取り組みは、賃金の与え方の革新という方針で一九世紀末に始まりました。それはテイラー[*9]の考案した科学的管理法です。テイラーはモチベーションだけでなく経営学そのものの先覚者とも言える人ですが、大学の研究者ではなく、ハーバード大学を中退して工場で働き工場長などを務めた人です。

彼が工場で目にしたものは、ギクシャクした労使関係でした。会社はきちんと給料を払わないし、従業員はみんなで示し合わせてサボタージュする、そんな現実です。何でこんなことになるのだろうと悩んだ末に考案されたのが、会社も従業員もハッピーになれる経営方式としての科学的管理法でした。

科学的管理法の要諦は課業管理にあります。課業（task）とは労働者が一日に行うべき標準的な仕事量です。テイラーは、標準的な作業時間を定めるための「時間研究」やできるだけ熟練を必要としない要素作業に分解して最適な作業に組み直すための「動作研究」

＊9　F・W・テイラー：米国の技術者で、経営学者。現代のIE（Industrial Engineering）のもとである科学的管理法の発案者。近代マネジメントの祖の一人です。

などに取り組みました。これによって、作業を標準化し効率化した課業を設定します。その上で、それより多い仕事量がこなせればその分賃金が高くなり、課業が達成できなければその分賃金を下げるという「差別的出来高賃金制度」を導入しました。

要するに、標準的な作業量を設定し、それより頑張った人には頑張ったなりに、そうでなかった人にはそれなりの賃金を与えることで、労働者の仕事への意欲を高めようとしたわけです。「それまでの成り行き任せのマネジメントでは、頑張ろうが怠けようが賃金は一緒。だったら人間はサボるはず。出来高に応じた賃金を与えることこそ『フェア』ってものでしょう。また効率化された工程によって企業も利益を得られるし、従業員の標準的な給料も高くなるはずだ」と考えたのだと思います。

テイラーは、自分の考案した科学的管理法を自らコンサルタントとなって米国社会へ普及させようと励みました。それは一方ですばらしい成果をもたらしたようですが、他方で労働組合から労働強化や人権侵害などの批判を受けました。また心理学や社会学的な思慮が欠如しており、人間を機械のように扱う人間性を無視した人間機械論の代表格のように扱われました。

たとえば、重さ五〇キログラムの荷物を二人で運ぶ際に、科学的管理法として考慮すべきは二人合わせて五〇キログラムを持ち上げる力であって、二人の人間性や相性などではないということになります。しかしこれをもって人間性無視と言うのは変だと思います。

そもそもほとんどの社会科学は複雑な人間を単純化したモデルを用いるわけですから、生身の人間を単純化しすぎているという批判は的外れですし、工場長まで務めたテイラーが人間性に関する配慮を全く持っていなかったとは想定できません。

むしろ、相性なんて難しい複雑なことは置いておいて、さっさと効率よく作業を終わらせて、高い給料をもらって家に帰って楽しい人生を送ることの方が重要だと思っていたのではないでしょうか。つまり、あえて人間を機械のように想定して、効率的な工程を組んで効率よく働きましょうということであって、人間性などは扱いたくても扱いにくい贅沢品のようなものだとしているのでしょう。

(3)　ホーソン工場実験

テイラーの科学的管理法は、ＩＥ（Industrial Engineering：産業工学）と呼ばれる生産工程や物流などのマネジメントに発展し、今日でも諸産業や私たちの生活の利便性向上に大きな影響を与えています。先ほどのような批判はあったものの、米国でも二〇世紀に入って科学的管理法をもっと極めようとする試みが行われました。その中の一つにウェスタン・エレクトリック社とハーバード大学の研究者が行ったホーソン工場実験がありました。この実験が、働く人に対する新しい考えのいくつかを見出すきっかけになりました。

ホーソン工場で行われた科学的管理法を極めようとする取り組みの一つに、作業に最適な明るさを特定しようとした実験があります。工場で働く人の中から何人かを選び、別室で作業をしてもらいます。その部屋の明るさを、最初は暗い状態からまぶしいぐらいに明るい状態までに変化させたり、まぶしいぐらいに明るい状態から暗い状態まで変化させたりします。この中で最も作業効率の高かった明るさが、生産性を極大化する最適な明るさとして特定されるはずでした。しかし結果は、明るくしても暗くしても作業効率は伸びたままというものでした。

なぜこんなことになったのか。被験者にインタビューを行ったところ、彼らの答えは「会社の代表に選ばれての作業だったので、暗くなろうが、明るくなろうが、頑張った」というようなものでした。つまり、彼らの生産性を左右したのは明るさではなく、会社や上司から選ばれたという自信が生産性を上げたのです。実際には従業員の勘違いなのですが、会社や上司からの関心や配慮が引き出した意欲が、明るさの変化を上回ったわけです。

賃金や作業条件の他にも生産性を左右させる大事な要因があるという結果に触発された研究者たちは、明るさ以外にも様々な実験を重ねました。会社には職制などの公式的なものとは別に非公式的な集団（informal group）があるなど、意義ある多くのことが発見され、人間関係論と呼ばれる一連の研究につながります。

ここでの人間のやる気に関連する成果を大括りで表すと、彼らが見出した生産性を左右するものは、人間関係などの賃金以外の要因と、管理者の態度や行動でした。

そこから、賃金以外の従業員を満足させやる気を醸成し生産性向上につながる要因は何なのかを探究する「モチベーション理論」と、優れた管理者のスタイルや行動を探究しようとする「リーダーシップ論」が発展していきました。後者のリーダーシップ論については、次の章で解説します。

(4)　マズローの欲求段階説

モチベーション理論の基本的な問いの一つである「人間は何を欲しているのか」に関して、基本的な理論枠組みである「欲求段階説」を提示したのはマズロー[*10]という心理学者です。マズローによれば、人間の欲求には、腹が空いたら食べたいというような「生存欲求」、安全に暮らしたいというような「安全欲求」、友達を作りたいというような「社会欲求」、仲間に認められたいというような「自我欲求」、そしてなりたい自分になりたいというような「自己実現欲求」があります（次ページ図3－2）。

さらにこれらは、下から上に積み上がっていくような構造になっています。つまり、満腹になると安全を求め、安全が確保されれば友人が欲しくなる、といった具合です。逆に

＊10　A・H・マズロー：米国の心理学者。自己実現や至高体験など、人間性を重視する心理学の研究を開拓した研究者。モチベーション理論の発展にも大きな貢献を果たしました。

図3−2　マズローの欲求段階説

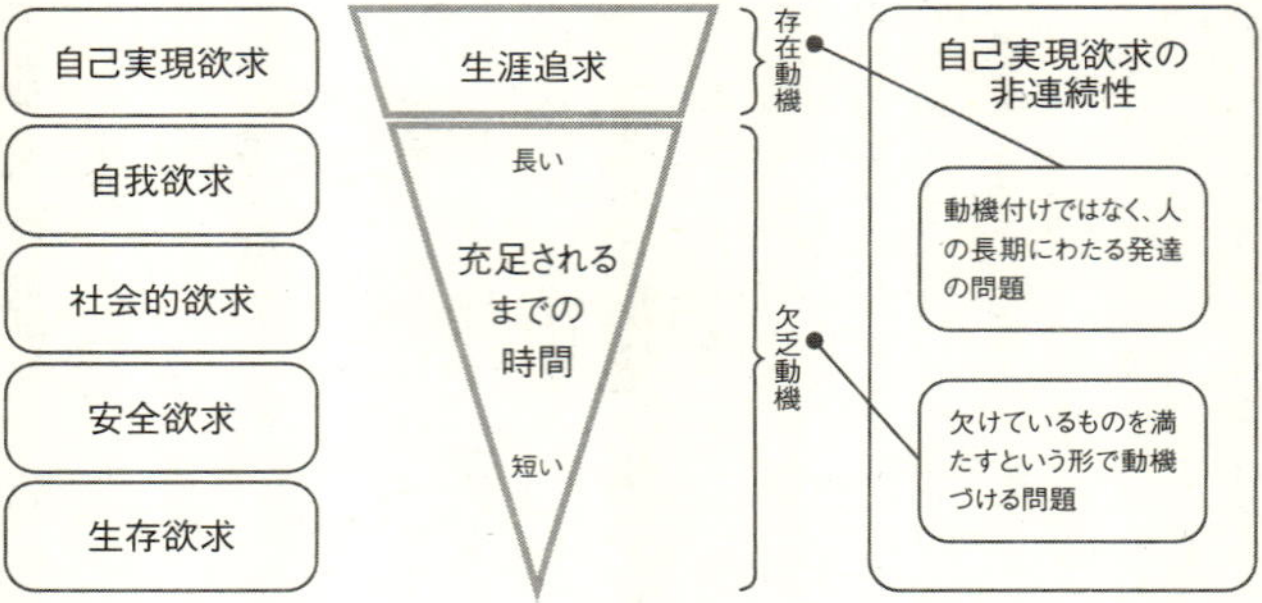

言うと、おそらく皆さんは、会社生活や職場をより良くしたい、あるいは自分の知識を増やしたいという「自我欲求」などの高次の欲求からこの本を読んでいると思いますが、突然ここに生命にかかわるような天災が起きたら経営学の教養なんてどうでもよくなり、まずは自分自身の身の安全のための行動をとるはずです。つまり「安全欲求」という低次のレベルになるわけです。

マズローの考えは広く普及しており、読者の皆さんにも知っている方が少なくないと思いますが、やや誤解されている節もあるので、もう少し解説を加えたいと思います。

ある理論を理解するためには、具体的な適用事例や、逆にその理論に当てはまらない現象を考えてみることが一つの手法なので、講義の際にも「マズロー理論では説明できない人間の行動を考えてみましょう」というような質問をするのですが、そこでの代表的な回答が、「自分の子供を助けようと車の前に飛び出す母親」「東日本大震災時に福島第一原子力発電所に残って命がけの作業に取り組んで、フクシマ・フィフティーズと賞賛された人たちの主体的な行動」などです。

一見するとこれらの行動は、生存欲求という最も基礎レベルの欲求を犠牲にして高次の欲求レベルの行動をしているようで、マズロー理論に反しているように思えます。しかしこれらの事例をマズロー理論の反例と考えやすい背景には、ちょっとした誤解があります。欲求の中で最も高次とされる自己実現欲求は、低次からの段階を踏んで成り立つものではありません。むしろ他の欲求とは別物です。他の欲求が欠乏していると欲しくなるもの、すなわち欠乏を起点とするものなのに対して、自己実現欲求はなりたい自分を一生かけて追い求めていくような、その人の存在意義を起点とするような欲求です（金井、1999）。

したがって下から積み上がっていくような構造は自我欲求までで、自己実現欲求はその隣に別に存在しているようなイメージでしょうか。また他の欲求は満たされることがあると思いますが、自己実現欲求だけはなかなか満たされることはないと思います。「なりたい自分に完璧になれた」という人なんてごく一握りの人だけではないでしょうか。自己実現欲求は一生追い求め続けるものなのです。

このような特徴から、自己実現欲求はモチベーションの範囲を超えたものだとも言えます。企業の施策の中で言えば、モチベーションではなくキャリアの問題です。キャリアということを考えますと、会社生活または職業人生は非常に大切な部分ではあるものの、人生の中の一部分にすぎません。

自分はいかなる人になりたいのかという自己実現のテーマを、会社を超えた幅広い視点から捉えなくてはならないということは、有意義で楽しい職業人生を送る上で忘れないでいて欲しいポイントです。

(5) ハーズバーグの二要因理論

マズローの欲求段階説は、現実の企業経営にも大きな実践的示唆をもたらしました。ある程度のレベルの生活を送るに足る賃金や健康状態に支障を来さない安全な職場環境が整った上には、より高次の欲求を満たすような努力を個々の企業は行うべきであるということです。人間関係を良好にする研修や、コミュニケーション活性化や、今日ではコーチングと呼ばれる手法に進化した心理学的なアプローチなどが次々に企業に導入されました。これらの主に心理学の応用といった流れとは異なるアプローチを行った研究者が、ハーズバーグ[*11]です。

ハーズバーグの問題意識を簡単に言うと、やる気のある人はそもそも何もしなくてもやる気があるし、やる気のない人には給料を多少上げたり、コミュニケーション研修を受けさせたりしても、効果が上がらないのではないかということです。皆さんの実感はいかがでしょうか。彼は「そもそもエンジンのない自動車にいくら燃料を入れても走るわけがない。問題はいかにエンジンを備えるかだ」と言っています。

ハーズバーグは、病人への臨床心理学や動物を使った実験室実験からの知見を現場で働いている人に適用することの限界を指摘し、実際に企業で働くたくさんの人にインタビューなどの調査を行いました。

彼の調査方法は「臨界事象法（critical incident method）」という難解そうな名称を与えられているのですが、要は「会社生活の中で、最もやる気の出た満足した出来事や経験は」と「会社生活の中で、最悪でやる気も失せた不満足だった出来事や経験は」と二つの両極端な質問をするというものです。

たとえば、給料が多かったときが最高で、少なかったときに最悪だったとなれば、賃金こそが実際に働く人のやる気を最も左右する要因と特定できたのでしょうが、実際の調査結果は、前者の満足をもたらす要因と後者の不満足をもたらす要因は異なったものでした。端的に表現すれば、満足の反対は不満足ではなかったのです。満足の反対は満足のない

＊11　F・ハーズバーグ：米国の臨床心理学者、経営学者。「動機付け要因」と「衛生要因」からなる二要因理論を構築しました。

ことで、逆に不満足の反対は不満足のないことです。満足と不満足が独立した二つの要因だったことから、ハーズバーグ理論は「二要因理論」とも言われています。「会社や仕事におおむね満足しているけれども、言いたいこともたくさんある」というような、満足も不満足も高い状態が成り立つことです。

では、満足と不満足をもたらすそれぞれの要因は何だったのでしょうか。満足をもたらす要因は、「仕事を達成することやそれが会社に承認されること」や「仕事の内容が良かった」などでした。不満足をもたらす要因は、「職場環境が悪い」や「上司や同僚との人間関係が悪い」や「賃金が低い」などでした。ハーズバーグは、前者の満足をもたらす要因を「動機付け要因」、後者の不満足をもたらす要因を「衛生要因」と呼びました。

経営実践への示唆は明確で、「給料や職場環境を良くしても、それは不満足を低減するのであって、満足をもたらすわけではありませんよ。満足を高めやる気を出させたかったら、従業員に達成感や成長実感を得られるように仕事そのものを工夫しなさいよ」ということになるでしょう。つまり人間にエンジンを備えさせるのは仕事そのものであって、褒美としての賞与などはエンジンがあってこそ役立つ燃料だということです。エンジンのないところに燃料を注いでも意味はないのです。

ハーズバーグ理論は、どんな仕事が従業員のやる気を高めるのかについての一連の研究につながっていきました。代表的な例は、職務再設計論（Job Redesign）と言われるものです。それによると、従業員にやる気をもたらすのは、従業員がその仕事の意義を高いと認識し（有意義性）、仕事のやり方についての自律性を与えられ（自律性）、仕事をしながら結果や出来映えについての知識（フィードバック）を得られるような仕事です。

これら三つの関係はいわば掛け算で、どれか一つが欠落してもゼロになってしまいます。たとえば、仕事の意義も十分に理解していて、顧客の反応（出来映えについての知識）も見て取れる仕事だけれども、仕事の進め方ややり方を上司に細かなところまで指示されるようだと、仕事としてその人を動機づけるであろう度合いはゼロになるのです。

「気合いを入れていこう」などと声を張り上げる前に、こうした視点で自分や部下の仕事を分析すると、いろいろな改善案が浮かんでくるかもしれません。

3　カネとは何か

(1)　成果主義と目標管理制度（MBO）

前節では、モチベーションをめぐる代表的な研究を紹介してきました。

では今日、私たちを取り巻くやる気を引き出すインセンティブ・システムには、どのようなものがあるのでしょうか。マズローの言う、高次の欲求を満足させるような自己啓発的な研修や職場の人間関係を良好にするような取り組みもあるでしょう。職務そのものを工夫することも行われているでしょう。しかし、やはりその中心は給与や賞与などの賃金面での処遇のシステムではないでしょうか。

人間のモチベーションに関する取り組みの不思議なことの一つは、人間はカネのためだけにやる気を出すわけではないということが、今から何十年も前にわかっているのに、現実にはカネという誘因を基準としたインセンティブ・システムに偏重しているという現象です。

たとえば、最近は成果主義という言葉が社会的に定着するぐらいに浸透しています。カネを軸に従業員のやる気を高めようとする代表的な制度なのですが、成果主義的評価制度の特徴を具体的に言えば、ある決められた期間の個人単位の実績という一元的な基準での評価に応じて賃金を上下させるということでしょう。前年度の実績をもとに次年度の報酬を決める年俸制や、（考案したドラッカーの本来の意図とは別に）目標の値を部下と上司ですり合わせるMBOなども成果主義とセットで導入させることが多いようですが、皆さんの会社はいかがでしょうか。

成果主義の功罪についてはいろいろなことが言われています。一人ひとりの実績に合わせた報酬なので公平性が増して、上司の好き嫌いなどの恣意性が排除されて従業員のやる気が出るといった指摘から、ある程度企業の業績に連動するので人件費の予測や管理がしやすくなるなどの会社側にも大きなメリットがあるようです。逆に、会社への信頼感が希薄化し同僚との協力的な関係が喪失するなどのデメリットも指摘されています。そのため、いったん導入した企業でもその見直しが進んでいるようです。

人間はカネのためだけではなく、仲間を作りたい、認められたいという社会的欲求や自我欲求を持っているのですから、個人の成果に合わせた金銭的報酬だけでは限界があることは既知のはずです。しかし、私たちのやる気を高めようとするシステムのほとんどが結局カネという報酬の大小を根本に形成されていることに変わりはないようです。

なぜカネなのでしょうか。前節で紹介したテイラーも「従業員が何よりも会社から欲しいものは高い給料である」と言っています。企業の目的に合うように従業員を方向付け、その努力を引き出すための誘因の中で、金銭が偏重されてきたのはなぜでしょうか。「そりゃ、当たり前だ」と思考を停止させる前に、カネという特殊な財について振り返ってみましょう。

(2)　人類最大の発明品としての貨幣

もし「人類の最大の発明品は」と聞かれたら、皆さんは何とお答えになるでしょうか。私は即座に「貨幣（money）」と答えると思います。明確に、いつどこで貨幣が生まれたのかはわかりませんが、貨幣あってこその人類の発展というのは確かなことのようです。

図3—3　貨幣と社会

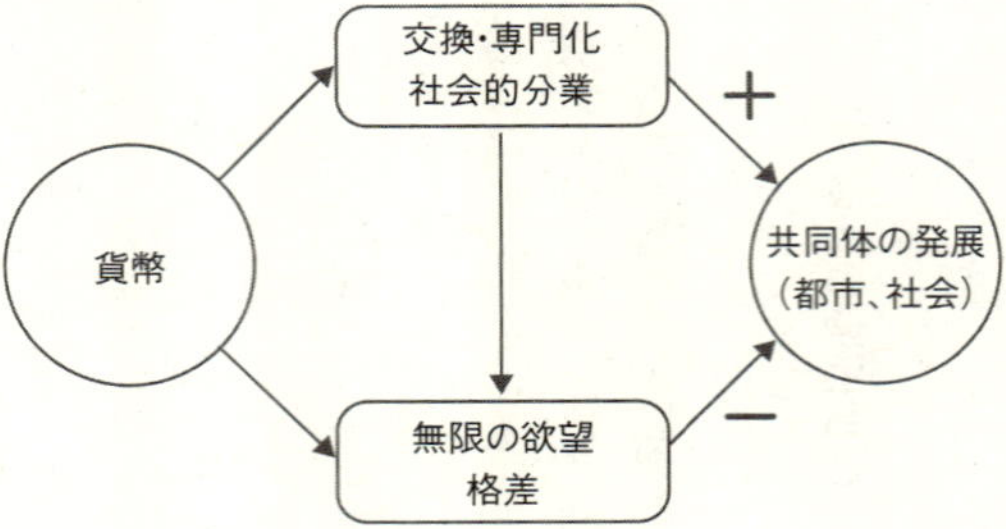

ここでは経済学における貨幣論の研究を紐解いてみましょう。

貨幣が生まれる以前の人類は極めて平等な社会を形成していました。これを原始共産制と呼ぶのですが、食糧は獲得も不安定だった上に保存もききません。つまり集落の誰がとってきてもみんなに平等に分け与えます。獲ってきたからといって自分が独り占めすることに意味はありませんし、人を出し抜くことにも意味はありません。みんなが助け合う平等な社会なのですが、逆に言えば不安定な上に停滞した社会でした。そこに麦などを使用する貨幣が登場しました。

もともと助け合い、交換するという能力を兼ね備えていた人類は、貨幣を媒介とする交換によって社会の規模を大きくし、職業などの専門化も成し遂げ、驚異的な発展を遂げてきました。貨幣がなかったら、自分の欲しいものを持っている人が自分の持っているものを欲していなければ、交換が成り立たなかったはずです。でも貨幣を媒介にすれば、そうした制約がなくなり、交換の範囲が大きく広がります。

また貨幣が金属（銀貨や金貨）になると、ほとんど永遠に蓄積できるという特徴を持つことになりました。そこに野心的な個人が登場する基盤ができました。うまく稼げば、一生遊んで暮らせる上に子孫の生活も保障されます。個人が村落の集団の人間的なしがらみから解放され、自分の創意工夫で豊かな生活を実現できるわけです。

しかしこのことは同時に、人類に格差をもたらしました。今でもベンチャー起業を盛んにしようとすれば、「勝った人には最大の報酬を、何もしなかった人には道ばたで寝てもらう」というようなことに帰結するような暴論を耳にすることがあります。確かにカネはカネを生み出す力がありますから、個人が何らかの創意工夫で事業を興し人類を発展させてきた裏には、格差が必然的に存在するわけです。

ひどい格差が生じてしまった社会は不安定であり、時に人間的な生活基盤そのものの否定や戦争につながってしまいます。発展には個人のインセンティブとしてもカネが必要だけれども、カネへの欲にはきりがないので、半ば必然的に限られた人へ集中し、生まれながらの格差を生じさせてしまいます。

経済学者の岩井克人教授（国際基督教大学）は「貨幣の存在によって、人間は『無限への欲望』を手にしてしまった」（中略）「共同体の高度化に不可欠な媒介としてポリスに導入された貨幣がポリスの共同体的な基盤を掘り崩す商人術（資本主義）を生み出してしまう」(日本経済新聞「やさしい経済学・貨幣論の系譜」2012年1月6日付)と指摘しています。つまり貨幣には社会を形作る力と同時に、社会を破壊する力があるわけです。

(3) 金銭的インセンティブの効果

このようにカネというものは、他の財とは異なった特別な存在であるといえます。特別な財としてのお金が人間のやる気を高めるために最も効果的な刺激(餌)となってきたわけです。ホーソン工場実験以降の数々のモチベーション研究の中で、人間はカネだけを求めて働くわけではないことは繰り返し主張されてきたにもかかわらず、現実のマネジメントにおいても金銭的報酬の大小によって人間のやる気を上げようとする手法にずいぶん重きが置かれています。やる気を高めるご褒美としてのカネには、どのような良いことがあるのでしょうか。

その特徴をまとめると、まずずっと取っておけるという特徴です。腐ったり、気化してしまったりしません。しかも金属や紙としてのお金そのものにはとくに何かできるわけではありませんが、ほとんどどんなものにでも変えることが可能です。そのために自分だけでなく家族や子孫の生活まで保障できる非常にありがたい財です。したがってカネは誰もが欲しがるものなので、社員の努力を引き出す非常に便利な誘因となります。

もう一つの特徴は、かなり細かな単位まで分けることが可能だということです。日本であれば一円単位で分けることができます。しかも、カネの大小はそのまま価値を示しますから、社員の貢献の度合いなどに合わせた分配が可能になります。それゆえ、会社として何が正しくて、社員に何をして欲しいのかという会社の意図を極めて明確に示すことができます。

また金銭的報酬の多さや成果主義的な処遇システムを構築しているというメッセージは、労働市場からの人材の獲得にも役立ちます。成果主義的傾向を強くすることで、能力ある野心的な人間を集められる可能性が高くなると考えられます。極端に言えば、「我が社は挑戦的な人材を求めます」などという記述を会社案内に書くよりも、評価・処遇のシステムを説明した方が効果があるのではないかと思います。

(4) 金銭的インセンティブの負の効果

しかしカネという財が諸刃の剣だったように、社員のモチベーションに対する効果にも、メリットの裏返しとしての負の効果があります。

まずカネは誰もが欲しがるものですが、さらにどこまでも欲しがるものだという特徴があります。他の財であれば、経済学で言う効用曲線のように過剰に与えられるとそれ以上は望まなくなります。のどが渇いていればコップ一杯の水は大変ありがたいものですが、二杯、三杯と飲み続ければ、もういらなくなります。しかしカネにはこの「きり」がありません。学校を卒業して一〇万円の初任給は、それはありがたいものだったと思いますが、何年か働いても月給が一〇万円じゃ暮らしていけないよ、ということになっていると思います。

この「きり」のなさは、ある意味では企業にとって便利な特徴です。どんどん上げることが可能ですから、優秀な社員がさらに超優秀な社員になるよう努力させることが可能になるからです。しかし、金銭感覚は麻痺しやすいものです。若い頃に一生遊んで暮らせる何十億もの報酬を得たはずの有名人が、なぜか借金まみれになってしまう話を耳にします。一〇〇〇万円もらえば、二〇〇〇万円欲しくなり、五〇〇〇万円、一億円、一〇億円……と欲しくなるわけで、一部の人は何かの中毒のようになってしまうのでしょう。

また、カネは会社の意図を社内外の人間に明確に伝えることができるメッセージとなると書きましたが、往々にして会社の意図は誤解されやすいものです。「売り上げに応じて大胆に報酬を出します」というメッセージは、「売り上げを上げることが大事」というよりも「売り上げさえ上げればいい」という意味に受け取られがちです。

金銭的報酬のシステムから発せられるメッセージは明確なゆえに、誤解もされやすいと言うべきでしょうか。社員はそういうトピックのみに飛びついて成績を上げようとしますから、当然それ以外に配慮すべき要因をおろそかにしたり、ひどい場合には狡《ずる》いことをしたりするようになるわけです。

さらに、金銭的インセンティブ・システムに警告を与えたフェッファーとサットンは、米国の大リーグチームに関する研究を紹介していまして、その研究によると報酬格差の大きなチームは戦績が悪かったのだそうです。理由はいくつか考えられます。たとえば、カネに固執する人間は優秀かもしれませんが、組織には定着しません。コミットしているのが組織や仕事ではなく、カネそのものだからです（フェッファー&サットン、２００９）。

しかし根底にあるのは、前に紹介したカネが発明されて以来のテーマである、社会を作ると同時に破壊するカネそのものが持つ力なのではないでしょうか。チームプレーが大事な仕事や組織にお金に偏重するシステムを持ち込むと、短期的には効果が出るかもしれませんが、カネそのものが人間がお互いを助け合う社会的な関係を破壊してしまうのではないでしょうか。

4　楽しく働くために

(1)　内発的動機付け

賃金を代表とする働きによるご褒美で人のやる気を出させようとする考え方が、今日なお主流なわけですが、そもそもご褒美によって人のやる気を高めようとする以外に有効な手段や考え方はないのでしょうか。

こうした世の中の常識に一石を投じた理論が、内発的動機付け論と呼ばれるものです。（また下品な言い方ですが）人間は餌が欲しくて餌をくれる人に喜ばれる何らかの行動をするだけではなく、やっていること自体が面白かったり楽しかったりするため行動するなど、いろいろな自発的活動を行っているはずです。たとえば、何の報酬ももたらさないのに、多くの人が趣味やゲームに一生懸命取り組んでいます。何かもらえるからやっているのではなく、楽しいからやっているわけです。

「そりゃ、遊びと仕事は違うだろう」と思われるでしょう。つまり、仕事はつらくて苦しく本来やりたくないことをやるのだから、金銭などの外的報酬によって満足を与えないと誰もやらないもので、楽しいから自発的に取り組む遊びとは違うだろうということです。

しかし仕事と遊びは相容れないとする二分法は正しいのでしょうか。周囲を見渡しても楽しく仕事をしている人がいるでしょう。仕事と遊びの二分法から脱却して、仕事に自発的な楽しさを取り込むというテーマに取り組んだ研究者の一人が、チクセントミハイです。[*12]

彼の内発的動機付け理論とは、何か他の報酬を得るための手段としてではなく、知的好奇心や向上心などによってそれ自体を満たすことを目的とする自発的活動やそれを促進する要因に関する理論です。

それでは、自発的活動の源泉である楽しさとはどのようにもたらされるのでしょうか。

どんな活動やどんな条件で人が楽しく自発的に行動するかを仕事に応用できれば、楽しく仕事に取り組むことが可能になるかもしれません。チクセントミハイは、端から見るとご褒美がないのにある種の活動に一生懸命取り組んでいるたくさんの人たちを調査しました。

たとえば、ロック・クライマーは、プロでもない限り、崖に登ったからといって誰かからご褒美をもらえるわけではありません。それどころか命をかけて取り組んでいます。こういう人たちに「なぜやるのか？」と聞けば「楽しいから」と言われます。「じゃあ、楽しいってどんな気持ち？　どんな時に楽しいの？」などと調査していったわけです。

まず、楽しいときは、我を忘れて一つのことに注意を集中しています。また行動と意識と環境とが融合していて、行為の良し悪しが直接フィードバックされ、それに対して即座に反応して次のステップに進んでいく中で、自分がすべてを支配・統制している感覚を持ちます。こうした楽しいときに生じる一つの心的現象は「時間感覚の喪失」です。楽しいときはあっという間に過ぎると言い換えてもいいかもしれません。

皆さんにも、仕事に没頭してふと我に返ったら夜だったなどという経験はないでしょうか。きっとそのときは楽しかったのです。逆に楽しくないときには時間が異様に長く感じ

＊12　M・チクセントミハイ：米国の心理学者。主著『楽しみの社会学』でフローの概念を提唱しました。

図3－4　楽しさの構造

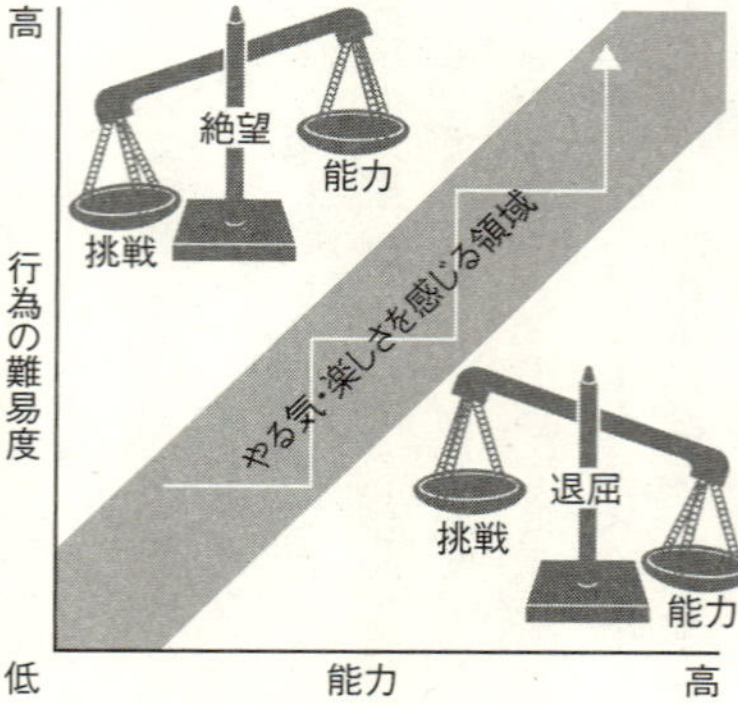

られます。

大学の教員をしていると、学生が時計を気にしだしたり、ひどいときには「この時計、壊れているんじゃないか」と言わんばかりに腕時計を耳に当てられたりします。これは話がつまらないぞというシグナルだと思って講義内容を反省しています。

では、どんなときに学生は楽しくないのでしょうか。おそらく、話がありきたりで、すでにわかっていることの繰り返しの場合と、逆に内容が高度すぎて、非常に難解な話の場合があるように思います。

チクセントミハイの研究でも、「楽しい」の反対は「絶望」と「退屈」であると指摘されています。つまり、その活動の中の挑戦水準が行為者の能力水準を大きく上回れば心配や不安が生じて、逆の場合には退屈が生じるというのです。楽しさはその中間に位置します。

図3－4にあるように、行為の挑戦水準と能力水準がつり合うところに、やる気・楽しさを感じる領域が存在します。そこでは、自我意識の喪失や支配感が生じるとともに、ちょっと難しい課題をこなしながら自分の能力が向上している達成感も得られます。こうしたときに人は楽しいのです。

(2) 楽しさを阻害するもの

チクセントミハイは一連の調査研究の中で、楽しさを阻害するものについても言及しています。まずは、集中できない環境です。一つの仕事にじっくり取り組みたいのに、電話や雑用で思考や作業が中断される職場では、仕事に集中することは困難でしょう。そもそも曖昧すぎる仕事の目的や任務というのも集中できない環境の一つです。

次は外的報酬の介入です。いわば、もともと好きで楽しんでやっていた活動にご褒美を用意すると、ご褒美をもらうことが目的化して自発的な努力が少なくなるという現象です。デシという学者も、ある問題を解くと報酬をもらえる集団と無報酬の集団を比較して、同様の指摘をしています。意外にも無報酬の集団の方がメンバーは問題を解く行為に没頭できて、成績が良かったというのです（デジ、１９８０）。

また、過度に競争的な状況も、集中できない環境です。競争相手を意識しすぎると達成感がなくなり、楽しさを感じにくくなるのです。他人との競争を意識することは切磋琢磨というメリットも持ちますが、それが激しくなりすぎると競争に勝つこと自体が目的化してしまいます。ある会社の芸術的な工芸品を製作する部門では、同期の人間の数を多くても二人までに絞るという話を聞いたことがあります。その理由も、過度に競争的な状況は人を育ちにくくするからというものでした。

その他にもいろいろあげられますが、皆さんの職場の状況はいかがでしょうか。電話や雑用が飛び交い、課業（一日にすべき仕事や仕事の量）が曖昧で、うまくいった人といかなかった人との間に大きな差をつける報奨金などの外的報酬が用意され、相手が同僚であれ競合企業であれ激烈な競争状況に置かれているのであれば、おそらく楽しく仕事をすることはかなり難しいと思います。

さらにと言うより、そもそもと言うべきでしょうか、従業員の能力と課題のアンバランスが楽しさを阻害します。私がとくに重要だと感じているのが、新入社員教育における楽しさ欠如の問題です。入社後三年ぐらいの社員の教育方法については、ほとんどの会社が現場において人を育てるＯＪＴを採用していると答えます。しかしその中身は、チューターと称する先輩社員があてがわれて指導するといったものです。厳密にはこれをＯＪＴとは言いません。私は新手の徒弟制度だと思っています。

元来、徒弟制度では非効率なので考えられたのがＯＪＴです。本人の能力に合わせて、簡単な仕事から徐々に一人前に仕事ができるように、階段を上っていくように現場で仕事をさせて育てていくのがＯＪＴです。

仕事の内容が複雑化・高度化し、人員の余裕もなくなっているからでしょうが、教える内容は曖昧でチューター任せです。職場で行われる仕事内容の全体的な把握もなしにＯＪＴの仕組みは作れません。ひどいときには新入社員だけでなく、忙しすぎてバーンアウトしたチューターも会社を辞めてしまう事態を招いてしまいます。

ＯＪＴはチクセントミハイなどの研究よりも早く米国で考案・実施された人材育成方法で、その成果はとくに戦後の日本の産業界において非常に大きいと思います。そうした効果を上げた理由の相当部分が、仕事における楽しさの創造にあったのではないでしょうか。

簡単な仕事をこなすことで自分でもできるという効力感を醸成し、より学びたいという自発的な学習意欲を引き出し、ちょっと難しい仕事に挑戦する。それができるとさらに効力感が高まるといった連鎖です。

もちろん、一人前になれば最初から自己鍛錬や自発的学習が必要なのですが、即戦力といった幻想で、新入社員にいきなり現場に出て自分で学べというやり方はＯＪＴとは言いませんし、上司や組織としての怠慢のように感じます。間違ったＯＪＴは逆効果をもたらす場合が多いと思います。

(3) 自発的行為をもたらすマネジメント

これまで働く人のモチベーションについていろいろ述べてきました。最後にそれらをまとめた上で、現代のモチベーションを考える二つの視点を紹介したいと思います。

一つは「支え」の創造です。この章の冒頭でもイノベーションの時代が新しいモチベーションの仕組みを要請していることを述べましたが、野心や向上心を刺激するだけではなく、従業員の挑戦を促進するための支えが必要だということを主張したいと思います。もう一つは、自分のモチベーションや自分を取り巻くインセンティブ・システムについての自省の必要性です。自分自身のやる気を高めることと、他人のやる気を高めることを切り離して考えることと言い換えてもいいかもしれません。

まずこれまでの議論をまとめましょう。私たちを取り巻く誘因（インセンティブ）システムの根底にあるのは、何か欠乏しているものをご褒美で与えると人間は（動物も）期待する行動をとってくれるという動因理論です。では一般的に多くの人間は何を欲しがっているかといえば、カネです。人間のやる気を高めるカネの渡し方について、働いた分に応じて配るという科学的管理法、仕事から報酬を得られる期待に応じた制度設計を考案する期待理論、さらに仕事の結果を基準とする成果主義といった方法が開発され実施されてきました。それらはある一定の成果をあげてきました。

ところがカネという財は極めて特殊な性質を持っています。カネは、人間の努力を引き出し人間社会を大きく発展させると同時に、無限の欲望を満たすよう人間を突き動かし、格差を生み出し、やがて協力し合う人間関係や社会を破壊してしまう諸刃の剣です。金銭的インセンティブのシステムにも同様の危険性が潜んでいます。

人間は餌やご褒美のみを求めて行動する存在ではありません。ハーズバーグや職務再設計論の研究に見られるように、人間のやる気は仕事そのものに大きく影響されます。チクセントミハイも人間の自発的行為の重要性を訴え、楽しさの構造や促進要因を分析しました。こうした研究による知見が一九五〇年代から明確になっているにもかかわらず、現実の企業では外発的報酬システム一辺倒で人間のやる気を高めようとしています。

しかしこの章の冒頭で紹介したとおり、イノベーションが業務の目的となっている今日、旧来の考え方の延長線上に不確実性に対応する知的労働意欲を引き出すための解はないように思えます。フェッファーとサットンは、イノベーション時代を乗りこなすことのできる会社かどうかを判断する、いわばキー・クエスチョンがあるといいます。それは「失敗した人はどうなりましたか?」という問いかけです（フェッファー＆サットン、2009）。

わたしもしばしば訪問した企業で聞いていますが、イノベーションを先導したり、ヒット商品を連発したりする企業では、「周囲に失敗した人がたくさんいますよ」あるいはプ

図3—5　イノベーション時代のモチベーション

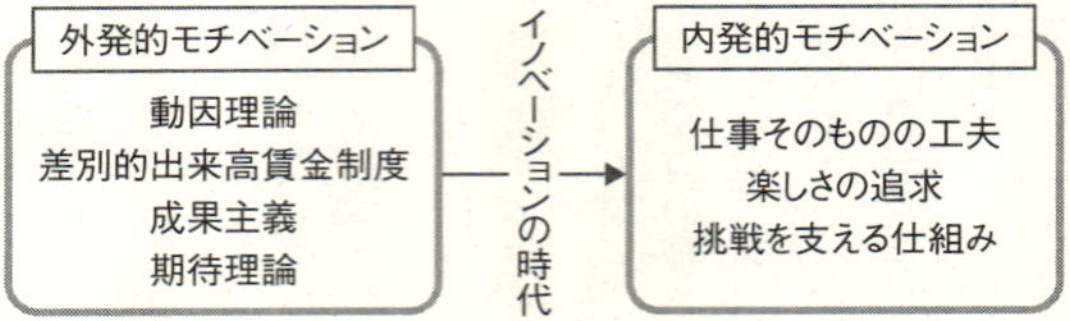

ロジェクト・マネジャーから「このヒット商品は二度の大失敗に続く三度目の正直だったんです」という答えが返ってきます。

失敗する確率が高い挑戦を自発的に行っていく意欲を高めるためには、組織的な「支え」が必要なのではないでしょうか。もちろん各自が責任を持ち失敗の後処理を行うことは必要ですが、勇気を持った挑戦者に対する強烈な信賞必罰は人間の挑戦意欲を削ぐことは明らかです。仲間の協力や組織の支えがあってこその挑戦意欲だと思います。過度の競争心を駆り立てるような外発的インセンティブ制度は、組織でイノベーションを興さなければならない今日の企業には逆効果をもたらすことが多いのではないでしょうか。

しかし、なぜ金銭を軸とする外発的報酬システム偏重から抜け出せないのでしょうか。この章の最後に、モチベーションを部下や職場を改善するためのテーマとしてだけでなく、自分の問題として捉えていく必要があるということをあらためて強調したいと思います。

(4) 自分のモチベーション

冒頭の章でもさんざん書きましたが、人間は主体性を持って意思決定する存在ですから、無理矢理に言うことを聞かせることはできません。メンバー自身の主体的に取り組むという意思や行動が大事で、これをいかに実現するかがリーダーの一つの役目になっています。

しかし部下の積極的姿勢を引き出したり、職場の士気を高めたりすることができなくて、プロジェクトの成果が上がらず、リーダー自身がやる気をなくして「もう会社を辞めたい」と思っている場合も少なくないと思います。さらに、それらのプロジェクトをとりまとめるリーダーの上司もまた同じ連鎖の中にあるかもしれません。

「他人のやる気を引き出す」ことと同様に「自分自身のやる気を高める」ことは、おそらく会社に勤めているすべての人にとって、最重要課題の一つでしょう。部下や周囲の人のやる気を高めるためにはどのような言動や施策が必要なのかについて書かれた本は、たくさんあります。自分自身のやる気を啓発するような本もたくさん出ています。でも、これら二つのつながりがなかなか見えてきません。

たとえば、部下には行動の模範となるよう率先して背中で語りなさい、と書かれた本の中で、そのような行動をとるべき上司のやる気はどこから引き出されるのでしょうか。さらに上の上司が模範的行動をとってくれることを期待するしかないのでしょうか。本によっては、リーダーや管理職はそもそもやる気があるのだという前提の上で書かれたとしか思えないものもあります。反対に自己啓発の本には、他人のせいにしたり他人に頼ったりせず、他人に感謝し自分自身を厳しく律しなさいというようなことが書かれています。それぞれに書かれてあることは正しいと思いますが、私のような未熟な人間は、何か納得できない複雑な気持ちになります。

やる気やモチベーションを考える際に大事なことは、これらの問題を部下などに適用する他人事としてだけ考えずに、同時に自分自身の問題としても捉えていく視点のように思います。

ちなみに、皆さんはなぜ働いているのでしょうか。単にカネを得るためでしょうか。給与がよければ仕事や職場を簡単に変えますか。イエスと答えられる方もかなりいらっしゃると思いますが、意外にノーの答えの方が多いようです。しかし同じ人に「人はカネのために働いていると思いますか」と問いかけると、イエスという答えが多いようです。

これをヒースという研究者は「外部インセンティブのバイアス」と呼んでいます。つまり、「人は自分がそうでなくても、他人はカネで動くと思っている」ということです。そのために、仕事の意義ややりがいや自律性などの内発的要因を軽視しがちになるのです。

自分の、そして周囲の人のやる気を高める要因のエッセンスは、自分がして欲しいことを他人に行い、自分が嫌なことを人にしない、という当たり前のことなのかもしれません。

IV

優れたリーダーの条件とは

——集団を束ね導くための論理

1　魅力的概念としてのリーダーシップ

(1)　良いリーダーになりたい

会社や役所に限らず、学校でも趣味のスポーツ・サークルでも、「リーダー」や「リーダーシップ」は頻繁に登場する言葉の一つだと思います。組織や集団で何かをなそうとしたときに、優れたリーダーシップの有無が活動の成果に大きく影響することは疑うことのできない常識でしょう。組織やチームの浮沈を決定する要因としてのリーダーシップは、とても魅力的な概念です。

厳密なリーダーシップ論と言わずとも、優れた為政者や指導者などといったリーダーの研究は、古今東西の様々な古い文献にも見られます。多くの場合、そこでのリーダーとは国や軍隊を動かす権力を持った人のことを指していたようです。「君子たる者……」といった言葉は今でも日常生活で使われるのではないでしょうか。

「(国や軍隊のレベルではなく)集団を束ね、目標の達成に導くよう影響を与える力」をリーダーシップと捉えて、とくに企業における優れたリーダーの特性や行動スタイルを本格的に研究するようになったのは二〇世紀に入ってからのことです。きっかけは前の章で紹介したホーソン工場実験でした。

ホーソン工場では「働く人を突き動かすものは賃金だけではない」という発見に加えて、企業の中に集団があることが発見されました。企業組織を分解するとすぐに個人になるのではなく、組織には集団が形成されていて、その集団を個人が構成しているということがわかったのです。つまり、個人が集まって集団が作られ、集団が集まって企業組織が作られているのです。発見された集団について、集団にはそれぞれの規範が作られていることや、部や課などの公式的な構造とは別に非公式的集団（informal group）が形成されていることなどが見出されていきました。

その中で、リーダーの良し悪しが、従業員の満足や集団の生産性を大きく左右することがわかってきました。では、どんなリーダーが良いリーダーなのでしょうか。このテーマを探究すべくリーダーシップ研究はスタートしました。そして今日、なお優れたリーダーシップの条件を解明しようとする研究が世界中で進行しています。

このように、リーダーシップは組織や集団に成功をもたらす非常に魅力的な概念です。では、優れたリーダーシップの条件はどのようなものなのでしょうか。どのようなことを心がけると良いリーダーになれるのでしょうか。

(2) リーダーは組織の命運を決める

リーダーの話はみんなが大好きです。異能な集団を束ね鬼退治を成功させた桃太郎のような昔話から歴史的な英雄の伝記まで、世代を問わず語られますし、卓越したリーダーや経営者を取り上げる「プロジェクトX」や「カンブリア宮殿」などのテレビ番組も大変な人気だと聞きます。こうした番組を見ても、優れたリーダーの存在こそが組織や企業に成功をもたらす源泉であると感じられます。

たとえば、映画では高倉健さんが主演しましたが、新田次郎氏の『八甲田山死の彷徨』を読んでもリーダーの違いがもたらす結果の違いの大きさが納得されます。

来る日露戦争に備えて、二つの連隊に真冬の八甲田山縦走の命が下ります。一つは弘前連隊で、弘前を出て八甲田山を北上し青森に向かいます。もう一つは青森連隊で、青森を出て弘前に向かいます。

それぞれに部隊のリーダーが指名されるのですが、一方の弘前側のリーダーは、少数精鋭の部隊を編成し現地ガイドを雇って相談しながらも適宜自分で意思決定を行って連隊を無事に縦走成功へ導きます。

他方の青森連隊では二〇〇人を超える大部隊が編成され、途中の猛吹雪で足止めされる中、リーダーは行くか戻るかを決める会議を開いてしまいます。個人的にはほとんど全員が引き返そうと思っていたにもかかわらず、会議ではそんな消極的な発言はできず、結局無謀な進軍を行って遭難の大惨事を招いてしまいます。

八甲田山の事例は、経営学で「集団の病理」などと称される現象の一つとして取り上げられることがあります。要は、個人が行う意思決定よりも集団で行う意思決定は極端に偏った結論に至ることが多くなるということです。集団無責任で何も決まらないか、個人の先行し合いで無謀な結論が引き出されるのです。

したがって、引き返すといった後ろ向きの意思決定はみんなで相談して決めるのではなく、リーダーが一人で確固たる決断を下さなければならなかったわけです。

リーダーの考え方や行動、いわゆるリーダーシップが組織の明暗を分けたというような事例をあげだしたらきりがありません。八甲田山の事例も、二人のリーダーの違いが天国か地獄かと言ってもいいような結果の差をもたらしたのです。ですから私たちは物心ついた頃からリーダーが大事だということを知っています。地域や学校やサークル活動など、様々な場面で適切なリーダーシップを求めたり、自分が良いリーダーになろうと努力したりするわけです。

(3)　理想的なリーダー像

企業経営を考える際にも、「企業で重要なのは、部下の適性を引き出すリーダーである」

「仕事上のトラブルの多くは、ボスの良いリーダーシップの欠如から生じる」などは疑う余地のない常識とされています。自分と気の合う尊敬できる上司と出会うことは本人の努力ではなかなか難しいことですが、せめて自分は部下に慕われる理想的なリーダーになりたいという思いは、組織で働く全員が持っているはずです。

書店をのぞいても、企業組織におけるリーダーシップに関する本が棚にあふれています。多くの人が良いリーダーになりたいと思っているからでしょう。しかしその期待を裏切るかのように、タイトルを見ただけでも、鬼上司礼賛型のものから、協調的リーダー推薦型まで、意味が真逆のものも含めて実に多種多様なメッセージが並んでいて、混乱されている方も少なくないのではないでしょうか（すでにこの本の第I章を読まれた方は、こうした多種多様な考え方を知って自分を振り返ることが良いマネジメントを導くことを理解されているはずですが……）。

リーダーシップに関する、場合によっては相反するような多様な見解が私たちを惑わせるだけでなく、推奨されるリーダー像そのものも、いわば「超人型リーダー」というか、そう簡単にはまねできないタイプのものも少なくありません。

たとえば、この二、三年で雑誌に取り上げられるようになった「優れたリーダーになるために」といった記事を大まかにまとめてみました。

①将来に関する夢のある大きな絵をビジョンとして提示する構想力、②世の中の変化の

メカニズムや意味付けを行うことのできる洞察力や部下への知的刺激力、③自組織の挑戦や実験を促進するため、内外の障害へ抵抗できる政治力、④自ら掲げた目標へのコミットと極限追求の緊張感、⑤理想実現のために努力する忍耐力、⑥社内外にわたる非公式的な人的ネットワーク創出力、⑦フォロワー（部下）の成長と育成を心がけ、エモーション（感情）への高い関心を持つといった人間力。

こうしたことができる人が優れたリーダーであり、こうしたことから発せられる影響力が良いリーダーシップということになります。こうした理想像からどれだけかけ離れているかを知ることで、自分のリーダーシップの特徴がわかるというような物差し（理念型）としては意味があると思いますが、こうした硬軟・清濁を全部併せ持つような人なんて、神様かスーパーマンみたいな人だと思いませんか。正直に申し上げて、未熟な私などはどれか一、二個でギブアップですし、こうした記事が紙面を賑わすのを見ると何か暗澹たる気持ちになります。

これら七項目をかなり大雑把にくくると、前半が集団をうまくガイドする戦略力で、後半がかなり人間のできた（？）人間力といったことを意味するのでしょう。ロビンスという経営学者は、リーダーに必要な特性をまとめた研究を鳥瞰した上で、こうした研究の理想とするリーダーは、ボーイスカウトの3分の1とキリストの3分の2を足したような人だと揶揄《やゆ》しています（ロビンス、1997）。

(4) リーダーシップは肩書きではない——定義と源泉

「すごいリーダー」が求められるような傾向は、一種の英雄待望論ともいえます。英雄レベルのリーダーでも出てきてくれない限り、この閉塞状態を打破できないと考えられているのかもしれません。このこと自体はあまり褒められることではないと思いますが、優れたリーダーが必要だと多くの人が感じていることは明らかでしょう。つまり逆に考えれば、それだけリーダーにかかっている期待や現実の責務が大きくなっているとも解釈できます。

どんな人物やどんな言動が優れたリーダーの条件かといった、多くの人の関心を呼ぶテーマを探究する一連の、そしてたくさんの研究がリーダーシップ論と呼ばれる経営学の一領域です。

前述したビジネス書での相反する示唆が並ぶような混乱を映してか、「リーダーシップとは何か」という問いに対する回答、すなわちリーダーシップの定義にも多少のバラエティーがあります。その中でもおそらく共通しているのは、リーダーシップとは「集団を束ね、目標の達成に導くよう影響を与える力」のことです。

たとえば職場のリーダーの代表格である課長について考えてみましょう。課長は課員が一致団結できるよう人間関係や交流促進に気を配り、課としての目標が達成されるよう課員を鼓舞する指示を出します。課のメンバーは、課長のリーダーシップという影響力によって仕事に励もうとするわけです。

では、部下はなぜ課長の影響力によって努力の度合いを高めたり、方向性を変えたりするのでしょうか。課長が部下に及ぼす影響力であるリーダーシップには、主に二つの源泉があると考えられます。一つは課長という職位や立場から生じる権限です。もう一つは課長の人間的魅力ともいうべき、人を動かす個人としての性格特性や行動や発言のスタイルです。すなわち、課のメンバーを動かす課長の影響力は、一方では課長という公式的な職位から生じますし、他方では課長の人間的魅力など非公式的なものからも生じます。

職位や立場はリーダーを補佐する組織の力だと考えると、純粋かつ厳密な意味でのリーダーシップは公式的な職位に依存することのない属人的能力でしょう。この定義を言い換えれば、「もしあなたが突然に職位を失った場合でも、周囲のメンバーをまとめ、ついて来させることのできる、あなたに備わった能力」がリーダーシップということになります。

多くのリーダーシップ研究は、基本的にリーダーの属人的能力としてのリーダーシップに焦点を当ててきました。本書でも、まずは次節においてリーダーの属人的な特性や行動スタイルに関する研究を追っていきます。

しかし現実のリーダーとされる人の多くには職位や肩書きがつきますし、組織の長は仕事を管理統制する人という意味でのマネジャーでもあり、人々を活気づけて変革を導くリーダーでもあるでしょう。本章の最後の節では、職位という組織構造から発生するパワーも含めたリーダーの考察を行って、新しい時代のリーダーシップについて議論していきたいと思います。

2 優れたリーダーシップの探究

(1) リーダーシップの二つの基本機能

リーダーシップ論の初期から続く流れの一つは、リーダーの性格などの生まれもっての資質や特性を探っていこうとするものでした。しかし、英雄レベルの人間の出現を待つことは得策とは思えません。リーダーの資質を探究する傾向が大きく方向転換されたのは、一九四〇年代から六〇年代です。リーダーの持つ特定の性格ではなく、リーダーのとる行動に焦点が移行したのです。こうした一連の研究をリーダーシップの行動理論と呼びます。

これは画期的なことでした。優れたリーダーの気質や性格の特性がわかったとしても、「あなたも＊＊のような性格になりなさい」と言われたところで、指定された性格にはなかなかなれません。でも、「あなたも＊＊のような行動をとりなさい」と言われれば、できないことはないかもしれません。つまり、教育訓練によって優れたリーダーを作り出せる見込みがつくのです。

こうした研究は主にオハイオ大学など米国の大学において進められました。たとえばアイオワ大学での初期の代表的な研究としては、小学生（一〇歳児）を何十人か集めてグループに分けて、それぞれに指導員をつけていろんな課題を解かせます。指導員にはあらかじめ「民主型」「専制型」「自由放任型」といった指導の方法や姿勢が指示されています。チーム編成、指導員の指導スタイル、課題の質などを変えて実験を繰り返した上で、おしなべて成績の良かったのは、「民主型」の指導員がついたときのチームだったようです。次が「専制型」、最後が「自由放任型」でした。

そこで、どうやら民主型のリーダーシップのスタイルが望ましいようだとか、何もせずに放っておくよりも（民主型であれ専制型であれ）リーダーシップは発揮されることが望ましいといった結論が導き出されるわけです。

小学生を使った実験室実験だけでなく、役所や企業における大量サンプルを用いた質問票調査などが展開された結果、リーダーの機能は大きく二つのカテゴリーに絞り込まれました。一つは「職務遂行」、もう一つは「集団維持」です。

前者のリーダーの職務遂行機能とは、組織や集団の目標を達成しようとする働きです。職務遂行機能の高いリーダーは、集団メンバーの基本的な任務や役割や目標を設定し、部下に対して仕事の仕方を指示するとともに、仕事の結果を評価し、適切なフィードバックを与えるなどの行動をとると描写されます。端的に言えば、クールな態度で厳しくノルマを達成していくリーダーでしょうか。

後者のリーダーの集団維持機能とは、組織や集団をまとめチームワークを発揮できるようメンバーの満足度と凝集性（その集団の仲間でいたい度合い）を高めようとする働きです。集団維持機能の高いリーダーは、集団メンバーの個人的事情や感情に気を配り、部下のアイデアを尊重することで部下を動機付け、アフター5などに相互作用の場を設定するような行動をとるとされます。端的に言えば、親しみやすく優しく職場をまとめていくリーダーでしょうか。

(2) 優れたリーダーは厳しくもあり優しくもある

では、二つの基本機能のうちどちらが大事なのでしょうか。言い換えれば、リーダーには厳しさと優しさのどちらがより求められるのでしょうか。オハイオ大学の調査研究の結果、どうやら優れたリーダーは職務遂行機能も集団維持機能も両方とも高いレベルで働かせているらしいということがわかりました。つまり、できるリーダーは厳しくもあり優しくもあるというのです。

この仮説を厳密に証明したのは、三隅二不二教授（当時、九州大学）でした。膨大なデータと精密な統計分析の結果、職務遂行機能も集団維持機能も高い水準で実現しているリーダーが、生産性向上の面においても、従業員のやる気と凝集性の面においても成果の高

図4−1　ミシガン研究からPM理論へ

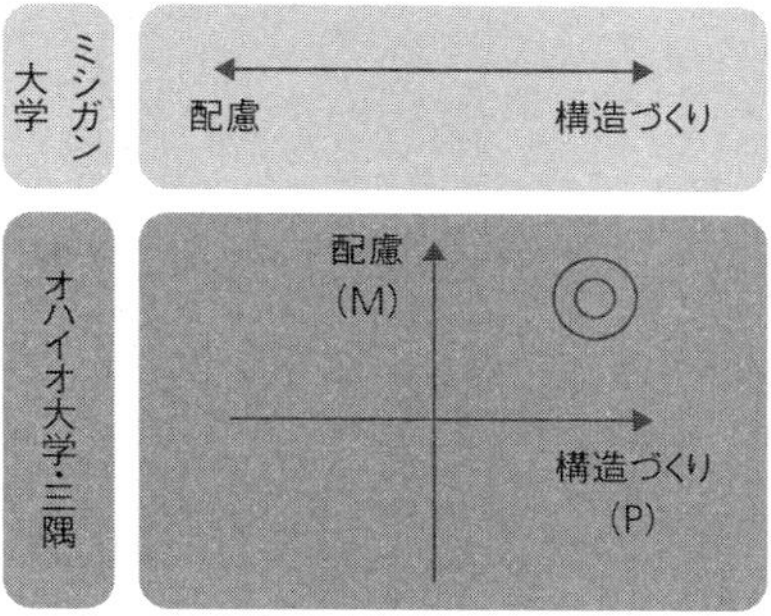

いことがわかったのです。三隅教授の一連の研究成果は、PM理論と呼ばれています。

まずPM理論においては、職務遂行機能をP (performance) 機能、集団維持機能をM (maintenance) 機能とします。たくさんの現実のリーダーの行動や業績を収集し分析すると、リーダーシップスタイルは、PM型（PもMも高い）、Pm型（Pは高いがMは低い）、pM型（Pは低いがMは高い）、pm型（PもMも低い）という4つのタイプに分けることができます（つまりpやmの大文字のときは高い程度であること、小文字のときは低い程度であることを示します）。

膨大な量と厳密な手法を用いた実証研究の結果、基本的には生産性向上については、「PM＞Pm＞pM＞pm」の順となりました。また、集団メンバーのモラールの高さと凝集性については、「PM＞pM＞Pm＞pm」であることが明らかになりました。両面の成果においてもＰＭ型リーダーが他に勝っていたわけです。

結果をまとめると、生産性向上においても、やる気やチームワークにおいても、厳しいだけのリーダー（Ｐｍ型）、あるいは優しいだけのリーダー（ｐＭ型）よりも、厳しくもあり優しくもあるリーダー（ＰＭ型）の方が成果が高いということです。したがって一般的には、厳しさと優しさを両方ともできるだけ発揮させるようなリーダーを目指しなさいという示唆が導き出されます。

ＰＭ理論の後、ＰＭ理論で言えばＰとＭの二つの機能を働かせる程度を三分割して３×３の九つのセルに分けてリーダーシップスタイルを当てはめるマネジリアル・グリッドなどの手法が開発されます。しかしそれはＰＭ理論の発展版といったところでしょうし、三隅教授のような実質的な証拠を示しているわけでもありません（金井、１９９９）。

もちろん、個々の理論や実証研究として優れた研究業績がたくさんあるということをわかった上で、かなり大胆なことを言いますが、「良いリーダーは厳しくもあり優しくもある」ということが、おそらく世界の大半の研究者がほぼ間違いないと信じる基本的なリーダーシップに関する命題の最前線なのではないかと思います。

(3)　戦時のリーダーと平時のリーダー

理想のリーダーが「厳しくもあり優しくもある」人だということはおそらく間違いのな

いことです。実際に働いている方の実感に照らしてみても、十分に納得できるのではないでしょうか。

しかし厳しく優しいリーダーになるには、どうすればよいのでしょうか。厳しさと優しさは相反する方向性を示しているようです。つまり厳しくすると優しさが減るし、優しくすると厳しさが減るような気がします。その辺りをうまくやっているのが優れたリーダーということになるのでしょうが、実際にはどのように両立させているのでしょうか。

またリーダーシップの抱える二律背反性は、厳しいと優しいという性格的な問題だけではありません。新しい仕事を効率的に運ぶために若手のA君を係長に抜擢する（職務遂行機能）と、職場全員の協力意識や凝集性を下げる（集団維持機能）ことにつながるかもしれません。リーダーシップの発揮はその根底にジレンマを抱えているのです。

もちろん、PM理論で明らかなように二つとも中途半端な折衷では意味がありません。折衷ではなく、二つの相反する方向性のものを両立させようとした場合、まず考えられるのは、厳しくすべきときは厳しくして、優しくすべきときには優しくするというアイデアです。

たとえば、戦時のリーダーと平時のリーダーは異なるということをよく耳にします。革命時にはヒーローと呼ばれる優れたリーダーだった政治家が、革命成功の後に独裁的になって国内がまた混乱に陥るなどということがあります。逆に、古くは中国史上最高の名君の一人とされる唐の太宗も、国内が平定された後は、戦乱時に功績のあった者ではなく、平時の治世にふさわしい者を登用し、成功したといわれています。

私の勤務する大学院（東京理科大学大学院イノベーション研究科技術経営専攻）は、企業や役所に勤めている学生が一〇〇％の社会人用の大学院です。技術経営（Management of Technology）をテーマにしているため学生の過半数は企業内技術者や研究員になります。ここで学生と一緒に、前の章で取り上げた「仕事の楽しさ」と「リーダーシップ」が「仕事モラール（やる気）」にどのような影響を与えるかをアンケート調査しました。

そこでの面白い結果の一つは、たとえば、自分で立ち上げたり、世界初や日本初に挑戦したりする、いわゆる本人たちが時間も忘れて取り組む楽しい仕事のときは、リーダーや上司の関与はやる気に負の影響を持っていました。逆に、失敗の後始末や顧客の言いなりといったつまらない仕事の場合には、リーダーや上司の関与はやる気を増すことがわかりました。

そこから得られる実践的な示唆としては、「研究や開発のテーマが面白いもののときには、上司は部下を放っておきなさい。逆に、つまらない仕事の場合には、率先垂範で積極的に部下に関わりなさい」ということになるでしょうか。現実には面白い仕事が会社に満ちあふれていることはあまり考えられませんから、リーダーシップの発揮はやる気を高める上で大事なポイントということも確認できたと思います。

(4) リーダーシップの状況適応理論

状況に応じて発揮すべきリーダーシップのスタイルを変えることとは、重要なことのようです。こうしたアイデアをもとに、いかなる状況において、いかなるリーダーシップ行動をとるべきかを突き詰めようとする研究が、リーダーシップの状況適応理論です。

リーダーシップの状況適応理論には様々な研究がありますが、それぞれの研究はリーダーシップの有効性に影響を与えると思われるいろいろな状況や条件を特定し、対象とする集団の業績との関係から、条件にふさわしいリーダーシップスタイルを探究しています。

たとえば、普遍的に優れたリーダーシップを探究しようとする考え自体に限界があるとして、リーダーシップの状況適応理論の先駆的研究を行ったフィードラーによると、リーダーが率いるべき集団メンバーが抱くリーダーへの好意度の違いによってとるべきリーダーシップスタイルが異なります。

簡単に言うと、好意度が非常に高いか、非常に低い（いわば敵対的な）状況下では、厳しい（タスク志向的）リーダーシップが有効で、好意度が中間のときは優しい（人間関係志向的）リーダーシップが有効だという結論を導いています。

また、今日おそらく現場で最も使われているハウスのパス・ゴール理論では、タスクの構造や公式的権限などの環境要因と、部下の個人的要因がどのような状況のときにどのようなリーダーシップスタイルをとることがふさわしいのかを研究しています。

その中で、たとえば、仕事の構造が曖昧で部下のストレスが高いときには、指示型（厳しい）リーダーシップが望ましく、逆の場合には支援型（優しい）リーダーシップが望ましいとか、経験が豊富で能力が高い部下に対しての指示型リーダーシップはふさわしくないなどの結果を導いています。

これらの理論の実践的な示唆は明快です。研究からの知見に従って、状況に合ったリーダーシップが発揮されるようにしなさい、またはリーダー当人にしてみれば発揮しなさいということです。

フィードラーは事前に個人のリーダーシップスタイルを調査し、状況に適合したリーダーを配置しなさいということを示唆していますし、パス・ゴール理論では状況に応じた望ましい行動をそれぞれのリーダーがとりなさいと謳《うた》っています。関心のある方にはぜひ専門的なリーダーシップの本をご覧いただきたいと思います。

しかしながら、実際のリーダーシップは、一連の研究で想定されている以上に複雑なもののようです。たとえば、こうした示唆を現実に行う場面を想像してみてください。なかなかやっかいな問題にぶち当たることがわかるはずです。

次の節では、リーダーシップを取り巻くより複雑なメカニズムを踏まえて、現実のリーダーについて考えていきたいと思います。

3 なぜ優れたリーダーは少ないのか

(1) 三人の尊敬できる上司のもとで働けたら出世する

私は大学を卒業してすぐにある大手電機メーカーに勤務していましたが、その頃、上司から「会社生活で三人の尊敬できる上司のもとで働けたら、必ず出世する」という言葉を耳にしました。新入社員研修を終えたばかりの私は、その言葉の意味を、上司と部下との関係の良し悪しは会社での仕事の遂行に影響する重要な要因の一つなんだと理解しました。

つまり、尊敬できる上司を持つということは、部門(チーム)としても個人としても、すばらしい業績をあげるチャンスに恵まれるということです。部門が成長すればそれだけポストも増えますし、個人としても良い業績をあげれば出世できるはずですから、結果的に尊敬できる良い上司に会うことができれば出世するということです。

しかしながら、何年か働くうちに、尊敬というレベルの思いを上司に持つことや部下に尊敬されることはそう簡単なことではないと気づき、その言葉に含まれているもう一つの意味が次第にわかるようになってきました。それは、本当に心の底から尊敬できる上司にめぐりあえるチャンスは非常に少ないということです。

したがって、運良く尊敬できる上司三人にも出会えるような機会に恵まれれば、組織としても個人としても大きく出世するような卓越した業績をあげられるでしょう。また裏を返せば、上司も人間であり神様ではありませんから、欠点もあるでしょうし、気が合わないような人物かもしれません。ですから、多少なりとも心の底から尊敬できなくても、それを常態として受け止めながら仕事を進めていかなければならないということです。

多くの企業人にとって、上司は会社生活において極めて重要であることに異論を挟む余地はないでしょう。すばらしい業績をあげる、福利厚生も充実した会社に勤めていても、職場の上司と相性が悪ければ、会社生活はつらいものになるでしょう。とくに、何年か勤めて自分か上司のいずれかはローテーションで職場が変わるということを認識する前の新入社員にとって、全く気の合わない上司のもとでの仕事は地獄のはずです。

なぜみんながついていきたくなるような優れたリーダーは少ないのでしょうか。ＰＭ理論やパス・ゴール理論といった優れた研究成果はあります。それらの知見の普及や企業での研修が遅れているわけでもないと思います。

しかし「何を甘えているんだ」と感じる方も少なくないはずです。「会社生活で三人の尊敬できる上司のもとで働けたら、必ず出世する」という言葉は、リーダーや上司に期待しすぎたり、依存しすぎたりしてはいけないという警告を発していると言うこともできます。つまり、人々がリーダーや上司の存在や機能を過大に扱っている現象をも表しているかもしれないのです。

次の項以降で、まずリーダーシップの状況適応理論からの示唆の持つ問題、次にリーダーへの過剰期待を生じさせる問題、そしてそもそもなぜ優れたリーダーは少ないのかについて考察したいと思います。

結論めいた主張を先に述べますと、こうした問題の多くは、リーダーの属人的な特性に起因するものではありません。リーダーを考える際に組織の中のリーダーという視点を持たなければなりません。つまりリーダーを取り巻く組織の構造が与える影響を考慮する必要性があるのです。

(2) 状況適応理論の限界

パス・ゴール理論を代表格にリーダーシップの状況適応理論からの示唆はたくさんあるのですから、職位や仕事の構造などそれぞれの状況に合わせてリーダーシップを変化させていけばいいはずです。大学や研修の場で、理論からの示唆や知見を身につけさせることで、たくさんの優れたリーダーが量産できるような気がします。

でも、これはこれでやっかいな問題を提起します。簡単に振り返ると、厳しく優しいという二律背反的な行動特性を同時に持つというパラドクスを解決するための一つのアイデアとして、リーダーシップの状況適応理論からの示唆は、状況に合わせてリーダーシップスタイルを変化させるというものでした。

おそらくリーダーシップの有効性に影響を与える諸要因を調べ尽くせば、誰でもちょっとした教育訓練で卓越したリーダーを作り出せるという理想を、研究者は持っていたのだと思います。

しかし実際の職場で、仕事の状況やそれぞれの部下に合わせて言動のスタイルを変える上司を思い浮かべてみて下さい。こうしたリーダー像について皆さんはどう思われますか。パス・ゴール理論の諸仮説は統計的な調査においておおむね支持されているようですので、それぞれの状況においてとるべきリーダーシップスタイルは正しいのでしょうが、そもそも状況に合わせて言動や態度を変化させる上司など、何か気持ち悪い感じがしませんか。

おそらく、部下は上司に対して極めて打算的な印象を持ちますし、上司自身も四六時中「今日は優しく、明日は厳しく」や「Aさんには優しく、Bさんには厳しく」なんていちいち考えていたら疲れてしまいます。

ましてや、考慮すべき状況は複雑ですし、変化しつづけます。そうした状況を見極めて適するスタイルを実行するリーダーへの負担は甚大です。覚えきれないほどのたくさんの状況と対応のチェック項目を書き込んだ手帳を見ながら部下に当たるようでは、周囲に打算的印象を与えるだけです。おそらくそんなリーダーには、誰もついてこないのではないでしょうか。

もちろん、前に紹介した東京理科大MOTでの調査結果レベルの、かなり大雑把な、金言的な心がけとして、リーダーシップの状況適応理論からの示唆はもちろん有効ですし大事です。しかしながら、本当に大切なことは、事細かな対応ではなく、世の中の大きな流れや企業の置かれた状況の変化に応える形で、自分のリーダーシップを自省的に捉え直すことなのではないでしょうか。

(3) 「認識の近道」による因果の誤り

次に、何でもリーダーを原因とするような思い込みをもたらす理由を考えましょう。私たちはなぜ優れたリーダーの登場に期待したり、自らも優れたリーダーになりたいと思うのでしょうか。あるいは、すごい成果をあげた組織のリーダーを褒め称えたり、逆に成果のあがらない自分の組織の上司を強烈に（ただし居酒屋で）非難したりするのでしょうか。リーダーを褒めすぎたり、けなしすぎたりするのは、やはり組織や集団の業績がリーダーの良し悪しによって左右されていると思い込みすぎているからではないでしょうか。

前の章でも登場したフェッファーとサットンは、その理由の一つとして「認識の近道」という人間の性質をあげています。人間は自分で情報処理できないような複雑な状況に置かれると、その状況を単純に理解・解釈したいという欲求を持ちます。その際に、このやっかいな状況をもたらす、できるだけわかりやすい理由を考える性質があります。これが

「認識の近道」です（フェッファー&サットン、2009）。

組織や集団の業績を決定する要因は一つではありません。成功裏に運んだプロジェクトの成功の原因は、メンバー構成や戦略、あるいは運が良かったことかもしれません。しかし、現実の複雑な状況の中でリーダーは、「認識の近道」の対象になりやすいのです。

とくにうまくいかなかったときなど、第I章で説明した「他人のせいにしたい」という責任回避志向もリーダーへの過大な期待や依存心を育てます。リーダーは目立つし公式的な権限と責任を持っているのだから、うまくいったらリーダーのおかげ、失敗したらリーダーのせいにしやすいということです。リーダーは他の影響から独立した決定的要因のように捉えられやすいのです。

しばしば、現代の日本人には優れたリーダーが少ないと同時に海外のリーダーはすごいといった記事を目にします。これも認識の近道の例だと思います。義務教育が行き届き社会的な人材の能力分布が高いレベルに山のある社会（日本）と、そうでなくて低いレベルに山のある社会と比較すると、どちらの上位五％の人がリーダーシップを発揮しやすいでしょうか。おそらく後者の方がやりやすく、前者（日本）では調整の努力が要求されることが推察されます。明治期には優れたリーダーが輩出されたけれども、最近の日本は減ったという主張にも同様の反論が可能ではないかと思います。逆に言えば、現代の日本でリーダーシップを発揮するには、非常に高度な能力が必要とされるのかもしれません。

「認識の近道」によって、誤った優れたリーダー像が作られることもあるでしょう。読者の方はそもそもリーダーはテキストから覚えるものではなく、現場で学ぶべきものだと考えるのではないでしょうか。しかし誰から何を学ぶのでしょうか。業績の良い組織や集団のリーダーが理想像に祭り上げられることは少なくないと思いますが、本当にリーダーシップの卓越性によるものかを判断するのは難しいことです。

おそらく前に述べたホーソン工場実験でリーダーシップが発見されたときには、優れたリーダーの特性の把握はさほど難しい問題と捉えられていなかったかもしれません。というのも、「リーダーシップ」→「従業員の満足」→「仕事モラール（やる気）」→「生産性」といった図式を設定すれば、生産性の高い集団をピックアップして、その集団のリーダーに共通する特性や条件を調べれば優れたリーダーの要件を特定できると考えられるからです。しかしこうした視点での研究から見出された結果は、「いろいろなリーダーがいる」ということでした。

なぜこんな結果になってしまったのでしょうか。様々な事情が絡んでいるのでしょうが、シンプルに考えると、そもそもの図式に問題があることがわかります。つまり、良いリーダーが良い業績を導くと同時に、何らかの理由で良い業績を得られるとその集団のリーダーは良いリーダーと呼ばれるという逆の因果関係が成り立ってしまうからです。また、業績が良いという結果が、良いリーダーシップによって導かれたものか、それ以外の要因によるものかを判定することも困難です。

(4) 組織は優れたリーダーを選べない――ピーターの法則

リーダーを重視しすぎる思考を導く「認識の近道」という考えを紹介しましたが、それでも「X課では、A課長のときにはすばらしい業績をあげていたのに、B課長になって低迷した。やはりリーダーの良し悪しは大事で、A課長のリーダーシップから学ぶべきだ」というようなことを耳にします。組織メンバーの構成が一緒で変化したのはリーダーだけなので、業績を上げたA課長は良いリーダーで業績を低迷させたB課長は悪い課長ということは誰が見ても明らかだというわけです。

しかしよく調べると（しばしばこうしたケースが経営学の教材になりますが）、会社から課された単一の目立つ指標の向上のみを目指してA課長が猛進した結果、表面上の成果は短期的に上がったけれども、X課には人間関係に関することなど、その他の問題が山積みとなります。後任のB課長はX課を正常な状態に戻すための後始末に追われていたなんてことはないでしょうか。A課長を良いリーダーと喧伝することは、会社内に本質よりもトピックだけを追うようなリーダーシップを蔓延させることにつながり、やがて企業の組織力を低迷させてしまうかもしれません。

そのようなことがわかったとしても、実は業績低迷の原因を作ったA課長は会社から褒め称えられてすでに他の部署に栄転しています。そこでおそらく同じような行動を繰り返すのではないかと思いますが、良いリーダーをきちんと評価し、処遇することは大変難しいことです。

たとえばある組織で新しいリーダーを選ぶとすると、どういった基準で選ばれるでしょうか。まずは成績のいい人から候補にあがるのが一般的なはずです。でも、ある職位で優秀だった人がもう一つ上の職位でも同じような能力を発揮し、その組織の業績を上げるはずだとする論理は何でしょうか。これには三つの理由が考えられます。

第一は、ある仕事をそつなくこなす人間は、他のどんなことをやらせてもうまくこなせる確率が高いということです。仕事や発揮されるべき能力に連続性がある場合はなおさらでしょう。

第二は、他を圧倒する業績は人を動かす力を持つということです。「C専務はかつて倒産寸前だったY社を立て直した」というような評判は、C専務の意思決定への信頼につながるというわけです。

第三は、業績の良い人を評価することで、他の社員の業績向上への意欲を高めるということです。逆に言えば、業績の凡庸な人を出世させると、業績なんてどうでもよいんだという風潮が広がります。ポテンシャルとか、人柄なんて言ったところで曖昧模糊としていて、出世を妬む人からの格好の攻撃の的になりかねません。

こうしたリーダー選び、あるいは出世のメカニズムについて、「人は無能と呼ばれるまで出世する」という「ピーターの法則」と呼ばれるかなりの皮肉を込めた原理があります。人はある職位での業績の良さで出世するということを繰り返すので、やがて無能と言われるようになった地位でその人の出世は止まり、その地位に長くとどまることになります。したがって今述べたようなある意味でユーモラスな悲しい法則が生まれ、現実的に優れたリーダーに出会うことが難しくなるわけです。

直近の業績とその人の持つリーダーとしてのポテンシャルをいかに評価するかというテーマは、古今東西の共通の問題です。紙面の関係上これ以上の議論は避けますが、前に紹介した太宗のような中国史随一の名君レベルのリーダーでもいなければ、ピーターの法則を乗り越えた人材抜擢は難しいのかもしれません。

4　サーバント・リーダーシップという視点

(1)　リーダー受難の時代

リーダーシップに関するここまでの議論を簡単に振り返ってみましょう。リーダーシップとは「集団を束ね、目標の達成に導くよう影響を与える力」です。その理想像については、どこにもいなそうなすごい特性が並べられていて、そこから自分がどれだけ離れているかを自覚するための準拠点としては意味がありそうですが、とても実現できそうにありません。

リーダーシップ研究は、そうした生来の資質といった特性などではない行動に焦点を当てるようになりました。それらの研究では、優れたリーダーは厳しくもあり優しくもある行動をとるということがわかりました。しかし、これを具体的に展開し両立させるのは簡単ではありません。そこで一つのアイデアとして、リーダーシップの状況適応理論が生まれました。

そこでの示唆は、状況に合わせてリーダーシップスタイルを変更しなさいということです。こうした見解は、実証的にも検証されていますし、大筋では正しいようですが、現実に展開すると、場当たり的な印象を周囲に与えるなど逆効果を生みそうです。

現実のリーダーを取り巻く要因は多数で、複雑に絡み合っています。とくに「認識の近道」の対象になりやすいリーダーという存在は、何でもリーダーのおかげ（リーダーのせい）にしてしまう因果の誤りを生じさせます。また前述したピーターの法則などと称される企業組織の構造的要因からも、優れたリーダーシップを機能させることに難しい問題が投げかけられているのです。

こうした課題に加えて、リーダーをサポートするはずの職位から発生するパワーも構造的変化の時代を迎えています。多少ベテランの企業人であれば、「今の自分に比べて、昔の部長は偉かったよなあ」というようなことが頭の中をかすめたことはないでしょうか。

リーダーのパワーの源泉には、属人的な能力と、職位というような組織構造から発生するパワーがあることはすでに述べました。現実のリーダーはこれら二つのパワーを活用して組織を動かしていくわけです。

たとえば、「うちの部長にはリーダーシップがない」ということはどんなことを意味しているのでしょうか。その部長さんに部下を動かす力が全くないという場合もあるでしょうが、多くの場合は「部長という職位にふさわしいリーダーシップに欠けている」ということだと思います。逆に言えば、「部長という職位に付随するパワーやシステムを活用すればもっとリーダーシップが発揮できるはずなのに、できていない」ということを意味しているのです。

リーダーは自分の持つ個人の能力だけでなく、職位によって発生するパワーもうまく活用して、組織を束ね、目標を達成していかなければなりません。でも、なぜ職位からパワーが発生するのでしょうか。ここではまず、職位によるパワー発生のメカニズムを考えていきましょう。

(2) 職位によるパワー――なぜ課長は偉いのか

X課長のもとにAさんとBさんがいる三人の組織を想定しましょう。三人の中ではもちろんX課長が偉いわけですが、なぜX課長は偉いのでしょうか。なぜ、部下はボスである課長の指示に従うのでしょうか。おそらく課長だから偉いという、トートロジー（同義語反復）の答えが返ってくるのではないかと思いますが、ここで思考停止してしまっては本質を捉えることができません。

部下のAさんやBさんが課長の指示を仰ぎ、課長の指示に従う理由としては、課長には一般社員に比べて評価や予算などの権限がついているからと考えられるでしょう。しかし課長という職位も自然発生したわけではなく、何らかのタイミングで経営陣が設置したものですから、なぜ設置したのかという問いがまたまた発生してしまいます。

強権発動といった場面もあるでしょうが、一般的に部下が課長の指示に従う理由は、課長の言うことが正しい（正しいことが多い）からではないでしょうか。人間は主体性を持って意思決定する存在です。ある人が他人の指示に従うのは、根本的にはその指示が正しいと考えているからです。

具体的には、どうすればよいかわからなかったり、施策の選択に悩んだりしたときに、部下は課長の指示を仰ぎます。その際に課長がきっと良いアイデアや見逃していた視点などを提供してくれると信頼しているからこそ、部下は課長の指示に従うのでしょう。

では、課長は部下に比べて正しい答えをなぜ知っているのでしょうか。おそらく「経験」という答えが返ってきそうですが、課長だからといって経験豊富な年長者を想定するのは、日本の特殊な事情のように思えます。ましてや、過去の経験が今の決定に役立つのは、過去と現在がある同じトレンドで変化している場合だけでしょう。たとえば、バブル景気の時期にばりばり働いて実績を上げた経験からの示唆が、今日の意思決定に適用可能だとは思われません。

ここではあくまで職位という構造的な要因に特化してのコンセプチュアル・トレーニング（概念上の訓練）ですから、経験のような個人的特性は排除しなければなりません。

第I章で紹介しましたが、これまでの経営学の中核であった「情報」概念から、なぜ課長は偉いのかという問題を捉え直してみましょう。意思決定に影響する意思決定前提には事実前提と価値前提があることは第I章で説明しましたが、正しい意思決定をもたらす事実前提の基本は情報の多さです。情報量の多さが意思決定における不確実性を削減するからです。

X課長とAさん、Bさんの3人の組織に視点を戻します。三人はそれぞれ働いているわけですが、その中でx、a、bという情報を手にしているとします。それらの情報が、「ほうれんそう（報告・連絡・相談）」と称される階層的な構造の経路に従って伝達されると、三つの情報はX課長のもとに集まることになります。つまりAさんはa、Bさんはbという情報量なのに対して、X課長はx＋a＋bという情報量を持つことになります。

この三人の中で正しい答えを導く確率が最も高い人は誰かは一目瞭然でしょう。こうした組織的メカニズムの中で、課長の答えが正しいという信頼感が生まれるのです。こうした情報優位性が組織の中で上司が部下よりも偉いとされる、情報という概念で捉えた場合の根本的な理由です。

(3)　職位パワーの構造的変化

リーダーのパワーが職位によって発生するメカニズムは、なぜ階層的な組織構造が生まれるかについても説明します。組織メンバーの情報を上方へと集約することで個々人が単独に行うよりも正しい意思決定を導く（導く可能性を高くする）からです。これがいわゆる「組織力」と言われるものの一つでしょう。

しかし、この組織におけるリーダーシップの根本的なメカニズムに対するいくつかの大きな脅威が生まれつつあります。その一つが、IT革命とも称される情報処理に関する技術と通信ネットワークの急速な発展です。今日の多くの会社では、社員一人ひとりにPCなどの情報端末が渡されていますが、それらはネットワークで会社のデータベースとも結ばれています。仕事のやりとりはこのPCとネットワークを通じて行われますから、売り

図4－2　職位による情報パワーの低下

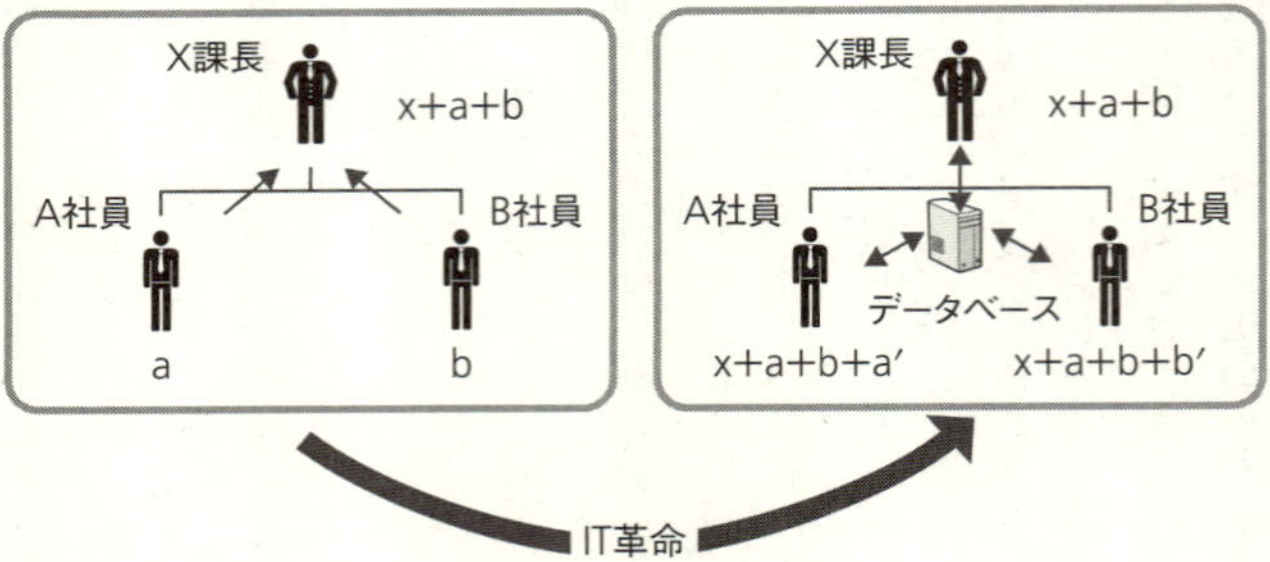

上げの金額や在庫数などのビジネス上の情報のほとんどが、リアルタイムで半ば自動的に集計されています。雲の上の人のように離れて見えた社長の考えもネットワークで直接社員に伝えられます。

先ほどの例で言えば、三人の持っているx、a、bという情報はすべてデータベースに集められ、誰でも閲覧でき、意思決定の参考とすることができます。つまり三人の持っている情報量は、全員等しくx＋a＋bになるわけです。すると、X課長の持っていた情報優位性はなくなります。

それでもこの段階では先ほど取り上げた経験などの要素が課長を補佐するかもしれません。しかしさらに世の中のスピードが速くなり不確実性が増すようになると、目の前の現象やちょっとしたトレンドの変化などの要素が正しい意思決定を導く要素になります。

もしX課長がオフィスで踏ん反り返っているような人物で、現場を飛び回っているAさんやBさんの感じた目の前の情報をa′、b′とすると、このa′やb′の重要性が大きく増すことになります。それらはまだデータベースに載っていませんから、Aさんの持っている情報はx＋a＋b＋a′となり、むしろ部下の方が情報優位性を持つことになります。

一九九〇年代になってから、組織のフラット化や目標管理とセットになった成果主義などの人事政策が急速に普及した理由がおわかりになったでしょうか。

IT革命により情報が行き渡り、階層構造による上方の情報優位性がなくなったのですから、本社より現場、上司より部下の意思決定の方がスピーディーで正しいはずです。そこで権限を一気に末端に下ろそうというのが根本思想なのです。もちろん権限を与えて放っておくことはできませんから、成果主義という形でアウトプットはしっかり見ますよ、という評価・処遇の制度が並立されたわけです。

要するにIT革命は、リーダーの職位によるパワーの発生メカニズムを破壊し、リーダーの意思決定の正しさへの信頼を喪失させたのです。まさにリーダー受難の時代というわけです。

しかしここ一〇年ほどの間に、こうした制度を大胆に導入した会社の業績が低迷するという現象も見られました。「自立した社員」などのキャッチフレーズで権限を大幅に委譲し、成果主義を導入した企業では、みんなで力を合わせて働く意味、すなわち組織力が大きく低下したからです。その結果としての揺り戻し的な人事施策の方針変更の例も見られますが、ＩＴ革命の成果を活用して、情報を現場に行き渡らせスピーディーで正しい意思決定を促進しなければ、企業間競争に勝てなくなるという方向性は変わらないはずです。

こうした状況の中で組織力を醸成することが、現代のリーダーの役割なのではないでしょうか。情報量という意味での事実前提は、全社員一緒のレベルです。上司だけが知っている情報を隠し武器として部下を動かすリーダーシップは（まだまだ多そうなのですが）もはや時代遅れでしょう。リーダーの役割は、経営上の正解を知っていてそこにみんなを導くのではなく、それぞれの答えを知る社員の力がフルに発揮できるような環境を整えるとともに、メンバーを束ねて組織力を創造することに移行しつつあるようです。

では、職場の長は何をもとにリーダーシップを発揮するのでしょうか。意思決定前提の中で事実前提としての情報量に優位性がないとすれば、もう一つの意思決定前提である価値前提によって人を動かしていくしかないはずです。

(4) サーバント・リーダーシップという視点

価値前提に注目したリーダーシップ論の一つに「サーバント・リーダーシップ」という考え方があります（グリーンリーフ、２００８）。サーバントとは文字通り、奉仕するとか、他人に尽くすという意味なのですが、これまでのメンバーに指揮命令を与えるリーダー像とは正反対です。

部下に尽くすリーダーなんて論外と思われる方も少なくないでしょうが、ガンジーなど、世の中の大変革を成功させたようなリーダーの多くは、俺についてこい型ではなく、民衆に尽くして尽くす中で、御輿のように担ぎ上げられ、結果としてすごいリーダーシップのパワーを獲得・発揮してきたのではないでしょうか。

この概念を提唱したグリーンリーフによると、サーバント・リーダーのパワーの源泉は道徳的権限です。道徳的権限とは、いわば良心によって人を動かす力です。つまり、単に部下の言いなりのリーダーシップではなく、サーバント・リーダーシップとは、良心に従うリーダーの道徳的な言動によって、部下に上司の夢を実現させたいと思わせるような、強いリーダーシップスタイルとも言えます。

道徳的権限とそれによって束ねられた集団や組織には、以下のような三つの特徴があります。

第一に、道徳的権限の本質は自己犠牲ということです。俺が俺がと前に出る利己的な言動から道徳的権限は生まれません。むしろ自分の時間を割いて部下の話を聞いたり、顧客の悩みの相談に乗ったりする、利他的な行動や態度が必要です。

第二に、道徳的権限で束ねられた集団のメンバーは、それぞれがリーダーの掲げる社会的正義を伴う夢の実現に貢献しようとする強いモチベーションを持つということです。自部門のためや自社のためというような狭い範囲ではなく、社会の道徳として正しい夢の実

図4−3　企業におけるリーダーのあり方

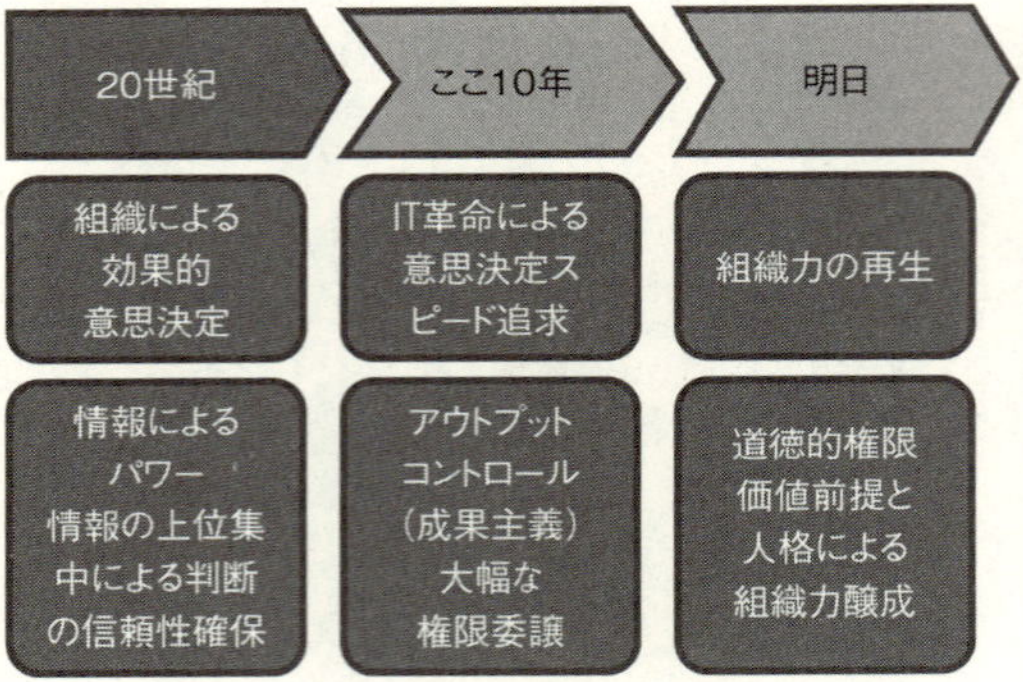

20世紀	ここ10年	明日
組織による効果的意思決定	IT革命による意思決定スピード追求	組織力の再生
情報によるパワー 情報の上位集中による判断の信頼性確保	アウトプットコントロール（成果主義）大幅な権限委譲	道徳的権限 価値前提と人格による組織力醸成

現には多くの人が賛同し、積極的に関与したいと思うのです。

第三に、道徳は結果ではなく行動などのプロセスの正しさも求めるので、目的と手段の分離がなくなります。売り上げ倍増というような利己的な目的の場合、成績を上げるために不正な手段をとる危険性が伴います。しかし、良心に基づく目的の達成には、手段の正しさへの倫理的な問いも常につきまといます。さらに、道徳権限によって結ばれた人たちはそれぞれが思いやる、凝集性の高い集団を形成します。この集団が結束したパワーが世界を動かしてきたのです。

こうしたリーダー像は政治や社会レベルの話であって、厳しい競争を繰り広げる企業の世界では成り立たないと思う人もいるでしょう。しかし、古くは渋沢栄一や松下幸之助などの大経営者は、世の中を良くするために道徳的な理念を打ち立てて、世界的な企業を作ってきたのではないでしょうか。

現実の優れたリーダーは、状況適応理論からの知見をもとに小手先の細工のようなスタイルの変更を行っているというよりも、もっと全人格的なレベルで、自分の信念をもって仕事や部下、あるいはさらなる上司に当たっているはずです。

道徳や良心といった意思決定の軸を持ち、その軸のぶれない、一本筋の通ったリーダーこそが、難局を乗り切るような仕事を成し遂げ、周囲を引きつけて動かしていくのではないでしょうか。

サーバント・リーダーシップ論でいうところの道徳的権限とは、私たちの馴染みやすい言葉としては人徳がそれに当たると思います。人徳と言ったとたんに、生来的な資質論に逆戻りかという印象を持たれてしまいそうですが、そうではありません。

京セラの伊藤謙介相談役は、「人徳とは日頃の行動の総和である」と言っています。良心や道徳は、利益や売り上げといった基準と違って会社の中だけに適用できる概念ではありません。日常生活も含めて自分の良心や道徳に従った行動を積み重ねていけば、部下や周囲の人はそれをしっかりと見ているはずですから、そこに人徳としての権限が発生するのです。

リーダーシップ研究に触れたり現実の優れたリーダーにお目にかかったりするたびに、優れたリーダーに王道なしという気持ちが強くなるのです。

V

1＋1を2以上にする組織とは

――挑戦と安定を両立する

1　組織は人なり？

(1)　組織は経営学の中核概念

「組織とは何か」この質問へ即座に答えられる方は、さほど多くはありません。しかし、メンバー編成や運営の仕方など、組織の論理については、ほとんどの人が何かを語れるはずです。たとえば仕事が終わって職場の仲間と一杯やるときの話題の多くも、「うちの組織は問題だらけだ」「また組織変更だよ」などの、組織に関するものなのではないでしょうか。日経テレコンで日本経済新聞の朝刊を検索しただけでも、表題に「組織」という言葉の使われている記事がこの一カ月（二〇一三年一月中旬から二月中旬）で一八〇件もありました。

今日、「企業にとって最も貴重な資産は人、すなわち人材である」という見解や意見に真っ向から反論する人は少ないと思います。この言葉は高い業績をあげる多くの経営者によって語られていますし、たくさんの画期的新製品が卓越した一人の発明家や開発者によって生み出されてきたことからも事実です。

しかしながら今日、ここでいう人材とはエジソンのような天才的発明家を意味するのではないはずです。むしろたくさんのエンジニアを率い、組織を編成し、新製品を計画的に生み出していくプロジェクト・リーダーのような人材像が想起されるのではないでしょうか。というのも、今日の企業活動の多くは、たくさんの人の知恵や努力を総動員して実行されるものになっているからです。事業は多くの人々が共同作業を行う場としての組織で遂行されるのです。

これまでモチベーションやリーダーシップを取り上げてきましたし、次章では戦略について考えていきますが、これらが機能したり、創造されたりする場が「組織」です。したがって、組織は経営学の中核的な概念だと言うことができます。

学問的に「組織」そのものを対象とする研究が開始され出したのは、そんなに昔のことではありません。テイラーの科学的管理法を経営学の嚆矢だとすると、経営学という学問は誕生してからわずか一〇〇年ほどの非常に新しい社会科学の分野ということになります。学問としての経営学誕生の背景にあったのは、企業を代表とする現実界における組織の普及・浸透がありました。ドラッカーの言うように経済を動かす主体としての企業が登場し、経済政策と同様に企業組織のマネジメントに関する知識が求められたわけです。

テイラーに遅れること三〇年、組織そのものについての本格的な研究がバーナードによるものと考えると、経営組織論研究はわずか八〇年ぐらいの歴史しかありません。にもかかわらず、これほど日常で使われる社会科学の概念も珍しいかもしれません。

(2) 「組織は人なり」という公理

組織という概念や組織論的なものの見方は、わかっているようでわかりにくいものです。しかし多くの人の関心の的である組織については、たくさんの法則のようなものが作られています。たとえば、企業であれ、スポーツチームであれ、組織について語るとき、多くの人が正しいと信じていることの一つに「組織は人なり」という言葉があります。

この言葉は二つの意味を持っています。一つは、組織は人から構成されているということです。もう一つは、企業や組織の成果を左右する決定的な要因はそこにいる人の良し悪しだということです。

組織分析の普遍的公理（証明以前にみんながその通りだと認めている言明）の一つは、結局、組織は人からなるということです。この意見に反対する人はいないでしょう。一般的に、即座に賛同を得られるものだと思います。

確かに組織を構成する要素の一つは人です。しかし自分の勤める職場を思い浮かべれば、企業組織は人だけで構成されているわけではないことに気づくはずです。つまり、企業組織は機械、ノート型コンピュータ、記録帳、名簿、商品や施設からも構成されています。こうした当たり前の事実があるにもかかわらず、私たちは、なぜ、組織が問題とされる時に人のことばかり考えるのでしょうか。

組織の売り上げが思わしくなかったり、ミスが連発されたりした場合、たいていの組織の問題はその中にいる人間から生じてくるように見えます。しかしながら歴史的に見ると、これは組織的現象が生じた当初から自明のことだったわけではないようです。

不確実性が少ない単純な時代にはたぶん、企業組織は人からなるということはあまり注目されていなかったと思われます。たとえば、マルクスのような古典的な経済学が研究されていた頃、機械や設備装置は不完全で、企業にとって大事なのは、資本や土地でした。労働者としての人は、企業を構成する一つの要素にすぎなかったわけです。

しかし今日、社会一般と同様に組織においても、私たちが中心的に問題にすべきことは、生活の物質的条件や組織の中の具体的な機械設備ではありません。むしろ、人間の問題、とりわけ人と人との関係の問題です。したがって、現代において組織を構成する要素の中で最も大事なものは人だというわけです。

では、組織が主に人から構成されているとしても、「組織は人なり」の二番目の含意である人の良し悪しこそが組織の命運を分けるという命題は正しいのでしょうか。会社の中でも、「A部門が成長したのはBさんがいたからだ」とか「プロジェクトの顔ぶれを見れば失敗するのは目に見えていた」とか、よく耳にすると思います。確かに、メンバーがしっかり働かなかったり、リーダーが自分の役割を果たさなかったりした場合、組織は機能しません。

現代企業の中核に位置するのは、人または人材です。良い人材の有無が企業の業績を決定するのです。したがって、「組織は人なり」は異論を挟む余地のない命題のように思えます。しかし私たちは、超・優秀なメンバーだけを揃えたドリームチームのような部署が必ずしも卓越した業績を残すわけではないことも知っています。

人も大事でしょうが、同等に、いやそれ以上に大事なのは、組織メンバーの一人ひとりが自分の持つ力を十二分に発揮できるような仕組みになっているかということではないでしょうか。こうした仕組みを考えることが、組織を考えるということなのです。

(3) 問題は人にあるのか?

確かに、組織がうまく運ばないとき、その中にいる人間や人間の行動がどうかしているということは明白でしょう。A課長は非常に保守的で新しい提案を全く受け入れてくれないとか、B係長はしばしば部下の大きなミスを見逃す無能な人だとか、Cさんは何でも自分一人だけでやろうとする、など。このような問題について、私たちはおそらくプロの評論家のように語ることができると思います。しかしながら、A課長、B係長、Cさんは生まれ持ってそういう性分なのでしょうか。

私たちは、組織で何か問題が起こったとき、または望まれる成果が達成されないときに、前の章で紹介した「認識の近道」によって、まず「犯人捜し」をしてしまう傾向があります。「誰それがいけない」「前のD課長なら」「新人のCがもう少しまともなら」など、こうした意識から行われる組織改革を「問題は人」的アプローチと呼びましょう。

こうしたアプローチから導き出される対策は、A課長を交代させるとか、新人のCさんを研修に送り出すなどでしょう。コンプライアンス上で大きな過ちを犯していた場合などは別でしょうが、業績が芳しくない理由を犯人捜しによって解決しようとしても、組織が良い方に向かうことは多くないはずです。怨恨が残るだけで建設的な解決方法とは言えません。

実は一見したところ、個人の能力不足や不適合の問題と思われていることが、分業のあり方や調整の仕組みといった組織の問題であることが少なくありません。

もちろん、しばしばある専門的な担当やリーダーという役割に、どう見ても不適格な人が任命されることはあります。しかし、おそらくそれと同じくらいの頻度で、「こんな任務をこなせる人なんているのか」と考えさせられるような、野球でいえば「全打席でホームランを打て」といった、適格な人材を探すのがほとんど不可能な役職を作ってしまっている場合も散見されます。

問題視される人材が出て来る現象の根本的な原因は、その役職に就く人のリーダーシップの欠如やスキルの問題ではなく、むしろ組織に包含されていることが多いのです（ペロー、1973）。

問題をすぐに個人に帰属させようとする一面的な見方から脱するものの見方や考え方が組織論的アプローチです。たとえば、「A営業課長が非常に保守的なのは、会社の独裁的な創業経営者を中心とするトップ経営層のガバナンス構造のせいである」とか、「B経理係長がしばしば大きなミスを見逃すのは、コンプライアンス委員会で作成された広辞苑ほどの厚さもある規則集が経理部門に当てられて、細かなチェック項目が多すぎるからだ」とか、「営業所においてCさんが何でも自分一人だけでやろうとするのは、顧客別販売体制の中で新しい要求を次々と出してくる顧客が割り当てられているせいである」などという分析結果が導き出せるかもしれません。問題を発生させる基底のメカニズムが分かれば、対策も人の交代や教育では済まなくなるはずです。

(4) 組織論的なものの見方・考え方

組織を中心に経営現象を分析するという視点は、何の訓練もなしで身につけることは困難なものです。なぜなら、常識的なものの見方とは相容れない癖を持つからです。しかし、組織論や組織分析の研究者のみがこのような視点を持っていても何の意味もありません。経営組織論の特徴の一つは、社会生活を送る上で極めて身近で、表面をさっとなでる程度であれば簡単だけれども、深く突っ込もうとすると非常に手強い学問だということです。

それを顕著に表す一つが、これまで例示してきた「組織は人なり」という言葉、あるいは常識です。しかし私たちがこれから学ぼうとするのは、いわば「問題は組織」的アプローチです。

組織論的アプローチでは、問題を人のせいにしません。したがって、労務管理論（HRM：Human Resource Management）で主張されているような、問題に対処するために教育訓練で「人を変えたり」、人事異動で「人を代えたり」することとは相反する考え方です。メンバーが同じであっても、仕事の割り当て方法の変更や、メンバー間の調整の方法を変更することを第一義に考えるのです。

「組織は人なり」的アプローチは、メンバーやとくにリーダーの資質やスタイルを独立変数として考え、それによって決まる従属変数を組織の行動や成果にした考えだといえます。しかし、人間の資質やリーダーシップのスタイルは、簡単には変えられません。また、人を代えても同じ組織的状況に置かれると、知らぬ間に前任者と似たようなスタイルになってしまいます。

「組織は人なり」的アプローチが有効だとする見解には、問題となる人は性格や能力を変えることができる、あるいは、少なくともふさわしい性格や能力の人間を選択することができるという前提があります。また、業務のプロセスや組織の構造は改善や変更が困難で、人間を変える、あるいは代えることの方が効率的かつ効果的であるということです。

図5－1　組織論的アプローチ

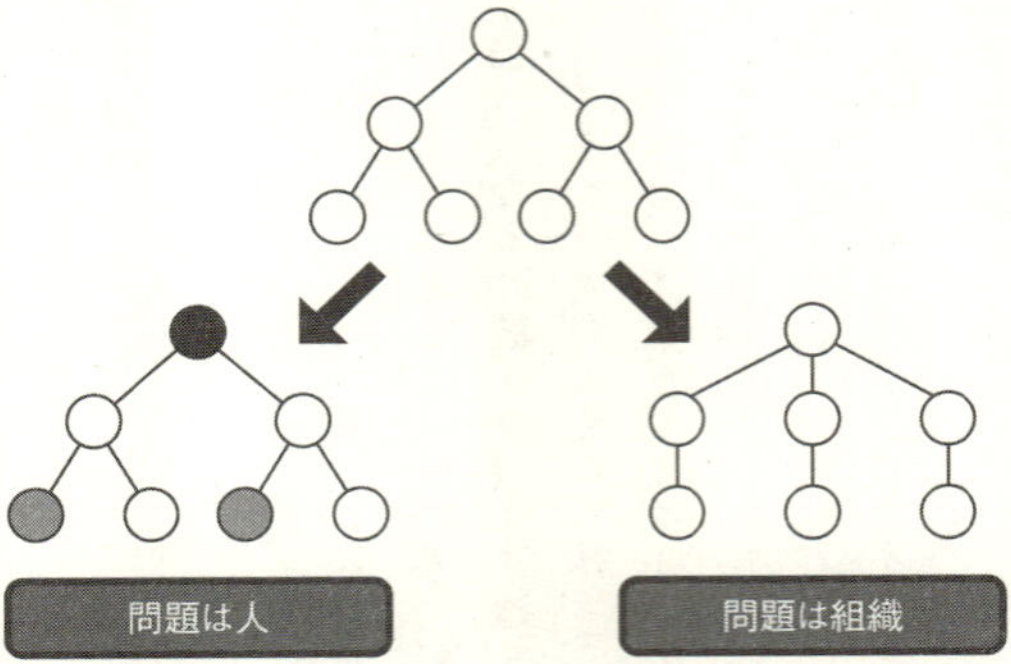

しかし、こうした想定は正しいのでしょうか。人はそうは簡単に変わることができないのではないでしょうか。もちろん、人は成長しないなどと言っているのではありません。組織における問題は、個人の気質や性格の問題に還元できるほど簡単なものではないということを言いたいのです。

社会的なレベルでも環境が人の行動を変えることを訴える理論があります。「壊れ窓（broken window）の理論」という言葉を聞いたことはないでしょうか。

窓ガラスの割れた自動車と割れていない自動車の二台を路上に駐車させていたら、ガラスの割れた自動車がめちゃめちゃに壊されてしまったのに対して、そうでない自動車はいたずらもされずに済んだという事例から、人間の性格や行動は周囲の環境による影響が大きいと主張する理論です。

つまり一人ひとりを説得したり教育したりするよりも、望ましい環境を整えた方が効果が高いというわけです。この理論を適用して、構内の壁の落書きを徹底的に消した結果、ニューヨーク地下鉄の治安が劇的に改善した話は有名です。

地下鉄の事例では、壁の落書きを消すといった物理的環境の整備による人の意識や行動の変革でした。「クリエイティブ・オフィス」構想などに見られるように、企業においても物理的環境が大事なことは否定しません。

しかし、主体的な意思を持つ人間同士の相互作用の場である組織において重要な環境は、人間同士の相互作用としての社会的環境でしょう。具体的には、分業や調整の仕方といった組織的状況が、働く人間の行動や考え方の多くの部分を左右しているのです。「人も組織なり」と考える組織論では、独立変数が組織の状況で、組織内の人間の行動が従属変数だと考えます。すなわち、組織の分業や調整のあり方という比較的に人為的操作が可能な変数を変えることで、組織的成果を向上させることを考えるのです。

問題の原因を短絡的に誰かのせいにするのではなく、問題が生じる組織的特性や、問題を引き起こすような人を生じさせるメカニズムを解明した上で、根本的に解決しようとするのが組織論的アプローチです。

2　バーナードの組織論

(1)　組織とは

組織という言葉は日常生活で頻繁に使われている一方で、その意味や定義が知られていない概念です。しかもやっかいなことに、何となく知っているつもりでいることが多く、実際の「組織変革」などのプロジェクトに携わって初めて「組織を変革するって、何を変革するの?」といった疑問にぶち当たります。そもそも組織とは何なのでしょうか。

組織の本質の解明に真剣に取り組み、今日最も影響力のある定義を行ったのは、C・I・バーナードです。第I章でも紹介しましたが、彼は大学で教鞭を執る学者ではなく、ニュージャージー・ベル社の社長を務めた人物でした。個人も組織も同時にハッピーにするという経営者の役割を探究する中で、組織についての深い考察を行っていったのです。自分の人生を振り返ったとき、社長業として取り組んできた仕事の大部分が組織に関わるものであったことを認識したのかもしれません。

バーナードのいう組織とは、一人ではできないことを複数の人間が協力し合って実現しようとするときに生じる関係性のことです。私たちが実際に目にする企業やチームは、組織そのものではありません。そこから目に見える人や物を捨象して残る関係性のことですので、組織は目に見えません。

たとえば、学校から帰る途中の若者二人が道になぜか落ちている大きな石のせいで、通り抜けできなくなっている老人を見かけました。若者二人と老人は力を合わせて道の石を寄せたとしましょう。このとき生じた三人の関係が組織です。老人に会う前、三人に組織は生じていません。若者二人は老人から感謝の言葉をもらい、何となく気持ちよく家路についたとすれば、その際には組織はもうなくなっています。

すなわち、組織とは関係あるいはシステムのことであり、目に見える何かではありません。しかし、日常語られる組織は、目に見えているもののようです。「うちの組織は……」という場合、所長や課長、同僚、職場や書類が含まれていることが多いはずです。組織論では、組織と組織を構成する人物や建物や書類などを含めて「組織体」と言ったり、「制度」と言ったりします。

組織体としての組織的現象は様々です。たとえば軍隊や宗教団体、会社や学校などの組織を構成してある目的を果たそうする仕組みはいろいろあります。軍隊と会社はもちろん、同じ企業という形態でも、電機会社と製薬会社の人や技術や設備は全く異なるでしょう。それらすべてに共通する組織的現象に共通する要素を抽出すると、一人ではできないことを複数の人間が協力し合って実現しようとする関係性だけが残るというわけです。

バーナードは、こうした考察から組織を「意識的に調整された複数の人間の諸活動や諸力の体系」と定義しています。

したがって、企業そのものが組織なのではなく、内部および周辺に数多くの組織が誕生しては消滅していく場が企業ということになるでしょう。サプライヤーとともに製品を開発したり、運輸業者と適切なロジスティクスを選択して輸送を行ったりするときには、組織は企業という枠を超えて存在することになります。私たちの中でも、社内の人よりも取引業者の人の方に仲間意識を感じている人が少なくないはずです。

バーナードの組織の定義からの一つの問題提起は、会社に勤めているからといって、あるいは正社員だからといって、会社にいる人間は全員が組織の構成員と言えるわけではないということです。厳密に言えば、全員が企業に属する従業員ではあります。でも、組織に参加しているかどうかは別問題なのです。

一人ではできない何らかの目的を達成するために、協力し合う関係性を持って働いていなければ、組織メンバーとは言えません。正社員の中に占める組織メンバーの割合が、企業の生産性を大きく左右しているのかもしれません。

(2) 組織生成と存続の三要素

バーナードは、あらゆる種類の組織に共通する、組織が生成・存続していくために必要な三つの要素を抽出しています。それら三つの要素とは、協働意志、共通目的、コミュニケーションです。

第一の「協働意志」とは、組織に参加するか、参加しないか、さらにはどの程度貢献しようかを決める個人の意思決定です。当然、組織には各々の個人による活動が提供されていなければならないので、そこには活動に貢献しようとする人々の意欲が不可欠なものです。

「プロジェクトへの参加などは会社が決めることであって、自分は言われるままで参加の意思決定などしていない」と言う人がいるかもしれませんが、本当に嫌なのであれば会社を辞めるという手段もあります。私たちは実は、無意識的にも参加の決定を行っているのです。

世界最大の建造物の一つであるピラミッドも、奴隷を強制労働させて作ったようなイメージがありましたが、実はそこで得られる技術や名誉を欲する人たちが喜んで働いていたという説を耳にしました。協働意志なしにあのようなすごい事業を成功させることはできなかったのです。

第二は「共通目的」です。そもそも協働意志は共通の目的なしには発揮されません。共通の目的があり、それを参加メンバーが理解しているから、他人と調整・協力し合おうと思えるのです。バーナードは、共通目的とはあくまで組織全体の目的であって、協働意志に関する「なぜこの組織に参加しているのか」という個人的目的と区別して考えることが大事だと言っています。

たとえば、自動車メーカーの組織目的が「自動車の普及を通じて世界の発展に貢献する」というものだとしても、そこで働いている人たちが「自動車を普及させたい」と思っていると、マネジャーは都合よく解釈してはいけないということです。個人としては「高い給与を受け取って、人並み、できれば人並み以上の生活を家族と送りたい」というのが本音かもしれません。

組織的目的と個人的目的の混同は、放っておいたら「自動車の普及のために働いているんだよな。だったら夜遅くまで頑張ろう」というような無理強いのサービス残業につながるかもしれません。この二つを切り分けすぎるのもどうかと思いますが、日本企業の傾向としては二つを混同しすぎるような気がします。

第三は、「コミュニケーション」です。共通目的に対して貢献しようとする協働意志が湧くためには、まず目的が人々に伝達され、知らされなければなりません。バーナードは、このコミュニケーションこそが組織論で中心的な位置を占める、重要なトピックであると述べました。すなわち、個人の協働意志と組織の共通目的という両極にあるものを結ぶものだからです。

コミュニケーションに関してバーナードは、何をどう伝えるのかというようなテクニカルな問題よりも、組織メンバー、とくにマネジャーが、コミュニケーションが大事だという考え方や視点を持つことが必要だと言っています。また、コミュニケーションが組織のあり方を規定するという予言めいた命題を残しています。この予言の正しさが今日明らかになってきていますが、このテーマは本章の最後に取り上げたいと思います。

協働意志、共通目的、コミュニケーションという三つの要素がきちんとしていないと、組織は正常に機能しなくなります。したがって、これら三つの要素は、組織を見る際の最も基礎的な「メガネ」になります。

組織的視点を持った人は、組織の具合がおかしくなったとき、「犯人捜し」ではなく、このメガネを通して組織の本質的な問題を解明し対策を打てるように心がけなければなりません。具体的には、「やる気はあるのか（協働意志）」「全員が目的を理解し納得しているのか（共通目的）」「メンバー全員のコミュニケーションがとれているか（コミュニケーション）」といった目で組織を見直すということです。

バーナードの理論は今から八〇年ほど前に考えられたものですが、今日でもマネジメント系のコンサルティング会社は、協働意志に注目する「やる気（モチベーション）向上系」、共通目的に注目する「ビジョン、戦略策定系」、コミュニケーションに注目する「コミュニケーション促進系」に分かれるようです。バーナードの掲げた三要素は、組織を捉えるにあたっての基本的で普遍的な視点と言えるでしょう。

(3) 組織均衡のなぞなぞ

バーナードは、組織が生き延びて成長していけるか否かは、有効性と能率にかかっていると言います。ちょっと特殊な用語の使い方なのですが、有効性とはいわば対外的な均衡を維持することに関わる概念です。組織目的の達成度合いと考えてもよいでしょう。それに対して能率とは、対内的な均衡の維持を指しています。具体的には、組織メンバーの動機を満足させて、組織に貢献する活動を引き出すことのできる度合いと言えます。

バーナードの結論を先取りすると、これら二つの均衡を維持するためには、組織メンバーが従うべき規範や価値基準である道徳準則を創造する必要があり、道徳準則の創造こそが経営者の役割であると言っています。

道徳準則とは今日いわゆる経営理念を指すと考えてよいのですが、組織の均衡を達成するのになぜ経営理念が重要なのでしょうか。少し乱暴かもしれませんが、個人と組織の取引としての能率の維持という側面の架空例で説明してみましょう。

組織が存続し成長するには、そこに働く従業員の協働意志を確保しなければなりません。従業員が組織活動に自分を投入しようとする意欲は、自分が組織に与えるもの、すなわち組織への「貢献」以上に、組織から受け取るものである「誘因」が多くなければなりません。

図5−2　組織均衡のなぞなぞ

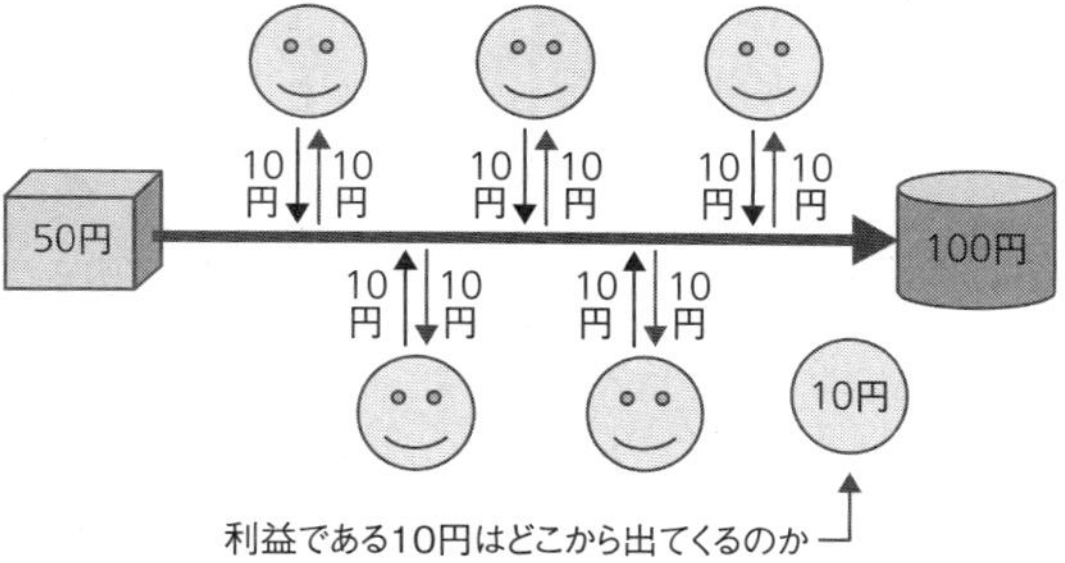

企業に勤めることによって個人の財産が減ってしまったり、自分や家族の健康が損なわれてしまったりするのであれば、その人はその会社を辞めます。会社で働くことによって、自分や家族の生活が問題なく営むことができて、頑張れば自分の車や家を持つことができるから、人間はその会社で働いているわけです。

この関係を単純化すれば、「誘因」≧「貢献」という状態を作ることが、組織均衡を成り立たせることになるわけです。当たり前のことのように思えるでしょう。でも、この式を成り立たせ維持させていくことは、じっくり考えると簡単なことではないことに気づきます。

たとえば、図5−2のような五人の従業員が働く会社のケースを想定してみましょう。この会社では五〇円で部品を買ってきて、五人の社員がそれぞれ一〇円ずつの価値付与活動をして一〇〇円の製品を製造しています。一〇〇円のものは一〇〇円になる等価交換という条件下で組織均衡を成立させようとしますと、「誘因」≧「貢献」

ですから、従業員一人ひとりに対して少なくとも一〇円の価値を渡さなくてはなりません。五〇円の原材料費と五〇円の労賃を費やして一〇〇円のものを作るのだとすると、この会社の事業は慈善活動のようなものです。どこからも利益が生み出されません。仮に一〇円という利益を生み出そうとすると、それはどこから出てくるのでしょうか。

まず多くの読者の方は、一〇〇円のものが一一〇円で売れるから一〇円の利益が出てくると答えるかもしれません。こうした答えは近代経済学の考えに近いものです。モノの価値（価格）を決めるのは市場ですから、市場が一一〇円の価値を認めればそこに一〇円の利益が生じることになるというわけです。

しかし近代経済学に並ぶもう一つの学派であるマルクス経済学によれば、市場での価値は相場によるので移ろいやすいものです。一一〇円のときは一〇円の利益が出るでしょうが、九〇円のときもあるはずです。その時は一〇円の損失となります。そのものの本来の価値（自然価格）を中心に上下するはずなのですから、長い目で見れば一〇〇円のものは結局のところ一〇〇円です。

では利益はどこから生じるのか。マルクス経済学では、一〇円という利益は従業員が本来受け取るべき一〇円の価値（賃金）が不当に圧迫されて八円しか受け取っていないことから生じると主張します。これがしばしば耳にする「搾取」というものです。

バーナードの問題意識を乱暴に推測すると、確かに一〇〇円のものが市場では一一〇円になると楽観的に想定するのには論理上無理がありそうです。しかし、マルクスの活躍した時代はともかく、二〇世紀の米国で不当に賃金を搾取しても、貢献と誘因のバランスが崩れて従業員は会社を辞めて転職してしまいます。ですから、一〇〇円のものは一〇〇円として、従業員には少なくとも一〇円以上の価値を還元して、なおかつ一〇円の利益を確保しなければなりません。これを成り立たせることが、組織均衡のテーマなのです。

(4) 経営者の役割——非経済的誘因の源泉としての経営理念

ではバーナードは、この難解な方程式をいかに解いて、組織均衡を成立させるというのでしょうか。

バーナード流の回答を説明するために、第Ⅲ章で紹介したホーソン工場実験を振り返ってみましょう。この実験ではモラール（仕事へのやる気）という極めて心理的な要因が生産性を左右するわけですが、このモラールを決める重要な要因が人間関係であるという新たな発見がなされたのでした。それまでの、人間は賃金のみを求めて働くという労働者像を変更し、従業員の管理に対して変更をもたらすことになったのでした。

すなわち人間の組織に対する貢献意欲は、賃金によってのみ決まるのではありません。賃金以外のプライドや主体的に参加しているという意識、職場の明るく楽しい雰囲気など、賃金以外の要因によっても生産性は大きく増減するのです。

こうした知見を踏まえて、先ほどの例に戻りましょう。

バーナード流の組織均衡成立の解とは以下のようなものです。ホーソン工場での発見の通り、組織がメンバーに与えられるものは賃金などの金銭だけではありません。賃金などの金銭面での報酬を経済的誘因、金銭以外で企業から得られるものを非経済的誘因としましょう。バーナードは、非経済的誘因を従業員へ提供することにより、組織としての経済的な利益が生み出されて、組織均衡が成り立つと訴えます。

つまり、たとえば経済的誘因（賃金）は八円でも、非経済的誘因で二円以上の価値を従業員に提供できれば、従業員の協働意志を維持しつつ、全体として一〇円の利益が実現されて、組織均衡を成立させることができるというのです。

では何が組織の非経済的誘因を作るのでしょうか。具体的な非経済的誘因の中身を考えると、たとえば企業に勤めることによって生じる社会的ステータスや働きがいなどでしょう。もっと具体的に表現するならば、自分の会社やそこで行っている仕事について家族や友人に自慢できるということではないでしょうか。こうした価値が作り出される根底には、その企業が、国や地域にとって機能的に必要不可欠で、道徳的に正しい存在であるという社会的認知がなければなりません。

人間が経済合理性によってのみ動くとすれば、優秀な人間ほど賃金の高い企業や職に就くはずですが、決してそうではありません。大学生の就職希望先ランキングを見ても、必ずしも給与の高い順に企業が並ぶことはありません。仕事の楽しさや社会的機能の重要性や、その会社に働くことによって得られるであろうステータスが大きく影響しているからです。

逆に言えば、非経済的誘因は、他人をだまして利益を得るような仕事では発生させにくい価値です。「僕の仕事はお年寄りをだますように説得して高いものを売ることさ」なんて、友人や家族に自慢できませんし、やりがいも感じられません。

そのような仕事では、ちょっと成績を上げると膨大な金銭的報酬が手に入る仕組みがあって、従業員の受け取る賃金が意外に高いように聞いています。非経済的誘因を提供できなければ、賃金で従業員を維持するしかないからです。

そうした事業では、おそらく顧客との関係におけるやましい不等価交換から利益を出しているのでしょうから、遅かれ早かれ組織の存続が危ぶまれる事態に陥るはずです。

こうした考察からバーナードは、道徳準則の創造こそが経営者の役割であると言っているのです。しばしば組織における経営理念の必要性が企業や経営者によって語られます。しかし、未だ経営理念の意味・価値の認識には温度差があるように思えます。

経営理念は成功した企業の贅沢なアクセサリーのようなものであるとか、企業の業績に直結するわけではないとか、経営理念を軽視する傾向がしばしば見受けられます。しかし、経営理念を語ることは贅沢な話でも青臭い話でもありません。バーナードに従えば、企業の財務的成果にも直結する経営の一大事なのです。

ここで、これまで紹介した二つの組織論的なものの見方をまとめましょう。

この章の冒頭に述べたように、「組織は人なり」はあまりに単純な一面的なものの見方です。組織の業績や雰囲気がおかしいとき、私たちは「犯人は誰だ」あるいは「課長の首をすげ替えろ」などと単純に思考してはいけません。

組織がおかしいのは、組織の生成と存続の三要素のいずれか、あるいはすべてが整っていないからなのです。つまり、組織がおかしいときは、組織メンバーの協働意志が下がっていないか、すなわちモチベーションに問題はないか。共通目的や本来の目標、理想、ビジョンが全員に理解されているか。さらにコミュニケーションはきちんとできているか、組織間の情報共有が滞っていないか。こういった組織論の基本的な問いから始めるべきなのです。

いわば、現実の企業などで生じる組織的現象を見る際の「メガネ」が、バーナード理論のいう「組織」という概念です。そして、個人もハッピー、組織もハッピーという理想を成立させるためには、経営者やリーダーの道徳準則の創造が肝要なのです。

3　組織のデザイン

(1)　組織編成原理としての官僚制

「あなたの会社組織は官僚制的ですね」と言われて喜ぶ人はいるでしょうか。おそらくは自虐的に自分の組織を振り返ってしまうことでしょう。

「官僚制組織」と聞けば、多くの人は硬直的で融通が利かない「時代遅れの組織」や、形式一辺倒の事務手続きしかしない従業員を思い浮かべるのではないでしょうか。あるいは「大企業病」などといった言葉が類義語として想起されしてしまうかもしれません。

しかしながら官僚制（bureaucracy）は、マルクスなどと並んで称されるドイツの大社会学者マックス・ウェバー[*13]が、組織目標の合理的な追求にとって最高の管理形態であるとして打ち出した概念なのです。

＊13　M・ウェバー：マルクスと並んで称されるドイツの社会学者・経済学者。宗教社会学など研究は多岐にわたりますが、理念型などの経営学も含めた社会科学の方法論を提唱しました。著作としては『プロテスタンティズムの倫理と資本主義の精神』が有名です。

ウェバーの言う官僚制の要素としては、主に下記の七つをあげることができます。①職務上の義務として配分された課業に関する高度の専門化と明確な分業、②命令と責任の範囲が明確に限定された権限の階層的構造、③組織運営を規定する公式的規則体系の制定、④組織成員や顧客との関係における非人格性、⑤専門知識や能力に基づく人員の選定、⑥長期の雇用、年功ないし業績による昇進、安定した給与、⑦経理における公私の峻別です。

ウェバーによれば、官僚制組織とは、権限が集権的な階層的構造と最新の専門的な知識によって作られた公式的規則に従うことで、個人の一時的な感情や欲望に左右されない、組織の目標達成に合理的な決定と行動がなされる組織です。

いわば、専門的で技術的な知識に基づいて、公私を峻別し恣意的な職務遂行を排除することで、過去の慣習に従うだけの伝統的な形態よりも効率的に、カリスマが独裁的に支配する形態よりも長期的に効果を発揮する、精巧な機械が官僚制なのです。

要するに官僚制とは、上に行くほど偉い「集権性」、公式的規則体系が存在する「公式性」、部門設置や採用において専門知識が重視される「専門性」の三つが極められた階層的な組織と言えます。

多少フラットだったり、規則が朝令暮改だったりしても、ここで述べた官僚制以外の編成原理で編成された全社的組織を持つ大会社はほとんどないと思います。少なくとも現実の（これまでの）企業が官僚制であることこそ、官僚制という組織編成原理の有効性を示していると思います。

つまり、組織デザインの基本は官僚制です。したがって、イメージや個人的経験による好き嫌いにかかわらず、官僚制のエッセンスを知ることが、組織を構想したり、変革したりする際にとても大事になります。

(2) 官僚制の逆機能

しかし今日、この節の冒頭で述べたように官僚制組織にはダーティーなイメージがついて回ります。それはなぜでしょうか。このテーマを取り上げる前に、まず官僚制が優れているとされる理由を考察していきましょう。

官僚制を精巧な機械と述べましたが、組織が機械ならばそこで働く人々は一種の歯車のようなもので、従業員は組織にがんじがらめに縛られる、すなわち「鉄の檻」に入れられるようなもので、人間性を否定する「嫌な」考えだと思う人は少なくないでしょう。しかし人間の自由を奪うと考えられる鉄の檻が、実は人間の自由な挑戦や創造性発揮を刺激する仕組みなのです。

人間は自由が好きです。しかし自由ということは自分の行動の結果に一〇〇％の自己責任が伴うはずです。フロム[*14]の『自由からの逃走』という本に書かれていますが、人間は一〇〇％の自由と一〇〇％の自己責任がそれほど好きではありません。

たとえば、企業組織の鉄の檻は部署や職務ということになるでしょうが、入社しても配属や教育がなく「とにかく自分で考えて自由に働いてください。成果に応じて給与を払います。もちろん成果がなければ給与は払いません」というような会社で働きたいですか。

官僚制組織では一人ひとりに部署や任務をあてがいます。要は枠がはめられるというわけです。しかしその枠の中での自由は保障されます。しかもその枠は、公式的に明文化された、きっちりとした枠です。もしこの枠が曖昧なものだと、人間は怖くて思い切ったことができないかもしれません。官僚制では枠をきっちりさせることで、恐れることなく自由に創意工夫できる範囲を特定させるのです。

その枠の中で挑戦や創意工夫や努力が生まれる源泉は、組織階層上の上に行きたい、出世したいという欲求だと思います。官僚制では枠が階層をなしていて、上に行けば行くほど権限や責任が大きくなると同時に、名誉や報酬など得られるものも大きくなります。頑張れば出世してより良い生活を送ることができるという見込みや希望が、官僚制の原動力であるといえます。

今日しばしば、企業や役所における若者の出世意欲の低下という問題が騒がれています。具体的には、企業や役所での管理職への登用試験受験者の減少です。この問題を、官僚制の古くささと、若者の気質や時代的風潮のように捉えた議論を耳にします。

しかしおそらく原因は、官僚制組織そのものや若者の気質にはありません。たとえば、役所で管理職に就くとどれだけ賃金が上がるのでしょうか。「いやあ、責任だけは大きくなるけど残業代もつかなくなって給与はむしろ減りますよ」と話してくれた人がいました。受験者の減少を嘆く前に、私などは逆に受験した人の動機の方が気になるぐらいなのですが、みなさんはどう思いますか。

個々人の上昇意欲を刺激するという官僚制組織のダイナミズムを摘んでしまうような誤った運用が行われているのです。つまり、官僚制組織の使い方の誤りが官僚制を悪者に仕立ててしまっているのであって、組織編成原理としての官僚制自体の問題ではないのです。ましてや、やる気のない若者世代のせいではありません。

(3) 意図せざる結果

官僚制は人間の思考や心理の本質的なところを捉えた実用的な概念といえるのですが、なぜ官僚制は硬直性や行為の緩慢性や保守性を批判されているのでしょうか。こうした官僚制の持つ負の側面を「官僚制の逆機能」と呼ぶ場合があります。なぜ官僚制の欠点とは言わずに、「逆機能」と呼ばれるのでしょうか。逆機能とは、そもそも考えられていた働

＊14 E・S・フロム：ドイツの社会心理学者、哲学者。精神分析の考え方を社会レベルに応用し、ナチスが台頭するメカニズムなどの分析を行ったことで有名です。主著は『自由からの逃走』。

きとは反対の負の働きのことを言います。

この問題を考えるにあたっては、「意図せざる結果」という概念を紹介したいと思います。これまで、組織を見る視点として「人も組織なり」と「組織を見るメガネとしての組織生成と存続の三要素（協働意志、共通目的、コミュニケーション）」を取り上げました。それにに続く、三つ目の視点こそが「意図せざる結果」という概念なのです。

「意図せざる結果」とは、日常でも用いるような言葉ですが、ある意図や目的をもってとられた行動が生じさせた予想外の思いもよらなかった事態や結末を、社会科学では「意図せざる結果」と言います（森下ほか、１９８９）。

組織を分析する際に意図せざる結果を考慮することがなぜ重要かといいますと、企業組織といった人間の相互作用が行われる場においては、意図せざる結果が生じやすいし、またそれが組織の目標達成に重大な影響をもたらす可能性が大きいからです。

ここで私の言いたいことを端的に示せば、官僚制（のみ）が悪い結果をもたらすのではなく、官僚制（でさえ）も悪い結果をもたらすということです。

意図せざる結果には、全く考慮していなかった予想外の結果と、ある意図を持って行動したがゆえに意図とは反対の結果が生じることの二つがあります。

たとえば、前者の例としては、原材料供給地域の天変地異によって生産が遅れたといった場合があるでしょうし、後者は、有能な部下を、さらなる能力向上のために難しいプロジェクトに参加させたら、意欲が低下して会社を辞めてしまったといった場合があたるでしょう。ある意図を持った行動がその意図とは裏腹な結果をもたらしたわけです（何もしなければ、有能な部下は会社を辞めることもなかったはずです）。

とくに組織において考慮すべきなのは、後者のような「よかれと思って取った行動が……」というような場合でしょう。

こういった「意図せざる結果」が生じる原因の一つは、人間がある行為をなそうとしたときに、それに影響するすべての要因を把握し、要素間の相互作用や副次的な効果を含めて完璧に結果を予測できないことです。

とくに組織においては、人間が結果に影響する重要な要因になります。というのも、組織が意識的に調整された体系だからです。つまり、人間は無味乾燥な物質ではありません。状況や他人の考えや意図を推し量りながら、自分はいかに行動するべきかを決めるインテリジェンスを持った存在です。人間同士の相互作用がその本質である組織では、他人の意見や行動を深読みして勝手に解釈したり、過剰な反応をしたりすることが多くなるでしょうし、またそのことで結果が大きく左右されてしまいます（伊丹・加護野、２００３）。

そもそも、自分の発した意図がそのまま正確に伝わることなどまれでしょう。

(4) 組織デザインの実際

さらに会社を念頭に置くと、企業組織は全体としてできるだけ効率的に組織目標を達成したいと願う経済的存在でもあります。そこでは直観や無思慮による行動よりも、論理的にしっかりと考えられ練られた行動が日常生活に比べれば多いはずです。

その上、企業組織は単なる賃金獲得の場ではなく、自己のアイデンティティや存在意義を確認する存在です。じっくり考えれば考えるほど、提示された意図に新しい意味を付与してしまったり、そもそもの意図とは違う多様な解釈を行ったりしてしまう危険性が増してしまうのです。

そうした因果の連鎖が、当初の意図とは全く正反対の結果を生み出します。人間や組織は合理的な存在でありたいと願っているけれども、人間の合理性が限定されたものであるため、「あることを意図したがゆえに逆の結果を導く」ということがあるわけです。

つまり、人間が考案し設計した、人間同士の相互作用の場となる組織において、意図せざる結果が生じるのは、必然的な結果と言えるわけです。したがって、企業組織の成果というものは、意図したとおりの働き(順機能)と意図していなかった働き(逆機能)の混ぜ合わせられたものなのです。

官僚制に関する逆機能批判は、官僚制は悪いというのではなく、官僚制も逆機能を持つ

図5−3　意図せざる結果と組織成果

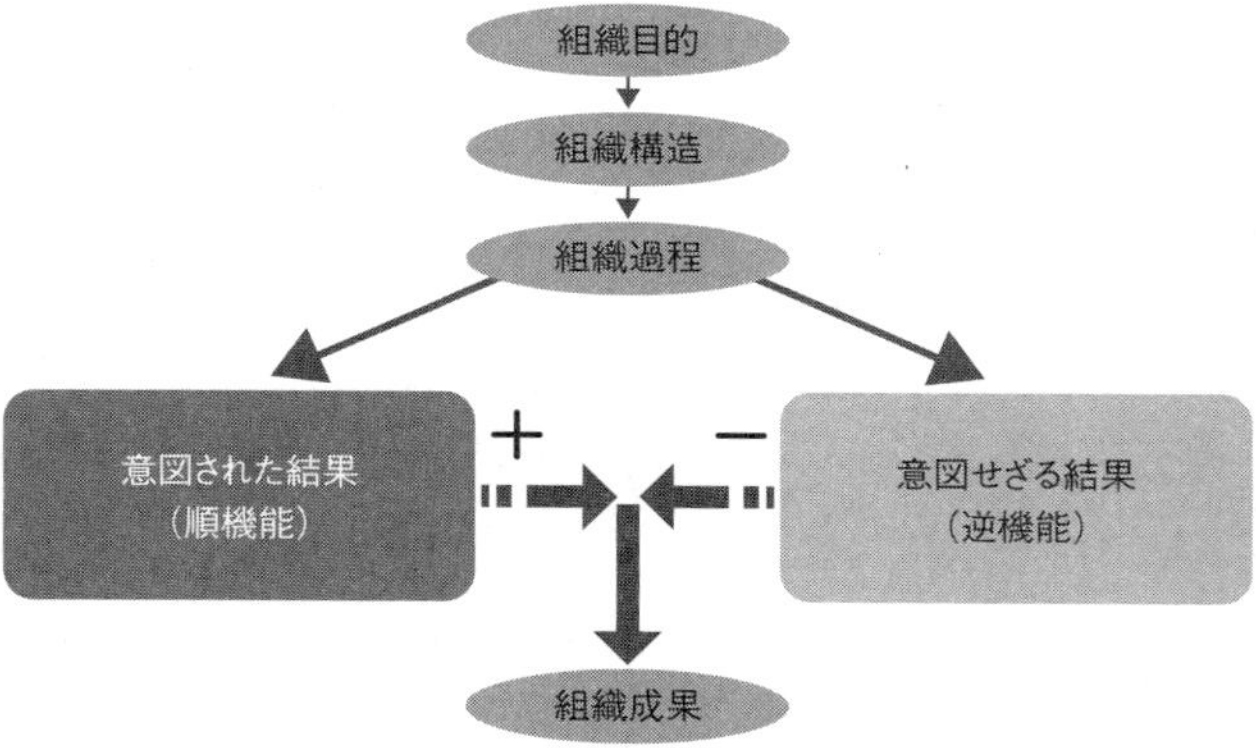

と理解されるべきだと思います。たとえば恣意性を排除するという意図を持って設けられた公式的規則が、規則に従うだけでいいといった最低許容行動や部門目標優先の思考を作り出し、組織全体の成果を低下させてしまうのです。大学者と称されるウェバーが理想とした官僚制組織においてでさえ、意図せざる結果が生じると考えるべきなのです。

　では組織を設計したり運営したりするときに、不可避的に見える「意図せざる結果」という影響をどう考えればいいのでしょうか。もちろん、自分の意図を実現する行動の結果に影響する要因をできるだけ収集し分析することも重要です。けれども、これまで述べたように人間の能力には限界があります。

したがって、自分たちの認識能力には限界があると認めた上で、軌道修正や方針変更も必然的にあり得るということを自覚した上での設計や運営が必要になります。「よく考えられた組織プランだから完璧だ」とは思わずに、最低限、そこから出てくる意図せざる結果に注意するという心構えが必要でしょう。

組織について考えたり、組織的な成果を高めようとしたりするならば、全知全能ではない人間の相互作用から生み出される意図しなかった逆説的な結果に注目したり、日頃の常識を疑ってその本質を捉えるようにしなければなりません。機能分析などの手助けとなる概念の枠組みはあるものの、その方法論は体系的に確立しているわけではありません。

少なくとも人間が知性と感情を持った存在であることを素直に受け止めた上で、「協働意志、共通目的、コミュニケーション」という組織生成と存続の三要素を機能させる実効性のある組織設計を常に考えていかなければなりません。

4　未来の組織

(1)　組織の環境適応理論

ここまでに述べてきたとおり、組織を捉える際の視点は、常識からすれば逆説的で馴染みが薄いものかもしれません。さらに具体的な組織の設計となると難しいものです。組織を設計する、あるいは編成をするということは、専門化のメリットをもたらすための分業と、それらの部分的な成果を合わせて組織全体の成果につなげるための調整のパターンを作り出すことでしょう。

それだけでも難しそうですが、なかなか機械を設計するようには組織を設計できない理由は、組織がそこにいる人々のコミュニケーションのパターンや学習・知識に複雑に直接的に影響を与えるだけではありません。インテリジェンスを持った人間間の解釈から生み出される意図せざる結果や、そこにいる人のキャリアや組織の歴史的な背景をも考慮しなければならないからです。

しかし組織の設計や変革を考えるときに、多くの人からコンセンサスを得られている公理は、望ましい組織は企業の置かれている状況に応じて異なるということでしょう。組織編成に唯一絶対の解答はないということです。では、どういった状況の場合はどういった組織が適しているのでしょうか。また、それはなぜでしょうか。こういった視点から組織に関する理論を構築しようとした一連の研究を、コンティンジェンシー理論と呼びます。

コンティンジェンシー理論のさきがけとなったバーンズ&ストーカーは *The Management of Innovation* (1961) としてまとめられる研究において、英企業の二〇の事業所を調査しました。その結果、どのような状況においても最適な組織などはなく、安定的な環境のもとで優れた成果をあげていたのは官僚制に近い組織（機械的組織）で、不安定に変化し続ける状況において成果をあげるのは大学や研究所で見られるような組織（有機的組織）であることを見出しました。

この研究を発端に、様々な環境要因と組織構造との関係が調査されましたが、ローレンスとローシュ（Lawrence and Lorsch, 1967）は、イノベーションと組織の関係を探究する中で、こうした問題に一つの方向性を与えました。

彼らの結論は、不確実性の高い状況下において有効性の高い組織は「分化と統合の同時極大化」を実現しているということでした。ここで「分化（differentiation）」とは、異なる部門や職能部門のメンバー間の認知面や感情面での志向性の差のことを指します。「統合（integration）」とは部門間の調整の質に関するものです。

たとえば時間感覚に関して言えば、製造部門の従業員は計画通りの生産台数を達成することを意識して日々働いています。営業部門は毎月の販売実績を意識しています。R＆D部門は年間の研究成果を意識しています。

このようにそれぞれの仕事を効率的に進める上で、働く中での時間感覚は当然に異なっています。この異なる時間感覚の度合いが「分化」です。しかし新製品の上市などに際しては、三者が一致団結して事に当たらなければなりません。この調整・協力し合う度合いが「統合」です。

ローレンスとローシュの研究によれば、不確実性の高い環境下で業績の良い組織では、部門ごとにその専門性を発揮するに相応しい組織特性を発達させていると同時に、各部門間を結ぶ高度な調整メカニズムを機能させています。不確実性が増す一方である今日の世界において、「分化と統合の同時極大化」は、組織デザインが基本的に目指すべき方向になっています。

環境に適応する組織を探究するコンティンジェンシー理論は世界中で推進され、一時期は組織論の標準になりかけたぐらいだったようです。しかし環境に適合する組織を理想とするコンティンジェンシー理論の根幹に対して強烈な反論が提出されました。

その代表格が、（皆さんの中でも読んだことのある人が多いと思いますが）『失敗の本質』という第二次世界大戦で日本軍が負けた理由を社会科学的に分析した研究です（戸部ほか、１９９１）。

この本の主張は、「日本軍は環境に適応したがゆえに失敗した」というものです。近代的な兵器を揃えるだけでは駄目で決死の突撃で勝利した西南戦争や、戦艦同士の砲撃戦でバルチック艦隊を殲滅させた日露戦争の経験から、陸軍は白兵銃剣主義、海軍は大艦巨砲主義という戦略原型を作り出し、それに相応しい組織や人材を作ってきました。

両大戦間の大陸での戦いではその特性が大いに力を発揮したわけですが、第二次世界大戦で海から攻められたとき、この組織特性を変更することができなかったのです。日本は一夜にして負けたわけではありません。真珠湾攻撃から終戦まで四年の月日が経っているのですが、それでも戦略原型が変わることはありませんでした。

つまり、ある環境に適応するということは、その後の環境変化に適応できない組織を作ることになるのです。極端に言えば、コンティンジェンシー理論は環境変化に最も脆《もろ》い組織を探究していたことになるわけです。

こうした分析から「適応は適応力を締め出す」という命題が提起されました。要するに、環境に適応すればするほど、組織特性を維持する力である「慣性（inertia）」が大きくなってしまうということです。たとえば、創業一五年で日本一の小売業に成長したダイエーは、五〇年で他の企業グループの傘下に入ることになりました。高度経済成長という時代に最も適合（fit）した企業組織がゆえの現象だったのかもしれません。

こうした研究成果が普及した結果、組織論の焦点の一つは、自ら変革を遂行できるような組織（自己変革型組織）のあり方の探究になっていきます。しかし、この概念の極端な展開と世界の経済状況の変化が、私たちに深刻な影響を与えつつあります。

(2) 株主主権と企業の短命化

企業における組織や事業構造の変革は、もはや特別な出来事ではなくなっています。恒常的に取り組まなければ生きていけないという思いで、日本中、いや世界中の企業が変革症候群とも称されるような事態になっています。経営関連の雑誌でも「Change or Die（変革か、さもなくば死）」というようなキャッチフレーズをよく見かけます。

こうした事態は、一つは、組織が自己変革しなければ環境への不適合によって滅んでいくという前述の理論や数多くの事例に触発されたものでしょう。もう一つは、企業がある定常状態のままでい続けられなくなるような経営環境になってきているということです。

具体的には、各国がグローバルに結びつき、巨大な資本市場が登場したことです。アップルなどの株式時価発行総額世界最大級の企業でさえ、世界にまたがる巨大ファンドの前では姿がかすんでしまうほどです。グローバルに事業を展開する巨大企業ほど、ファンドの意向を無視した経営を行うことなどありえません。経営の実権は経営者から株主に移ったのです。株主主権と呼ばれる考え方がグローバル・スタンダードになりました。

米国の社会学者のセネット[*15]によると、経営者は従業員の尊敬するすごいリーダーではなくなり、株主の意向でころころ首をすげ替えられる代理人のようになりました。今日の経営者は、従業員が慕って自然についてくるという権威を失い、株主の絶大なパワーをバックに強権をふるう権力者になりました。経営者は「権威なき権力」と化したと言われてい

＊15　R・セネット：膨大なインタビュー調査などから現代社会の都市論や労働論を展開する米国の社会学者です。ロンドン大学教授。主著は『不安な経済』。

ます。

しかも、ファンドやファンドの背後の株主がのんびり配当を求める時代は終わり、キャピタル・ゲイン（株式の値上がりによる売買での利益）を求めるようになりました。いわゆる株主の短気化（短期に短気）です。

経営者は株主主権のもとで、短気な株主の意向を汲まないといけませんので、長期的な企業の成長よりも、短期間での株価上昇策を優先させます。

具体的には、不採算事業は素早く売却し、すぐに収益の上がる事業に特化します。それに反応して株価は上がり株主は喜びますし、ストック・オプション制度（株式の値上がりに応じた報酬制度）のもとで経営者も巨額の報酬を手にします。株主と経営者が利益を得るためには、自社そのものを売却することも厭《いと》いません。こうした企業は事業の切った張ったの繰り返しですから、企業の戦略や組織の変革が恒常化しているのです。

かつて組織の変革を論じたレビンは、人間の成長モデルなどを参考に「解凍」→「変革」→「再凍結」というプロセスを提示しました。がちがちに固まった構造をいったん解かして望ましい構造を作ったら再び効率よく仕事ができるように構造を固めるというものです。この際の企業組織は、大海原を航行する大型船でした。企業組織の変革は、障害物が近づいてきたので進路を変えるようなイメージです。

しかし今日の企業はとにかく変革ありきです。「問題がなかったら、ただ発見されていないだけだと思いなさい」ということです。「解凍」も「再凍結」もなく、常に「変革」あるのみです。こうした状況での企業組織のイメージは、急流を下る筏です。常に右に左に舵を切っていて、ちょっと油断すると岩で砕け、沈んでしまいます。企業や企業の中の諸事業体は、短命化しました。

かつては、人間よりも企業の方が長生きするとみんなが無意識的に感じていたと思います。しかし、もはや一生勤め続けられることを期待できる企業を探す方が難しいかもしれません。組織のデザインは働くための分業と調整の構造を決めることではなく、機械のモジュールのように取り扱われる事業のくくりを足したり引いたりするパッチワークのようです。

(3) ガラパゴス社員の悲劇

新しい時代の環境は、株主に巨大な力を付与し、経営者を権威なき権力者に変えつつあります。とくに海外では短期的に株価を上げるためにパッチワークのように切ったりつなげたりが繰り返される企業も出現しています。

そうした企業組織の中で、人々はどう働いているのでしょうか。リストラや解雇が社会的に是認されている国々では、パッチワーク施策の中で雇用の不安を抱えながら働かなければなりません。誰でも人員整理の憂き目には遭いたくありません。労働者としてどうすればいいのでしょうか。

私たちは幼い頃から、偉い人になるために（少なくとも路頭に迷うようなことがないようにするために）、頑張って勉強して専門知識を身につけ、一生懸命働いて自分の能力を磨けと言われ続けたと思います。

しかし事業や組織を頻繁に変更する企業の中で、一つの専門知識を極めて、まじめに働くことがリストラ対象の回避につながるのでしょうか。それは逆のような気がします。一つの専門を極めているがゆえに、事業構造の展開で最も先に切り捨てられる対象になってしまいます。

むしろ、経験の少ない柔軟性の高い若い労働力が便利になって、ベテランの人材こそがリストラ対象となります。経験を積んでいるということ、すなわち経験の価値がこれまでとは逆にマイナスに働いて、「知識・経験を積む」や「まじめに働く」という実力主義や勤労といった価値観の根本を揺さぶっているように見えます。

他の先進国に比べて比較的に長期雇用傾向の強い日本では、企業はよっぽどの不振に陥りでもしない限り、切った貼ったの経営を行いませんし、従業員が路頭に迷う事態は少ない方かもしれません。しかし、経験の価値や実力主義や勤労の価値観への揺さぶりは、日本でも進行しています。

たとえば、私の友人のAさんは、ある大学の工学部土木工学科を出て、大手電設会社のエンジニアとして採用されました。入社当時は光ファイバーを埋設するトンネルを作る仕事をしていました。しかし二年で主要な工事は終わり、トンネル設置の仕事はなくなりました。彼は無線のためのアンテナや基地局の建設を行う部署に異動になりました。しかしその仕事も二、三年で全国での建設工事が終わりました。

次に、情報システムの整備されたインテリジェンスビルの配線関係の設計に携わり、また次に交換機などのネットワーク機器設置の担当になりましたが、そこではシステム・エンジニアです。さらに通信ネットワーク関連のシステム・エンジニアになり、現在では技術営業の部署に配属され、マーケティングと販売で全国を飛び回っています。

彼は大学卒業後一〇年足らずで、同じ会社でいくつもの専門性の異なる知識を要求される仕事を複数経験しています。学生時代に夢見て勉強をしてきた土木エンジニアとして働いたのは、わずか数年間だけでした。

この会社ではそれまでとは異なる専門知識を身につけさせる教育や研修の機会をきちんと提供していて、Aさん自身も積極的に新しい仕事に取り組み、少なくとも私の目からは楽しそうに頑張っています。

しかし、失業せずに長期雇用の恩恵に預かろうとすれば、大事なのは深い専門知識ではなく、どんな状況にもそこそこ適応できる柔軟性のようにも思えてしまいます。

前述したセネットは、大規模な労働者の調査から、今日の労働者に必要なのは、何にでも対応できるコンサルタントのような潜在能力と、表面上でよいから誰とでも仲良く出来る人間関係能力だと(皮肉を込めて)言っています。

もちろん、頑固一徹に自分の専門性を磨き続けることのできる人もいるでしょう。しかし企業の事業や事業を支える根本的な技術が短期間に変化する中では、専門知識を磨いて一生懸命働いている社員がいつの間にか「ガラパゴス化」している場合があります。

ガラパゴス社員は決してふまじめで実績のあがっていない、実力のない人ではありません。むしろ専門知識を持ってまじめに働き、これまでにいくつかの実績もあげています。しかし新しい事業ではその専門知識は必要ないのです。

(4) そもそもの組織とは——人間性を守る装置としての企業組織

企業経営は組織変革を恒常化させ、経営者は短期的対応で手一杯で長期的成長を展望しにくく、労働者側においても専門知識を磨き一生懸命働けば良いことがあるという経験の価値や実力主義と勤労といった価値観が崩壊しつつあるようです。どうすればこの時代を生き残れるのか。今日ほど経営者も労働者も現在や将来に対する大きな不安を感じている時代はないようにも思えます。

しかし経営や雇用の不安定さが際だった時代は、今日だけではありません。官僚制組織が生み出され普及していった一九世紀のヨーロッパは、産業革命後の工業の発展と同時に革命や戦争の嵐が吹き荒れて、企業の経営も労働者の雇用も極めて不安定な時代でした。
そうした状況の中で官僚制組織がうまく機能して普及していった理由として、ウェバーは官僚制組織が労働者に時間感覚を与えたことをあげています。時間感覚とは、将来を展望できる感覚のことです。明日をも知れぬ状態だった労働者は、官僚制組織の中に入って決められた仕事に一生懸命取り組めば、半ば約束された明日を夢見ることができるようになったというのです。

宝くじを購入するときなど、ちょっとした野望を持つことは誰にでもありますが、多くの人は一攫千金のためにリスクの高い投資を好む存在ではありません。むしろ多少賃金は安くても、生活を安定させ、家族と暮らす穏やかな生涯を幸せだと思っている人の方が多いはずです。官僚制組織は、こうした人間の真の欲求を見事に捉えた組織編成原理だというのです。

もちろん、できるだけ他人より良い生活もしたいわけですから、この章で説明したとおり、与えられた枠の中で創意工夫し努力して出世したいという欲求も官僚制組織が機能するメカニズムの一つです。それと同時に雇用を安定させることで、これだけ頑張ればこうした地位に昇れるはずだという明日を夢見る力も与えてくれます。

働く人や社会に明日を夢見る基盤としての安定をもたらした「組織」の力は絶大でした。
一九世紀、二〇世紀と、企業では生産性が著しく上昇するとともに、様々な技術革新が実

図5―4　挑戦・革新のための安定性を確保する組織

施され、社会の人々の生活を改変するという意味でのイノベーションが進行しました。分業による専門化の効果と階層組織による時間感覚の創出は、人間が長期的に学習し挑戦する姿勢を醸成していったのです。

第Ⅲ章で紹介したとおり、カネや経済のロジックだけでは、人間の社会的関係は破壊されてしまいます。いつ解雇されるかわからない不安定な状況の中で、人は創意工夫したり挑戦したりしません。自己中心的で打算的でもあるけれども、社会や生活に人間性豊かな理想を求める人間の根幹を捉えた仕組みの中でこそ、一生懸命働くのではないでしょうか。

この章の第2節の冒頭で、組織とは、一人ではできないことを複数の人間が協力し合って実現しようとするときに生じる関係性と言いました。人間が一人ではできない根本とは、「安定」と「挑戦」を両立させることではないでしょうか。心の安定は一人で山にこもっても得られるかもしれませんし、無謀な挑戦だったら一人でもできるでしょう。しかし安定と挑戦を両立させることは一人きりでは難しそうです。

一人ひとりが事業主のような状態では、失敗は即終わりを意味しますが、組織の中では多少の失敗は周囲のメンバーがカバーしてくれるはずです。組織を作っているからこそ、「若いうちは失敗していいからどんどん挑戦しなさい」というようなことを言えるのです。挑戦し革新するための安定性を確保する装置こそが組織と言えるかもしれません。

VI
良い戦略的経営を実現するには
――本当に勝つための経営戦略論

1　戦略とは何か

(1)　doing the right things と doing things right

この章では経営戦略の基底を支える考え方のいくつかを紹介していきたいと思いますが、経営戦略論を語る前に、確認のために質問しておきたいことがあります。

「自分の勤めている会社や部門の『戦略』をひとことで（簡潔に）言ってください」

よもや、答えられないなんてことはないでしょうね。当然答えられたはずですから、同僚や上司、部下に同じ質問をしてみてください。きっと全員から同じ戦略の内容が答えとして返ってくるはずですよね。

やや皮肉な書き出しでしたが、実情としては意外と答えにくかったのではないかと思います。あるいは同僚や部下と見解が異なっていた場合も少なくないのではないでしょうか。自社の戦略をシンプルに表現できなければ、かつ、社員全員から同じ答えが返ってくるようでなければ、御社は戦略的経営が実現できていないことになります。

「戦略的経営ができていない」ということで危機感を持たれた方がいらっしゃるかもしれませんが、今日の経営を語る上で、経営戦略の有無やその戦略の良し悪しは企業の盛衰を決めるとされる最有力ポイントの一つでしょう。

確かに世の中にはうまく成功する企業もあれば、つぶれてしまう企業もあります。発展する産業もあれば衰退する産業もありますし、同じ業界でも業績の優劣は生じます。こうした運命を決する要因として、戦略概念が最も注目されているのです。

競争戦略論研究の大家の一人であるマイケル・ポーター[*16]によれば、戦略とは「正しいことを行うこと（doing the right things）」に関わる概念です。ここで「正しい」とは「的を射た」とか「道理にかなった」という意味ですが、成功するためには「正しいことを正しく行うこと」が基本でしょう。戦略とはその前半部分の大事さを指すと言ってもいいでしょう。

後半部分の「物事を正しく行うこと（doing things right）」は、戦略ではなく業務（operation）のマターです。経営戦略論の基本思想とも言うべき前提条件の一つは、「的を射ていないことをきちんと行う」よりも「正しいことをいい加減に行う」方がましだということです。皆さんの会社では「何が正しいこと」なのかが理解・共有されているでしょうか。

＊16　M・E・ポーター：言わずと知れた競争戦略論の大家。ハーバード大学教授。主著はやはり『競争の戦略』でしょう。

ポーターは、来日するたびに「日本企業には戦略がない」と発言します。日本企業に戦略がないわけではないのでしょうが、日本ほどきちんと物事を行う労働者のいる国はない、つまり「物事を正しく行うこと」ができているにもかかわらず、日本企業の収益性が低いのは、「正しいことを行うこと」ができていないからだというわけです。

彼の真意を勝手に解釈すれば、海外から見れば羨ましいぐらいのまじめで優秀な労働者のいる日本企業が突出できていない理由は、戦略的経営を実現すべき経営者が怠けているからだと言っているような気がしてなりません。

(2) 経営戦略概念の登場

企業経営の命運を決める要素に注目したとき、二〇世紀を組織の時代だとすると、二一世紀は戦略の時代と呼ぶことができるかもしれません。書店にもビジネスコーナーに限らず、スポーツや将棋などのゲームのコーナーにも、戦略という単語が含まれた本がたくさん置いてあり、まさに戦略ブームといった状況を呈しています。

しかし経営戦略を勉強しようとそれらの本を手にすると、戦略の定義は多種多様です。戦略に関わる実践家や研究者やコンサルタントが、戦略概念を時代や状況に合うように再定義してきたからです。

経営戦略という概念が経営学に誕生したのは、それほど古い話ではありません。嚆矢となった研究は、第II章でも紹介したチャンドラーが一九六二年に発表した『組織は戦略に従う』です。この研究においてチャンドラーは、米国での事業部制組織の発生のプロセスと論理について歴史的な分析を行いました。

個別企業の詳細な分析からチャンドラーは事業部制という組織構造が多角化戦略に合わせる形で構築されたことを説明し、「組織は戦略に従う」という命題を呈示しました。バラバラに並列されただけの複数事業の統合を図る企業や副産物の事業化によって多角化した事業を展開する企業、すなわち多角化戦略を採用した企業は、極めて複雑性の高い環境に置かれることになりました。複雑で異質性の高い複数事業の管理を効率的に実行するために、自律性を持ってスピーディーに各々の環境に対処する水平的分化の進んだ事業部と、それらを統合するための戦略的意思決定を行う本社組織を持つ事業部制組織を構築することになったというのです。この研究の中で経営戦略という概念が提起されたわけです。

もう一人の先駆的経営戦略論研究者は、アンゾフです。[*17] アンゾフは一九六五年に『企業戦略論』で戦略的意思決定概念を呈示しました。戦略的意思決定とは、企業の事業構成の選択に関する長期的視野に立って、企業の様々な意思決定を導くガイドラインあるいは決

＊17　H・I・アンゾフ：米国の経営学者。経営戦略論の創設に大きな貢献を果たしました。成長戦略のマトリクスなども有名。主著は『企業戦略論』。

定ルールに関する意思決定です。

管理職や経営職といった高い職位に就いている人ほど、右か左かを決める際に、その決定に必要なデータをすべて揃えてから意思決定を行う割合は小さくなるはずです。意思決定のために利用できる有効な情報や知識が決定的に不足している状態で、物事をある意味「えいや!」で決めなければならないことが多いのではないでしょうか。

こうした意思決定は「部分的無知状態における意思決定」となりますが、現場やオペレーションのレベルでの意思決定とは質的に異なる意思決定を、戦略的意思決定と呼びます。こうした戦略的意思決定を他の意思決定とは区別して取り扱う必要性を訴え、その理論的探究を試みる中で、経営戦略という概念が生み出されました。

二人の定義を集約した形で経営戦略を定義すれば、環境への関わり方や事業の構成を将来志向的に示す構想と実現シナリオであり、従業員の意思決定の指針となるものと言えるでしょう。

(3) 古典的戦略

チャンドラーとアンゾフを嚆矢とする経営戦略は、登場してまだ数十年の非常に新しい概念と言えます。しかしそれはあくまで「経営の戦略」です。その基礎である戦略概念そのものは、反対に、紀元前から軍事・外交の世界で延々と探究されてきた非常に歴史のある古い概念です。ここで私たちはさらに歴史をさかのぼり、本来の戦略概念を探っていきましょう。

戦略に該当する言葉は、古代の遺跡の碑文やかなり古い文献からも見出されるようです。たとえば、戦略論でいえば『孫子』を代表とする五経などの中国古典は、日本はまだ弥生時代に区分されていた約二五〇〇年以上前に作られたものです。当時の識字率は、おそらく一%もなかったのではないでしょうか。

とすると、この当時書かれた書物のほとんどが、社会における一%の上流支配階級に属する人たち、すなわち、国家レベルのリーダーに対するものであったことが推察されます。こうした人たちにとって、戦略という概念は軍事・外交上、極めて重要だったに違いありません。

こうした時代の戦略を古典的戦略と呼びましょう。東洋における古典的戦略論の代表といえば『孫子』でしょう。中国古典に関する数多くの著作を書かれた守屋洋氏とお話ししたとき、『孫子』のエッセンスは「戦わずして勝つ」と「勝算なきは戦うなかれ」であると教えていただきました。この二つを紹介しながら古典的戦略について考えてみましょう。

『孫子』と言われて、まず思い出される有名な言葉は「戦わずして勝つ」でしょう。まだ若い学部の学生にこの意味を聞くと「暴力を使わずに、相手をだまして打ち破る」などと誤解している場合もありますが、この言葉は、武力を使わないといった戦い方に関するものではありません。「戦わずして勝つ」は『孫子』の第一章のテーマである「戦略の目的は何か」に対する回答です。

この言葉の意味するところは、競合する相手に協調的態度をとらせるということです。ただし、ここで言う協調的態度とは決して手取り足取り仲良くということではありません。相手が自分と本気の真っ向勝負を避けるような態度のことを指します。

たとえば、A社がB社を意識して、参入を躊躇したり、A社とは異なる市場セグメントを狙ったりしたら、これで協調成立ということになります。二社が提携することは協調の極端な形です。協調的態度に変えることには、相手を尻ごみさせたり、正面衝突したら手強いぞと思わせたりすることも含まれます。そして結果的に自分にとって居心地のいい、または自分が思い描く構想が実現できる状態を作ることにあります。

「戦わずして勝つ」に比べてわかりやすそうでわかりにくいのが、二つ目のエッセンスの「勝算なきは戦うなかれ」です。字面を追うと「勝ち目がなかったら戦うな」というような単純なメッセージのようにも思えます。「勝算なきは戦うなかれ」は『孫子』の第二章である「戦略におけるリーダーの役割」でのまとめの言葉です。

『孫子』の頃の社会も、現代の社会も、過去から独立した点（スポット）で生まれたわけではありません。過去の長い歴史をもって存在しています。その時間の流れの中で、明確な勝ち目があったらもうすでに戦っていますし、勝ち目がなかったら戦っていません。したがって、世界はある程度バランスのとれている状態にあるわけです。

しかしこの中で自分の理想とするポジションを作ったり、守ったりするために、戦わなければならないことがあります。おそらくこの際の勝ち目は四〇％とか、四五％だったりすることが多いと思います。『孫子』の言う「勝算なきは戦うなかれ」とは、戦う前に勝算を五％でも一〇％でもよいから上げることに命をかけるのが、戦略におけるリーダーの役割だという意味です。

(4) 古典的戦略から経営戦略へ

第三章以降、『孫子』は各論に入っていきます。その中で、自分と相手との緻密な現状分析（「彼（敵）を知り己を知れば百戦殆からず」）や、主体性を持ったシナリオ（「善く攻むる者には、敵、其の守るところを知らず。善く守る者は、敵、其の攻むるところを知らず」）の重要性を訴えるなどの有名な言明が数多く打ち出されます。

東洋では『孫子』、西洋ではアレキサンダー大王の父親であるマケドニア王フィリップが戦略の理論と実践に大きな影響を与えたと言われていますが、歴史的に見て優れた戦略家の要素としては、以下をあげられることが多いようです〔Quinn（1980）、ロジャーズ（2013）〕。
①まず、明快で疑いどころのない目標を掲げる、②受け身に回らず、主体性を維持する、

つまり仕掛ける、③戦力を分散させずに集中させる、④柔軟性を重視し機動力を持つ、⑤リーダーシップ（属人的能力）が発揮できる、⑥驚き（意外性）を持った作戦行動をとる、⑦間接的に攻略する、⑧（①から⑦がある上で、なおかつ）安全性（確実性）を重視する。

この中で⑦の間接的攻略とは謀略や諜報戦の活用のことで、そのまま現代で実行することはコンプライアンスに抵触しそうですが、その他の要素は現代企業や経営リーダーにとっても意味のあるメッセージではないでしょうか（なお今日、間接的攻略とは、競争相手が真っ当な反撃に出られないような工夫をした戦略を意味します）。

古典的戦略論とは、これまで紹介したような戦略とリーダーに関する体系的な知恵の集まりですが、今日の企業経営やリーダーのあり方に対しても、十分すぎる示唆を持っていると思います。

こうした思想ともいえる一連の戦略に関する考察における重要なテーマの一つは「場所（place）」です。「どこで戦うか」「どこを押さえるとどこに『幅がきくか』」といった大戦略（grand strategy）から、「どこに陣地を構えるか」「どういう地形のもとではどのような戦術が有効か」といったバトル戦略（battle strategy）に関する知恵までが、古典的戦略の中心であると言っていいかもしれません。

こうした古典的戦略の知恵が企業経営を捉える視点として転用され、経営戦略が誕生したのです。では、古典戦略における「場所」は、企業経営においては何を意味するのでしょうか。エリアマーケティングなどにおいては、たとえば、東京で戦うか、大阪で戦うかといった場所が大きな意味を持っているでしょうが、一般的に考えれば、企業経営における場所とは「事業」ということになるでしょう。

ここで言う事業とは「市場と製品・サービスの組み合わせ」のことです。具体的には、「いかなるお客様に向けて、いかなる製品やサービスを提供するのか」への回答が、事業の内容ということになります。

経営戦略論が登場する以前の経営学の中心的テーマは、「物事を正しく行う」という「how」の視点だったと言ってよいと思います。しかし経営戦略論の台頭以降、「正しいことを行う」という「what」の視点、すなわち、そもそもいかなる事業を行うのか、事業の一連のプロセスの中でどこを押さえるか、というようなことが、企業の成長や発展に大きな影響を及ぼすとして注目されたのです。

2　経営戦略策定のための基本的な理論枠組みとツール

(1)　戦略的経営（SWOT）——敵を知り、己を知る

戦略そのものは、国家レベルや軍隊ではずいぶん古い歴史を持っています。その知恵は

軍事用物資生産などを通して企業にも徐々に影響をもたらしてきたようですが、経営戦略という言葉が作られ、戦略が経営学の概念と見なされるようになったのは、一九六〇年代に入ってからのことです（Ghemawat, 2001）。

この節では、経営戦略を策定するための基本的な概念フレームやツールを概観したいと思います。もちろん、詳しい解説をすることはこの本の主旨ではありませんので、より深く知りたい方は専門書を読んでください。

チャンドラーとアンゾフについてはすでに解説しましたが、一九六〇年代に研究者の世界にも実業の世界にも経営戦略が普及するきっかけの一つになったのは、ハーバード大学のアンドリュースらが考案した「ＳＷＯＴ」と呼ばれる経営戦略のフレームワークです。「彼（敵）を知り己を知れば百戦殆うからず」の展開ともいえる戦略策定の枠組みと言ってよいでしょう。

ＳＷＯＴとは、Strengths（強み）、Weakness（弱み）、Opportunities（機会）、Threats（脅威）の頭文字をとった名称です。自社の強み・弱みと外部環境の機会（チャンス）・脅威の組み合わせを考慮して、市場と製品・サービスのセットである事業を選択することが戦略を策定するということを示したものです。ここで価値ある戦略は、自社の強みが外部環境に適合しているかどうかで決まります。

実務上または研修などで、自社や自部門のＳＷＯＴ分析を行ったことのある人は少なくないと思います。まず、SWOTのそれぞれのセルにたくさんの項目が並びます。経験した人にはわかってもらえると思いますが、自社の強み・弱みは何か、外部環境上の機会と脅威はどれがどの程度重要で、どのくらいの時間で変化するかなど、シンプルなフレームとは裏腹に、大変やっかいな、堂々めぐりのような議論が生じます。

自社の強み・弱みや外部環境の特性とその変化についての本質を見極めるような難しい議論をきちんとしなければ、とくに大企業におけるSWOT分析は現状の強みを過度に強調する現状肯定型のあまり「跳ばない」戦略計画に落ち着いてしまうか、環境上のチャンスにのみ注目し、自社の強みをしっかり把握しないまま無謀な計画になってしまう傾向が強いようです。

後者に関しては、私の所属する東京理科大MOTの伊丹敬之教授は、「できること」と「他社より上手にできること」は違うと、企業人学生へ注意を繰り返しています。

前述したような難しさはあるものの、SWOTの貢献は、戦略における「企業内部の能力や資源」と「外部環境の特性や競争」の関わりを正しく理解する概略図を見事に示したことです。事実米国では、SWOTが登場して以降、実務界でもビジネススクールでも経営戦略の普及が一気に進んだようです。

SWOTをもとにアンドリュースらは、戦略を経営の根幹に据える「戦略的経営」を展開します。戦略的経営とは、企業の究極的な目的を達成するため、SWOTを代表とする

図6−1　戦略策定のための基本的な理論枠組みとツール

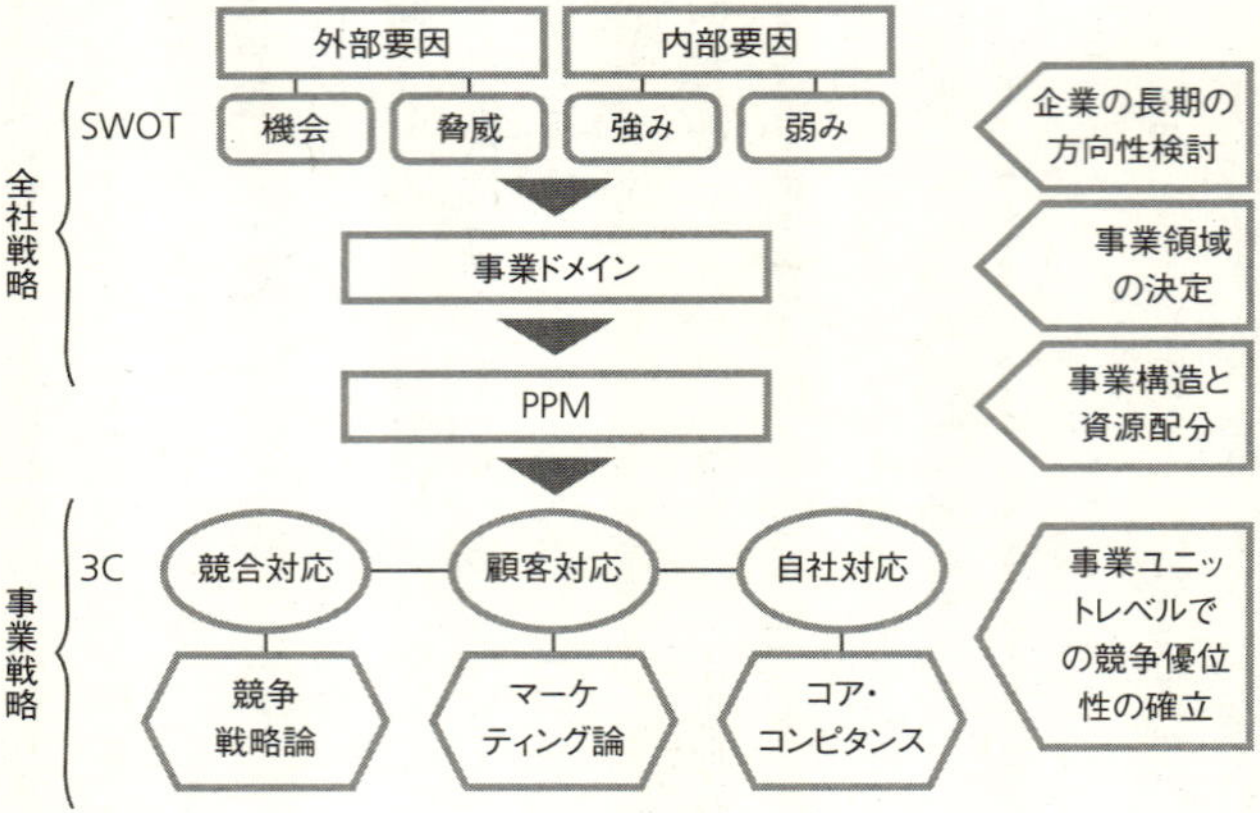

ような企業の内外要因の分析をもとに戦略を策定し、その戦略が効果的かつ効率的に達成できる組織を作るなどの枠組みを作り出して戦略を実行し、その結果を次の戦略策定のためにフィードバックする、すなわち戦略を根幹に据える経営のあり方です。

次節では、一九六〇年代から九〇年代に開発された経営戦略の主要な概念を解説していきます。経営戦略がこれだけ日々進歩しているのにずいぶん古い話をするように感じる人も多いでしょうが、基本的な考え方はほとんどがこの時期に生み出されたと考えて間違いないと思います。

経営戦略に限らず、魅力的な基礎概念が打ち出されてから二、三〇年の間に、厳密な科学的証明は遅れるとしても、人間は考えられることは考え尽くすようで、最新の経営戦略の概念やツールを見ても、全く新規のものにはほとんど出合えていないように感じます。したがって、最先端の経営戦略論の本を読んだときに、「ああ、あの概念の改訂版だな」とか「発展版だな」とか想起してもらえるような基本概念を簡単に紹介していきます。この節の冒頭でも書きましたが、詳しく知りたい方は経営戦略専門の本を紐解いてください。

(2)　戦略ドメイン——我が社は何者か

SWOTの普及に伴って、広範囲に事業を拡大しコングロマリット化の進んでいた多くの米国企業にとって、収益性と成長性を見込める事業構造への転換は喫緊の経営課題の一つになりました。環境と環境変化のトレンドと自社の強みを組み合わせて自社が取り組むべき事業（市場と製品・サービス）を検討し選択することが求められたのです。具体的には、とくに自社の強みを活かすことが経営陣への示唆を持つことになりました。

その中でレビット[*18]は、自社の強みを認識しそれを活用することの重要性とともに危険性を訴え、「戦略ドメイン（事業の生存領域）」という概念を提起しました。戦略ドメインと

＊18　T・レビット：ハーバード・ビジネススクール名誉教授のマーケティング学者。一九六〇年に『ハーバード・ビジネス・レビュー』に発表した「マーケティング近視眼」が有名です。

は「我が社の事業は何か」「世界や社会においていかなる組織的使命を達成したいか」についての言明です。言い換えれば、現在そしてこれから企業が資源展開していく環境の関連範囲を特定した言葉や文章や図のことです。

注意しておくべきことは、ドメインは将来を含めた活動の範囲であって、現在行っている事業範囲を述べるだけのものではないということです。

長々書いてもわかりにくいと思いますので、日本企業の例をあげますと、かつて日本電気は「C&C（Computer and Communication）」というドメインを発表しました。これから日本電気は情報処理と通信を融合した領域に事業を特化していきますという決意表明です。ソニーの出井伸之氏は社長就任時に「我が社のドメインは『デジタル・ドリーム・キッズ』です」と発表しました。その後ソニーは、プレイステーションやＶＡＩＯなどのファッショナブルなＰＣやデジタル・ウォークマン、さらにはそれらを支える半導体技術に大きな投資を行ってきました。

類似した概念に「ＣＩ（Corporate Identity）」がありますが、ドメインが経営戦略上のツールなのに対して、ＣＩは経営組織論から生まれた概念です。後者は「我が社はどんな会社か」ということをボトムアップで積み上げていくもので、たくさんの部署や職種の異なる人たちが相互作用するプロセスの中から組織を活性化することを目的とするものです。これに対してドメインは基本的にはトップダウンで決定されるもので、それによってヒト・モノ・カネという経営資源が動かされる、戦略経営上の憲法のようなものです。ドメインの議論が沸き起こったのは、レビットの「マーケティング近視眼」という論文がきっかけでした。

簡単に紹介すると、この論文は、かつて世界の富を集めた米国の鉄道会社がなぜ凡庸な会社になってしまったのかという問題を取り上げます。鉄道会社の衰退はモータリゼーションによるものだと多くの人が疑いを持っていなかったのですが、レビットは鉄道産業の衰退はモータリゼーションによるものだろうが、鉄道会社が鉄道産業とともに衰退していった理由にはならないというのです。確かに自分でトラックや航空の事業へ進出すればよかったわけです。

しかし実際は、不振の鉄道事業に対して、湯水のごとく多額の投資を続けました。その結果として今日、かつての栄光に満ちた会社から普通の会社になってしまったのです。

ではなぜ鉄道事業への投資を続けたのか。レビットは、鉄道会社が自分たちの事業を「鉄道」という狭いモノに限定してしまったからだと分析しました。経営者から従業員に至るまで我が社は鉄道会社だと思っており、鉄道というモノに対する強い愛着を持ってしまったため、鉄道以外の領域への展開が行われなかったのです。

レビットは、ＳＷＯＴが主張するような環境上のチャンスと自社の強みを活かす経営に潜む危険性を達観していました。既存事業領域は人の目を曇らせるとでも表現できるでしようか、現在の強みにこだわる組織の習性が企業の将来の成長性の障害になるというわけです。

レビットは、こうした戦略の罠から抜け出すために、ドメインをモノで規定するのではなく、そのモノによっていかなる社会的役割を果たしているのかという機能からの定義の方が好ましいと主張しました。先の例では、「鉄道」ではなく「輸送」とすべきだったというのです。米国の東西の輸送量は基本的に右肩上がりを今日も続けているわけですから、輸送という機能を果たす様々な事業展開が行えたはずだというのです。

その後、「良いドメイン」についての議論が世界中に巻き起こりました。その中で、発展性についての洞察が含まれるようにしようとか、ドメイン変更の際には打ち出したドメインがどのようにステークホルダーに解釈されるかについてよくよく注意しましょうとか、いくつかの注意点がまとめられていますが、残念ながらかなり曖昧なチェックポイントが提示されているだけです。

輸送という定義が本当に良かったのかどうかは別として、皆さんの会社のドメインはいかがでしょうか。まずは、きちんと定義されていて、きちんと守られているでしょうか。あるいはレビットが警告したような罠に陥っていないでしょうか。

ドメインは企業の長期的な発展や衰退に大きな影響をもたらします。ドメインは、一見合理的な戦略の論理ときれいごとではすまない組織や人の感情をつなぐ新しい視点をもたらしました。読者の皆さんには、ぜひ自分の会社のドメインを振り返ってみて欲しいと思います。

(3) 経験曲線効果——将来コストが予測可能に

ＳＷＯＴもドメインのツールも非常に定性的で、結局は策定者の主観に頼るような手法でした。しかし一九六〇年代の米国では事業の多角化や技術的な進歩によって経営環境の不確実さの度合いが急増し、ＳＷＯＴのような最後は直観に頼るような大まかな絵のようなものではなく、論理的で洗練された戦略的手法が求められるようになりました。精巧な策定手法の構築においては、大学や研究者ではなく、コンサルタントたちが活躍することになります。

日本が産業をあげて工場における品質管理運動を展開していた一九六〇〜七〇年代、米国では経営戦略概念を突き詰めようとする戦略経営運動とも呼んでいいような産学あげての取り組みが行われました。そこで様々なデータが集められ分析されました。企業の状態や行動と市場や外部環境の特性との間の戦略的に意味のある関係性を見出そうとしたのです。こうした動きの中で、定量的な分析手法を適用して経営戦略の分野をリードしたのが、ボストン・コンサルティング・グループ（ＢＣＧ）です。

ＢＣＧは、一九六〇年代半ばに経験曲線（experience curve）概念を発表しました。

図6－2　経験曲線効果

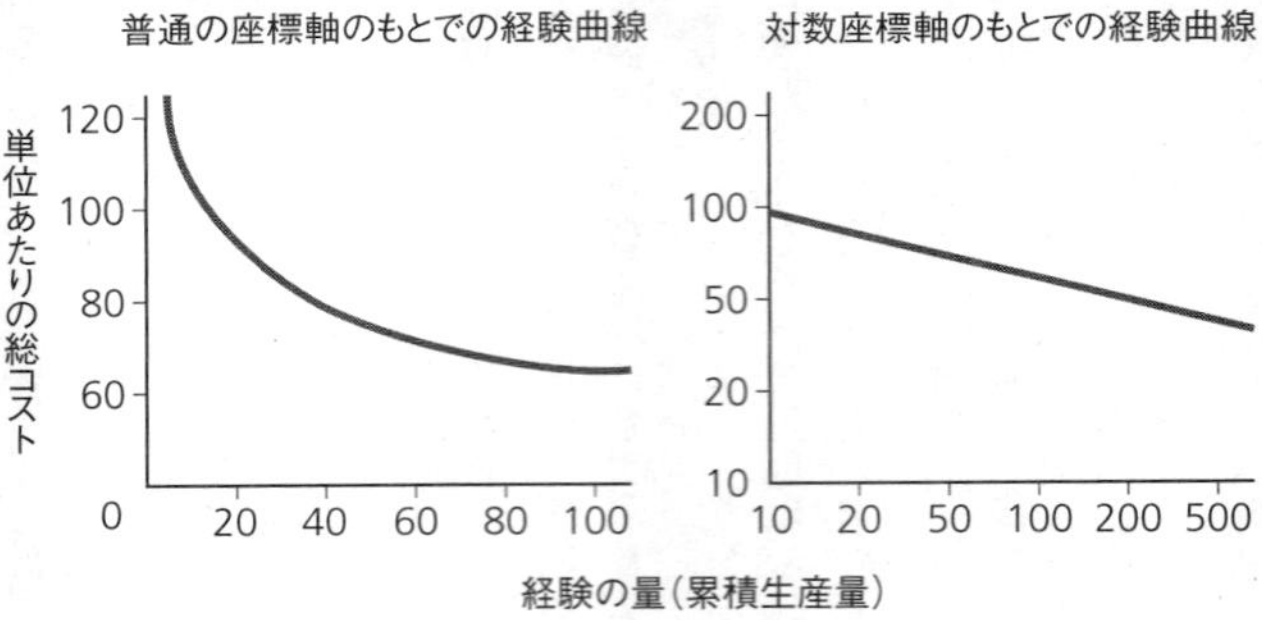

経験曲線とは、累積生産量が増加するにつれて、製品の単位あたり総コストが逓減していく現象を指します。経験曲線効果は多くの製品やサービスで見出されました。おおよそ累積生産量が二倍になるごとに一〇から三〇％程度低下すると言われています。一定の比率で低下していきますから、対数グラフで表すと一直線で落ちていくことになります。

もちろん日常生活においても経験を積むことで物事を要領よくできるようになる「学習効果」は知られています。しかし、経験の量を累積生産量で表し、生産だけでなく管理費などを含めたトータルなコストが一定の比率で低下することが、発見されたのです。

これは画期的な事実でした。経営者の勘や直観に頼っていた経営戦略に未来を予測可能な論理的思考を行うための礎ができたのです。

似たような概念に「規模の経済」がありますが、

その違いを端的に言い表すと、「一個作ったときより一〇〇個作ったときの方が一個あたりのコストが節約される分」が規模の経済で、「一番目に作ったものより一〇〇番目に作ったものの方が一個あたりのコストが節約される分」が経験曲線効果です。

規模の経済の主要な源泉は一個作ろうが一〇〇個作ろうが同じように発生する固定費の節約分ですので、規模の経済の論理だけでは、突然参入してきた相手が自分より大金持ちでより大きな工場を建ててしまうとコスト面での優位性が消滅してしまいます。

しかし経験曲線効果は累積の生産量が意味を持ちますから、長期的な企業の競争優位性の源泉という戦略的な意味を大きく持っています。

何よりも経験曲線効果の発見は、将来のコスト予測を可能にしたという点で、経営戦略論を科学にしたとも言えます。事業開始早期の製品コストの傾きがわかれば、将来のコストを予測することができるからです。ある程度確実な未来を思い描けることをもたらしたのです。

(4)　PPM――事業を止める決断の指針

経験曲線効果の発見に続き、BCGは、定量的なデータの分析からPPM（Product Portfolio Management）という全社的な事業構造と事業観の資源配分に関して大まかな指針を導き出す手法を開発しました。膨大な企業データ分析から、資金流出は市場成長

図6−3　PPMの例

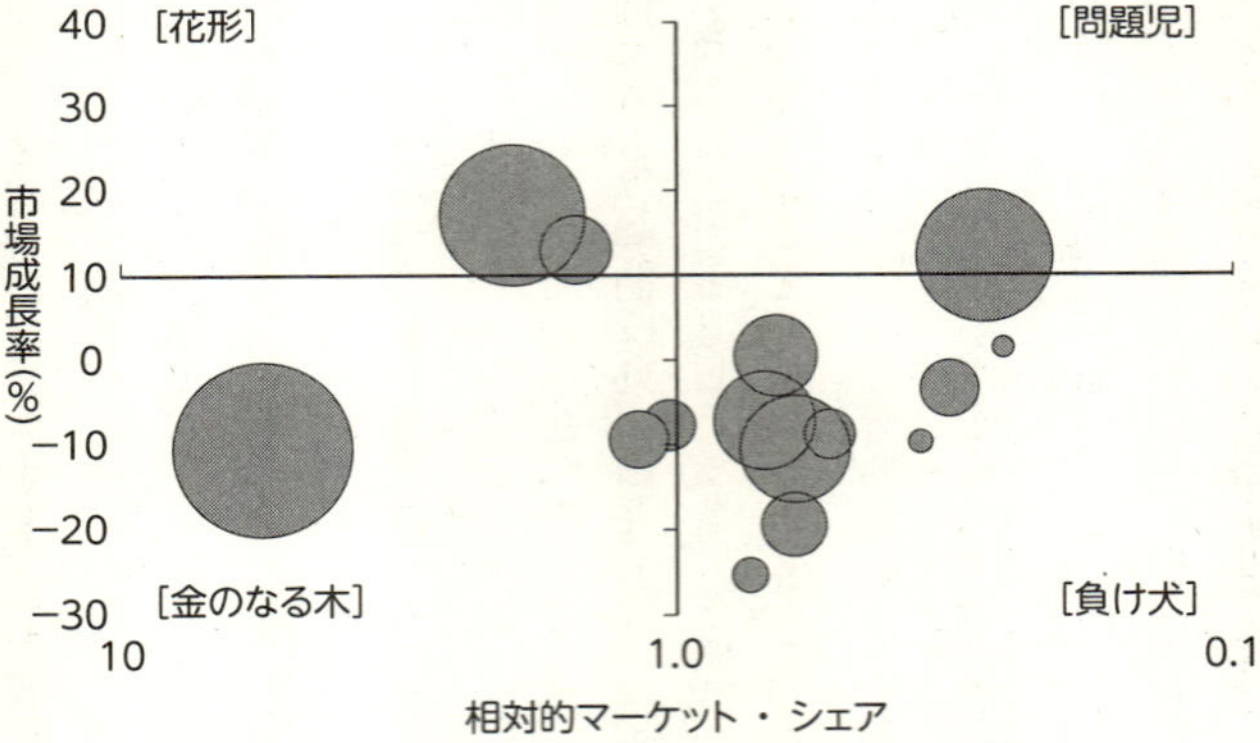

率、資金流入は市場占有率と正の関係を持つことが発見されました。

簡単に言えば、市場成長率が高ければ投資が必要なわけで、お金が出ていくことになります。逆に、市場占有率が高ければ経験曲線効果によってお金がたくさん入ってくることになります。この二つを組み合わせれば、収益と成長を両立できる事業構造を実現できるというわけです。

具体的には、市場成長率を縦軸、相対的マーケット・シェアを横軸とした図の上に、各事業(Strategic Business Unit：SBU)を位置づけて、各事業の売上規模の比率を円の面積で表します。この相対的マーケット・シェアとは、自社の市場シェアを最大の競争相手のシェアで割ったものになります。さらに縦横それぞれに区切りの線を書き込みます。通常は、この区切りの値は相対的マーケット・シェアが一・〇

（トップシェアの事業は一・〇以上になる）、成長率は所属する業界の平均である場合が多いようですが、総合商社などではGDP成長率であったりします。

こうして作られる四象限のマトリクスにより、①問題児（新規事業など育成段階の事業）、②花形（キャッシュのインもアウトも激しい注目される事業）、③金のなる木（キャッシュの源の事業）、④負け犬（キャッシュのインもアウトも小さい事業）という四つの事業群に分かれます。

また、製品や事業は永遠に続くわけではなく、いずれ人間の一生のように誕生、成長、成熟、衰退期を経るということが経験的に知られています。これを製品ライフサイクル（Product Life Cycle：PLC）といいますが、この経験的法則からは成長率は低下する傾向にあるはずですから、金のなる木は勝ちで決まった事業、負け犬は負けで決まった事業と言うこともできます。

この図をもとに「金のなる木」で得た利益や、負け犬やシェア拡大の見込めない問題児の売却益を、有望な問題児や花形に投入し、将来の花形や金のなる木に育成していくことが、PPMから導出される基本的な戦略となります。今日の収益性と明日の成長性を両立できるというわけです。

もちろんPPMも万能ではなく欠点も指摘されています。たとえば、事業間のシナジー効果を無視している、負け犬に配置された事業のメンバーのやる気を下げてしまう、たとえメンバーが意気消沈していなくても社内周囲の協力が得られなくなって本当の負け犬になってしまう、などです。これらの欠点は裏返せば、キャッシュフローという観点以外は無視している、言い訳のできない「切れすぎる刀」であることに帰着する気がします。

こうした欠点がありつつもPPMの最大の特長は、「事業を止める」というような大事だけれども後ろ向きのつらい意思決定のための「大まかな指針」を、非常に簡単なデータから表せてしまうことだと思います。

適正な資源配分は、市場成長率とマーケット・シェアの二次元で概念化できるのですから、ちょっと営業に電話してデータを教えてもらえば、誰でも簡単にPPMのマトリックスを作成できますし、それを見れば誰でも大まかな指針を導き出せます。文科系の大学一年生に、聞いたこともない化合物名が並ぶ化学メーカーのPPMを見せても、学生は堂々とその会社の全社戦略を批評します。つまりその事業の市場や技術に関する知識がない人でも、PPMを見ればその会社の資源配分の方向性について何かを言うことができます。

しかし日本では、PPMのようなポートフォリオ経営を前面に押し出している企業は少ないように思います。PPMを作成していないのではありません。部外秘などの判を押されて経営企画室の棚にしまわれているのではないでしょうか。

切れすぎる刀を恐れたのかもしれませんが、一人ひとりがPCとネットワークを自由に操る時代です。PPMが示すのはあくまで大まかな指針であることを認識して、万機公論に徹することが必要だと思います。

(5)　3C——事業戦略の基本

ＰＰＭを代表とするようなポートフォリオ経営を軸とする全社戦略は、米国を中心に多くの企業で取り入れられました。しかしそのことは逆に、個々の事業単位の収益性や成長性に対する経営者の注目を集める結果になりました。またマーケット・シェアを重視する考え方は、個々の事業において競合相手との競争に打ち勝つことへの関心を集めました。

こうした流れの中で経営戦略は、社長や取締役など会社のトップマネジメントのマターから、個々の事業の技術や競争の状況に詳しい事業部長などの事業単位の責任者のレベルにまで拡大・浸透していくことになります。

経営戦略論の枠組みからすれば、本社で策定される全社戦略から、事業単位で策定される事業（競争）戦略へと関心が移ってきたということです。

全社戦略と事業（競争）戦略について、少し違う側面から説明してみましょう。

しばしば企業倒産のニュースが紙面を賑わします。新聞に載るぐらいですと隆盛を誇った大企業の場合でしょうが、最近できたばかりの近所のお店がいつの間にかなくなっているような場合もあるでしょう。

特殊なケースも多数あることは推測できますが、一般的に企業はどのような理由から倒産してしまうのでしょうか。最終的には資金繰りに行き詰まってしまうのでしょうが、根本は自社の提供する製品・サービスが売れなくなったからでしょう。

おそらく倒産の最多の原因は、不祥事や放漫経営など経営者の怠慢によるものだと思います。しかしこれは経営戦略論以前の経営の基本の問題です。経営戦略が相手にするのは、経営者が人並みには頑張っているのに企業が提供する製品・サービスが売れずに倒産してしまう場合です。

これには大きく二つの理由が考えられます。

一つは、市場や産業の成熟化です。自社の提供する製品・サービスを社会や市場がもはや必要としなくなったときに、企業は、というより産業ごとなくなってしまいます。市場や産業の成熟化とともに企業が滅びることのないように、企業は単一事業に依存することなく多角化する必要があるでしょう。また、タイムリーに自社の事業構造の再構築に取り組まなければなりません。これは企業全体の事業構造の問題ですから、この節で述べてきたSWOTやドメイン、PPMなどの全社戦略の課題になります。

企業が倒産するもう一つの理由は、競争に負けたときです。自分としては一生懸命経営したつもりでも、自分より賢くてお金持ちの事業者が参入してきて、より高性能でより低価格の製品・サービスを提供されてしまえば、自社の製品・サービスは売れなくなってしまいます。

市場でライバル企業と競争しているのは、全社というより個々の事業ユニットです。個々の事業ユニットレベルで策定される戦略を事業戦略と言いますが、要は競争に負けて企業や事業部がつぶされないようにするにはどうすればよいのかということに関する論理群です。競争優位性の確立が、事業戦略のテーマになります。

事業戦略における最も基本的な理論フレームが、３Ｃと呼ばれる手法です。３Ｃとは、Customer（顧客対応）、Competitor（競合対応）、Company（自社資源対応）を意味しており、戦略立案担当者はこれら三つの要素と関係性を考慮して戦略を考えましょうという示唆を持っています。具体的な戦略立案において３Ｃ分析は、市場と競合の分析によって、その事業分野でのＫＳＦ（Key Success Factors：成功要因）を見出します。ＫＳＦの点から自社資源の分析を行い、足りないところを補強するなどの戦略を考案していきます。

簡単に言えば、戦略を考えるには、顧客のこと、競合相手のこと、自社資源のことをきちんと考えなさいということです。あまりにも当たり前のことでつまらなく感じる人もいるでしょうが、ＳＷＯＴ同様に、戦略の基本である「彼（敵）を知り己を知れば百戦殆からず」という『孫子』の実践的展開と考えられます。というのも、自社の事業であれライバル会社の商品であれ、ある事業の成功要因を分析しようとする際に、人間はつい自分の関心の高い現象や側面に注意（attention）を向けすぎてしまう傾向があるからです。

たとえば、大学生に「なぜこの商品は成功（ヒット）したのか」という問いを与えると、

3Cを知らない多くの学生は、その商品がいかに顧客に喜ばれる良い製品だったかということばかり分析してきます。これでは不十分で、本当のリアリティをつかんだとは言えませんし、そうした分析から導出される戦略は間違えたものになる危険性が高いでしょう。

事業戦略において、正しく現実（reality）を捉えるための最も基本的な「メガネ」が3Cと言えるでしょう。では、3Cが提示する、顧客対応、競合対応、自社資源対応という三つの戦略的要因に分けて、基本的なツールや考え方を次項より説明していきます。

(6) 顧客への対応

顧客対応のテーマを簡単に言い換えれば、顧客が喜んで購入してくれるような製品・サービスをいかに提供するかということになるでしょう。この問題に古くから取り組んできた学問分野が、マーケティング論です。

マーケティング論の分野には、コトラーという学者の書いた世界的なテキストが存在します。コトラーによると、マーケティングとは「価値を創造し、提供し、他の人々と交換することを通じて、個人や集団が必要とし、欲求するものを満たす社会的、経営的過程」とされています。マーケティングについて詳しく知りたい方は、彼の『マーケティング・マネジメント』という本を読んでください。ただし、広辞苑ぐらいの厚さがありますので、何人かで集まって定期的に読書会を開くといいかもしれません。

図6—4　マーケティング・プロセス

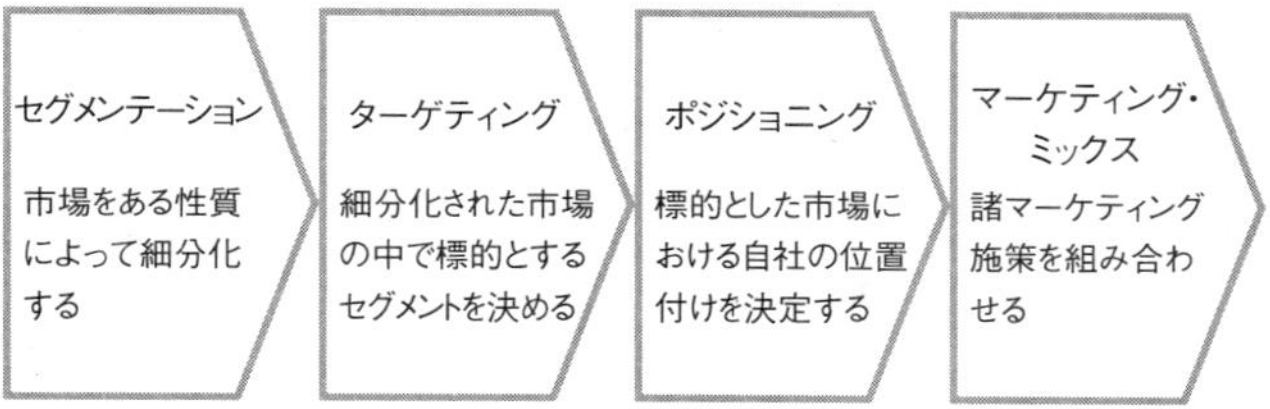
セグメンテーション
市場をある性質によって細分化する
ターゲティング
細分化された市場の中で標的とするセグメントを決める
ポジショニング
標的とした市場における自社の位置付けを決定する
マーケティング・ミックス
諸マーケティング施策を組み合わせる

近接する消費者行動論も含め、膨大な体系的知識が蓄積された分野ですから、ここでそれを説明する紙面的余裕も私の能力もありません。

そこで、マーケティングの基本中の基本の実践的フレームである「ＳＴＰ（セグメンテーション、ターゲティング、ポジショニング）→マーケティング・ミックス」をごく簡単にまとめた図を載せましたので、参考にしてください。

経営学者を営んでいると、しばしば企業の新規事業企画のようなアクションラーニングの場に立ち会うことがあります。そこでの経験から感じていることは（ＳＴＰに限った話ではありませんが）、こういったフレームにおいてとくに大事なのが、スタートのステップだということです。

たまにその後成功した新規事業を振り返ると、人任せにしないきちんと努力した市場・顧客調査をもとにしたセグメンテーション、あるいは既存事業の再セグメンテーションをしっかり行うことが成功への第一歩だと感じています。

今日マーケティングに関する知識は営業系ビジネスマンの

常識とも言えるもので、マーケティング論は多くの大学で開講される科目の一つです。しかし、商学部や経営学科を卒業された方ならおわかりになるでしょうが、コースや専攻としては経営学とは別に設置されていることが多いと思います。マーケティング論は、その出自として経営学とは異なる理論的前提（パラダイム）を持つ学問です。

冒頭の章で紹介したとおり、限定された合理性しか持ち得ない人間が集まった組織そのものや企業組織の中の人間行動を分析するのが経営学です。それに対して、企業や組織が登場するはるか以前、貨幣どころか共通する言語もなかった時代から、人間には「モノとモノ」を交換し合うという人類のみが持つ性質がありました。こうした人間の交換を分析単位とする学問を商学と言う場合もあります。マーケティング論は、現代における商学の理論的・実践的な発展版と言うことができます。

この考え方からすれば、マーケティングとは、心底からはわかり合えない（歴史的には言葉も通じない）二人以上の主体が価値（商品）の交換を通じて、互いの便益・利益を高め合う社会現象を意図的に促進する過程や方法を指すものでしょう。

コトラーの現代的な定義でも商学としてのマーケティングという見方からも、マーケティングの中心的な概念は、人類だけが行う行為である「交換」です。

現代の経済システムについて、文化人類学からのユニークなアプローチを行っている中沢新一教授によると、わたしたちの経済活動には、人と人とのやりとりには、「交換」と

「贈与」があるといいます。ここで「交換」とは、与えたものと同等の見返りを伴うやりとりです。スーパーでお金を払ってシャンプーを買うのは交換です。また「贈与」とは、即時的かつ短期的ではない長期的な意味での見返りを求めるやりとりです。たとえば、お歳暮やクリスマスプレゼントを思い浮かべるとわかりやすいと思いますが、贈与は人と人との人格の結びつきを目的とするやりとりです。

マーケティング論の適用領域も、交換を基礎としながらも人間の結びつき（関係性）を重視するような実践分野に拡大されてきています。

たとえば、産業財マーケティング（B2Bマーケティング）など、長期的な貸し借りをもとにした関係性重視の取引分野にも応用させてきていますし、一般消費者と企業との長期的な関係性を重視する関係性マーケティングも普及しています。また、短期的な販促企画よりも、恒常的に消費者の声が届き、製品・サービス開発に活かしていけるようなビジネスシステムの構築も大事なテーマになっています。

(7)　競争への対応

私の卒業した高校では、部活動や何らかのコンクールで県内三位以内に入れれば、卒業式のときに校長先生から特別なメダルをもらえるという制度がありました。もしこのメダルをどうしても欲しいと思ったとしたら、どうすればよいでしょうか。

おそらく大まかな方針としては「自分の得意分野を選択し、人一倍努力する」が常識的でしょうが、たとえば野球部に入って努力してもそうは簡単に県内三位に入ることはできません。もう一つの手は「誰もやっていない分野（競技）を選択する」というものです。たとえば県内の数校でしか行われていない非常にマニアックな競技を選べば、一つでも勝てば三位に入ることができて卒業式でメダルがもらえるわけです。

前者の「自分の得意技を磨く」を次項で述べるコンピタンス系の戦略だとすると、後者の方針がここで取りあげる競争戦略のエッセンスです。

つまり、競争対応のエッセンスを一言で表せば、競争しないことです。人間は知性を持った存在ですから、基本的には自分の考えていることは相手も考えているはずです。漫画やテレビドラマでもない限り、相手を屈服させたり、強い相手に逆転勝ちしたりすることは、企業間競争で頻繁に見られる現象ではありません。

したがって、あまり激しい競争の行われていない業界や事業を選択することが、競争戦略の第一歩と言えるでしょう。激烈な競争が生じそうにない業界を見出したり、自分の所属する業界の競争状況を分析したりする基本的な手法が、ポーターの打ち出した「5フォース」という分析フレームです。

ポーターは産業組織論という経済学の研究者です。産業組織論とは、いわば公正取引委員会がバックグラウンドにしている、独占やカルテルなどの産業構造が企業の自由競争を

図6−5　ポーターの5フォース

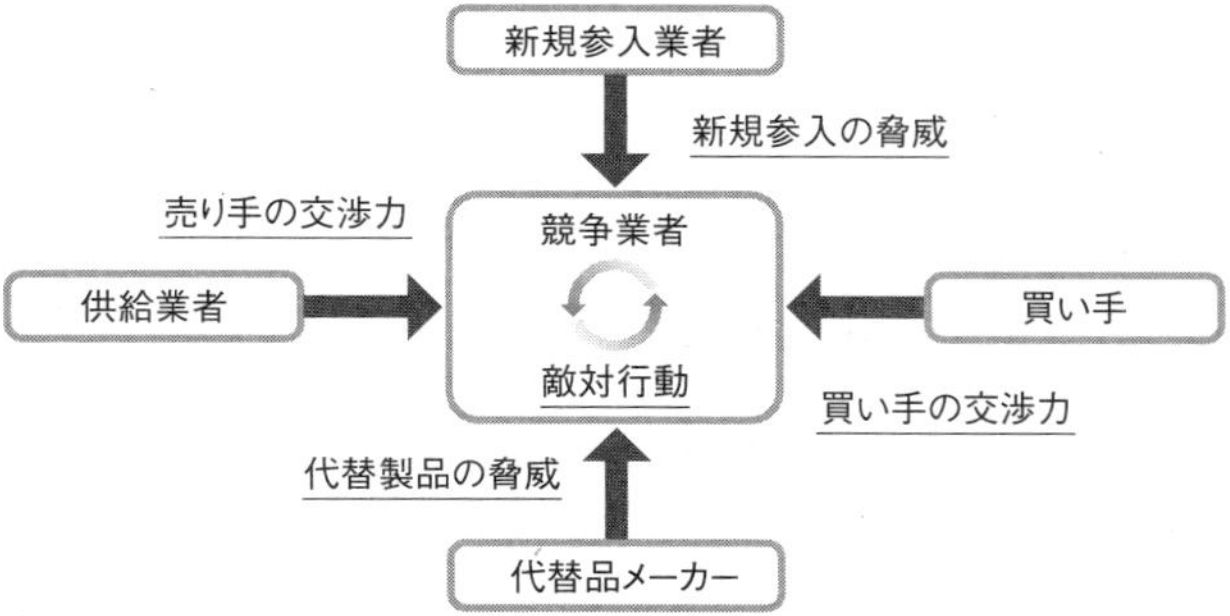

（出所）　次の図を一部修正、ポーター『競争の戦略』(土岐ほか訳)ダイヤモンド社、1982年、18ページ、図表1-1

阻害し社会的厚生を損失させるとするパラダイムを持った学問領域です。理論的には、無数の企業と潜在的参入業者が同じような製品を価格というシグナルだけで競争する完全競争が価格が最も下がり社会的に望ましいとされていますが、ポーターはこの考えを企業の立場から一八〇度回転させました。それが「5フォース」です。

産業を付加価値の奪い合いの場と見るとき、競争相手は競合企業ばかりではありません。潜在的な新規参入業者や代替品メーカーはもちろんのこと、顧客でさえ競争相手です。ポーターのあげる五つの力を分析すれば、競争状況から判断される当該業界の潜在的収益性が把握できます。

ここから得られる示唆としては、そもそも儲かりそうな業界を選びましょう、ということになりますが、既存事業の競争状況を分析すれば、どこを改変することができれば儲けることが可能かを知る手掛かりも与えてくれます。

いい業界を選択したら、次のポーター戦略論のエッセンスは「二兎を追う者は一兎をも得ず」です。つまり、そこでの包括的戦略を一つ選びましょうということです。包括的戦略には三つの基本戦略があります。一つは最大シェアから得られる経験曲線効果を利用した「コスト・リーダーシップ戦略」です。次は、コスト以外の何らかの要因を武器に戦う「差別化戦略」です。三つ目は「集中戦略」です。これは市場や顧客の一部を狙って製品・サービスを提供する戦略で、小さな市場での独占利潤獲得を目指す戦わない戦略です。

この三つの中で、ほとんどの企業の事業における競争戦略上のテーマは、差別化の実現だと思います。コスト・リーダーシップ戦略は基本的には最大シェアをとっている事業にのみ適用可能ですし、集中戦略は社内ベンチャーなどで探求されているのでしょうが、既存事業には適用が困難な戦略です。

したがって、差別化戦略が多くの事業単位で追求されるのですが、しかし差別化戦略の中身はそれほど体系化されていません。製品の差別化とビジネスシステムの差別化などの大まかな分類はあるものの、差異を生み出す戦略ですから、どこを差別化するかといった対象領域も多種多様で、どこまで追い求めるかも際限がなく、差別化戦略は戦略というよりは「心がけ」のような印象さえ受けます。

ただ、ここで主張したいのは、作り手側が差別化させたと思っている要因が、顧客にとっても明らかに認識できる要因であるか否かという点が大事だということです。

しばしば、消費者には何のことかわからない、技術者よがりとしか思えないような新製品コマーシャルを見かけます。作り手にとってのそれを実現するにあたって苦労した度合いと、顧客が差別化された要因の価値を認める度合いはほとんど関係のない別の問題だということを、事業担当者はしっかりと認識しておく必要があるのです。

(8) 自社資源への対応——コア・コンピタンスの戦略論

ポーターの競争戦略論が競争しない戦略的なポジショニングを基軸とするものだとすると、その反対に位置するもう一方は、良いポジションよりも他社に秀でた自分の能力を基軸とする戦略論です。

自分の強みや独自の能力（distinctive competence）を中心に戦略を策定する考え方は、ＳＷＯＴが提示されて以降の大きなテーマでした。資源ベースの戦略論（ＲＢＶ）などの理論的な進歩はあったものの、何をもって強みとするかという意味で特定が難しい上にそれに固執することが悪影響をもたらすという指摘もあり、しばらく戦略の実践家の関心は競争戦略に偏っていたように思われます。

しかし企業の強みへの注目を再浮上させたのは、一九七〇－八〇年代に快進撃を続けた日本企業への関心でした。具体的には「コア・コンピタンス戦略論」という新しい戦略論の枠組みと概念を浮かび上がらせることになったと言っていいでしょう。この時期の日本企業は、競争を避けてうまいポジションを獲得することで成功したわけではなく、むしろ競争が激しかったり、一般的には成熟化したと思われていたりするような事業分野で成功していったのです。

コア・コンピタンスを提唱したのは、プラハラッドとハメルという米国の経営学者です。彼らは、長期的な視点で自分の会社の能力を高め活用しようとする日本企業の事例を中心に、コア・コンピタンス概念を提唱しました。彼らに従って企業の構造を木にたとえると、葉や実が製品、枝が事業部、幹がコア製品、そして水分や栄養をそれらに供給して木を支える根の部分がコア・コンピタンスです。

コア・コンピタンスは有形の製品やサービス、事業部ではなく、無形の能力や知識です。企業の持続的な競争優位は最終製品にあるのではなく、コア・コンピンタンスの確立によって決められるのです。すなわち、競争の基本は、目に見える、木の果実にあたる製品・サービスではなく、目に見えないコンピタンスをめぐるものということになります。

具体的にコア・コンピタンスの戦略を実践しようとすると、①会社で成功している（長年そこそこ高い利益を出している）事業や製品・サービスをピックアップする、②それらの事業や製品・サービスに共通する部品やプロセス（コア・コンポーネント）を特定する、③コア・コンポーネントを生み出す技術やスキル、ノウハウ、すなわちコンピタンスを抽出する、④それがコア・コンピタンス（他から模倣、複製、代替されにくい自社特有の資源や能力）かどうか確認する、⑤コア・コンピタンスの強化や活用を基本とする戦略を考案する、ということになります。

いくつかの企業のコア・コンピタンス分析をお手伝いした経験からすると、③の企業の競争力の源泉としての基盤となる能力コンピタンスを抽出するところまでは比較的スムーズに進むように感じます。しかし問題は、④のコア・コンピタンスの特定段階です。

コア・コンピタンスは、当該企業の持続的競争優位の源泉であり、他から模倣、複製、代替されにくいその企業特有の資源や能力でなければなりません。この条件をクリアしようとすると、コンピタンスはたくさん出たけれど、コア・コンピタンスは一個もないというようなケースが出てきます。

コア・コンピタンス分析の「コツ」の一つは、そこそこ長い間収益をあげられてきた企業だったら必ずコア・コンピタンスがあると信じて分析することだと思います。そのためには、コア・コンピタンスを単なる技術やスキルと捉えずに幅広く考える必要があります。

学習院大学の内野崇教授は、コア・コンピタンスは社内にあるとは限らないと言っています。馬具・馬車メーカーから大変身を遂げたブランド中のブランドと言われるエルメス社は、皮をなめしたりしっかり縫ったりする技術ではなく、欧州中の王侯貴族と取引があることを（今日で言う）コア・コンピタンスと捉えたことで成功したといわれています。

3　古典的戦略と経営戦略

(1)　なぜ使えない戦略が生まれるのか

ここまで、古典的戦略から経営戦略が生み出されてきた背景や戦略を策定する際の主要なツールのいくつかを紹介してきました。しかし、これを知って戦略を作ったからといって、即座にあなたの会社を成功へ導くものではありません。こうした戦略ツールを用いた合理的な戦略には、いくつかの批判的見解が出ています。

たとえば、自分が考えていることは、相手も考えているということです。同じ戦略フレームを用いれば、似通った戦略しか出てきません。市場の成長性を予測して参入戦略を作ったとしても、競合相手も同じことを考えているはずです。相手が経営戦略論や戦略策定ツールを全く知らないこともないわけではないでしょう。しかし、それはまれな例でしょう。実際には、各社の事業予測を加算すると、とんでもない数字になる場合も少なくありません。とくにこれから成長を見込めるような事業領域では、結局、激烈な競争になって参加プレイヤー全員が疲弊していくなんてこともあります。

また、戦略フレームのいくつかは、現在までの過去のデータから将来を予測することから作られます。極端に言うと、過去からの現在のトレンドが続くという想定が基底にあります。したがって、そこからは「跳ばない」戦略しか出てこないという批判もあります。マッキンゼー・アンド・カンパニーのグルックは、パッケージ化された戦略に過度に依存すると、既存の事業領域の強化策か、ちょっとした手直しした戦略しか策定されないと言っています。

さらに強い批判は、戦略を策定することと実行することの間に大きな隔たりがあるという指摘です。戦略の策定も、コストなしにできるものでありませんし、時間もかかります。策定に時間と費用をかけすぎて、実行しようと思ったら時機を逸していたなんてこともあるかもしれません。

しかし、根本的な構造的要因は、戦略策定の枠組みや策定するスキルが専門的になればなるほど、何人もの戦略策定のプロフェッショナルが本社の奥でコンピュータをがんがん使うようなことが多くなるということでしょう。

そうした人たちの策定した戦略がそれを実行する現場の事情や意向を軽視・無視した結果、とても実行できないような精緻な戦略が現業部門に振り下ろされるわけです。机上の議論から生まれた絵に描いた餅のような戦略では、現場を混乱させてしまうだけです。

では、戦略策定のためのツールは何のためにあるのでしょうか。有効な実行を導く戦略とはどのようなものでしょうか。私たちは、ここで本来の概念の内容や機能に立ち戻って、戦略を捉え直す必要がありそうです。

(2) 戦略の本質的特徴と戦略の源泉

この章の第1節で述べたように、一部の支配階級に限られていたとはいえ、戦略が有史以来語られてきたことは、英知を備えた人類特有の思考の特性が凝縮された概念の一つが戦略だからなのかもしれません。こうした観点で、優れた戦略ツールを開発したボストン・コンサルティング・グループ（BCG）の創設者であるヘンダーソンが書いた *Origins of Strategy*[*19] の内容を紹介しながら、戦略のエッセンスを考察してみましょう。

ヘンダーソンは、戦略的に行動することはそうでない場合とどのように違うのかという問いへの答えを探りながら、戦略の特質や戦略が生まれてくる源泉について語っています。

かつてロシアの生物学者であるガウゼは、競争関係から生まれる生態系に関する興味深い実験をしました。同じ分量の栄養分を入れた二つの容器の一方には同じ種の（すなわち、同じ生態系を持つ）二匹のアメーバを、他方には異なる種の（すなわち、異なった生態系を持つ）アメーバを一匹ずつ入れます。しばらくすると、前者のアメーバは一方が他方を殺すまで競争し合います。後者の二種類のアメーバはやがて共生し合うような関係（新しい生態系）を築き上げました。この実験から、同じ生態系を持つ二種類の生物は同じ場所で共生できないという「ガウゼの競争的排除則」を作りました。

この世に存在するあらゆる生物は、自分にとって必要な資源をめぐって他の生物と競争しながら生きています。同じ生態系を持つ種の間では、一方が他方を排除するような生存をめぐる厳しい競争が繰り広げられます。生態系の異なる種の間で共生し合う新しい生態系が生まれた場合には、それぞれが共存共栄できるわけです。生物界での進化を想定すれば理解しやすいと思いますが、生物の種の競争結果は、何世代にもわたる長い時間の中で決まります。世代を重ねて環境に最も適応した生物が生き残るわけです。

近年のダーウィン流の進化論においては、生物の生存は偶然（chance）と確率で説明されます。言い換えますと、偶然と確率の法則、すなわち成り行きによって、長い長い時間をかけて、他の生物には見られない自分自身の特徴に適合する資源の組み合わせを見出すことになるわけです。

しかし人間や組織は原始的な生物とは異なって、環境の流れや競合相手からの圧力に任せて受動的に対応していくだけの存在ではないはずです。ヘンダーソンはただ単に自然の成り行きに任せず、いわば自分自身で「道を切り開いていく」側面こそが「戦略」だと言います。こう考えると、多くの企業や人間は「戦略的に」行動していると考えてよいでし

＊19 B・D・ヘンダーソン：ボストン・コンサルティング・グループを創設し、多くの戦略ツールを生み出した経営学者、戦略コンサルタントです。主著は『経営戦略の核心』。

ょう。

もちろん私たちの行動や競争の中にも、自然界での成り行き任せの競争は存在します。しかし、自然界で起こっているような成り行き任せの競争と、人間社会で起こってきた戦略的な競争とは明らかに違うもののはずです。

まず、競争の結果（勝敗）が出るまでの時間が違います。自然界の生存競争に比べれば、人間の行う競争は非常に短時間で決着がつくと考えられます。さらに、一方が他方を排除するまで同じ資源をめぐる押し出し合いを続けることが正しいことだとは思っていません。できれば、他者との違いを明確化したり、変化させたりすることで、自分の強みを拡大しようとすることが競争行動の特徴になっています。

すなわち、インテリジェンスを持った人間社会においては、すべての競争の結果を偶然と確率の法則に任せているわけではありません。人間は、競争を成り行き任せにせずに、競争の効果と変化の割合を加速化するよう努力しています。

では、こうした戦略的行動を生じさせる源泉は何でしょうか。戦略を戦略たらしめているものは、人間の持つ想像力と論理的に理由付けを行う能力です。すなわち、想像(imagination)と論理(logic)が戦略の源泉です。

もう少しくだいて言いますと、人間の夢や思いから生じる「あるべき姿（構想）」と、物事を整理整頓して論理的に分析・思考する能力から策定される「シナリオ」の存在が、自然界での競争と人間界での戦略的競争を分けているのです。

こうした観点から戦略の基本プロセスを考えると、戦略とは「あるべき姿」と「現状（認識）」のギャップを埋めるべく「シナリオ」から構成される一連のプロセスであることがわかります。少なくとも、目標となる数値を作ることが戦略を作ることではありません。しかし現実には、多くの企業で数値目標を作ることが戦略とされてしまっているようです。

(3)　経営戦略の特質

国家運営や外交からスポーツ、そして企業経営に至るまでの戦略の全体像を、次ページの図6－6のようにまとめることができました。では、こうした一般的な戦略の中での経営戦略の特質は何でしょうか。たとえば、スポーツにおける戦略と経営戦略はいかなる違いがあるのでしょうか。漠然とした質問で答えにくいように思われますので、戦略の目的である「勝つこと」に注目してみましょう。つまり、スポーツでの勝ちと経営の勝ちの違いはどこにあるのでしょうか、ということです。

野球であれば、九回表裏の攻防を行った結果としての得点が多いチームの勝ちです。すなわち勝敗は得点という形で客観的に表されることになります。かつて横浜市立大学に勤務していた頃、野球部はしばしば横浜国立大学と試合をしていましたが、横浜国大五点、横浜市大三点であれば、誰がどう見ても横浜国大の勝ちです。帰って来た野球部員の学生

図6−6　経営戦略の特質

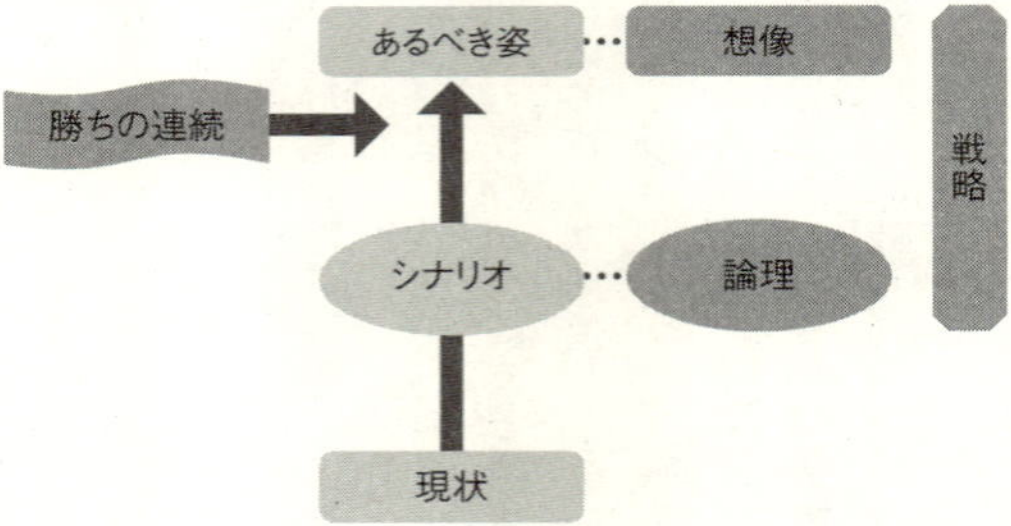

が「試合には負けたけど、勝負には勝ちました」などといくら言い訳（？）をしても、横浜国大の勝ちです。

でも、経営はどうでしょうか。スポーツと違って九回という規則上の区切りも、四五分といった時間的制限もはっきりしていませんし、そもそも一対一の競合相手が明確に存在しているわけではありません。

野球の得点のような一元的で客観的な数値もなければ、勝ちを規定するルールがあるわけでもありません。売り上げや市場占有率、利益（率）など様々な業績数値がある上に、「売り上げは上がったけど利益率は下がった」「シェアを五％上げたけどライバルは八％上げた」といった、判断する人によって、勝ったと言えば勝った、負けたと言えば負けた、というような状況が多々見受けられるわけです。

すなわち、「勝ちが客観的には与えられない」ということが経営戦略の一つの重要な特徴です。倒産などといった事態に追い込まれなければ、企業経営の勝ち負けは客観的に与えられませんし、他人が与えてもくれないのです。したがって、勝ったなら勝った、負けたなら負けたと、自分で決めるものなのです。

換言すれば、企業の戦略的競争とは、プレイヤー自身が自分の勝ち負けを決められる特殊なゲームと言うことができます。ですから、企業間競争にはスポーツと違って、引き分けではない「win-win」という結果があり得ます。

では、具体的に企業ではどのようなことが「勝ち」なのでしょうか。それは企業の構想する「あるべき姿」に一歩一歩近づいているという実感なのではないでしょうか。すなわち、目指すべき理想に近づいていると判断・実感されれば勝っているということでしょうし、まだ進めていないとか、逆に離れているとか感じるようでしたら、負けでしょう。そうした勝ち負けを経営者やリーダーが演出すべきものなのです。もちろん、理想的には、あるべき姿に一歩一歩近づいているという勝ちの連続こそが、従業員を元気づけ、組織を活性化することになるでしょう。

現実の企業経営を考えれば、「勝ち」は企業の経営者や事業部のリーダーによって、組織メンバーに対して演出されるべきものです。企業の経営者やリーダーが「勝った、負けた」の判断基準を明確にして従業員に共有させた上で、現状や直近の成果を効果的に従業員へ伝えなければなりません。

(4) あるべき姿の重要性と戦略策定の順序と経営戦略論の限界

「勝ちが客観的には与えられない」ということが経営戦略の一つの重要な特徴で、主観的な勝ちとはそれぞれの企業の持つあるべき姿に近づいているという実感であろうということを述べてきました。ここで、戦略の基本プロセスの図をもとに、経営戦略を考えるにあたって大事なポイントを三つほど取り上げたいと思います。

一つ目は、戦略にとって極めて重要な要素が、論理で構成される「戦略シナリオ」だけでなく、組織内に明確に示され組織メンバーに共有されている「あるべき姿」だということです。あるべき姿とは、多くの企業において企業理念や経営ビジョンと呼ばれるものを指すもので、これらがブレークダウンされて中長期の計画になっているはずです。

こうした「あるべき姿」を表された言葉や文章がなければ、従業員は勝ちを実感できません。市場占有率や売り上げの成長率など、何となく一般的な経営指標のいくつかを追い続けるだけでは、従業員は疲弊してしまいます。「これでいいのかな」「何のためにやっているのだろう」といった自分たちの行動に対する不安や疑問を持ったままでは、長い間頑張り続けることができません。また、会社の上層のマネジメントにそもそもの会社の方向性をめぐる政治的駆け引きを生じさせかねません。こうして組織が疲弊していくのです。

したがって、会社のあるべき姿や企業活動によって実現したい社会像などの「あるべき姿」を明確に提示し、全社員に共有させることが大事になります。全社員が共有するあるべき姿の有無が、戦略を有効に機能させるか、させないかの分岐点になるのです。

二つ目は、戦略を策定する順序です。しばしば企業で見られる戦略策定の順序は、現状を分析し、現状でできることをシナリオとして、その結果としてのあるべき姿を作っていくというものです。要は、「現状」→「シナリオ」→「あるべき姿」というステップを踏むということです。

しかしこの順序では、現状を肯定した、せいぜいちょっとした改善を加えたような戦略しか出てきません。しかも具体的に行うことや事業領域は大して現在のものと変わりませんから、あるべき姿も単純な数値目標になることが多いようです。数値目標重視の経営が続くと、シナリオ軽視の（無謀とも思える）数値を作ることが戦略を作ることに化してしまい、そもそもの戦略的経営から離れてしまう傾向も生み出してしまいます。

望ましい戦略策定のステップは、「あるべき姿」→「現状」→「シナリオ」です（伊丹、2013）。こうなりたいという会社の姿や企業活動によって実現したい社会を最初に構想した上で、現状を見てみる。当然その二つにはギャップがあるはずです。そのギャップを埋める道筋であるシナリオが見出せれば、それらの三点セットが戦略になるわけです。あるべき姿と現状があまりにもかけ離れていて、それらを想定された期間内に結びつけるシナリオが思いつかなければ、あるべき姿を訂正する必要があるでしょう。この順序で「練っていくこと」が戦略策定のプロセスになります。

三つ目は、経営学者の言い逃れのようなポイントです。これまで述べてきたように戦略的経営にとって「あるべき姿」がとても大事な要素なのですが、それはヘンダーソンが言ったように、経営者や現場のリーダーのイマジネーションを源泉とするものです。そのイマジネーションはおそらくそれまでの人生経験や思想・哲学といった価値観から生み出されるのでしょう。冒頭の章で述べた価値前提の究極的なものとも言えます。したがって、「あるべき姿」は、手段の合理性を基準とする科学という視点で真偽を判断する対象になり得ません。

もちろん、法律に触れる極めて反社会的な内容であったり、周囲の人間はもちろん従業員にもさっぱり意味のわからない内容であったりした場合、何らかの科学的判断を下すことは可能でしょう。しかし、基本的にあるべき姿はそれぞれの会社の実現したい夢なのですから、「科学的に見てあなたの会社の夢は正しくない」なんて余計なお世話以外の何物でもありません。

したがって、社会科学の一領域としての経営戦略論は、経営戦略に関する「論（ロジック）」ですから、経営戦略における経営戦略「論」の担当する守備範囲は、現状分析とシナリオの作成までです。これまでさんざん大事だと申し上げてきた「あるべき姿」は、経営戦略論の蚊帳の外ということになります。あるべき姿は論理的に構成するというよりも、経根本的なところで、実践家の皆さんの夢や経験や思想から構想するべきものなのです。

経営戦略論も手段の合理性を追求する以上、何らかのあるべき姿を想定しなければ成り立ちません。一般的に経営戦略論が想定するのは「企業価値の最大化」です。企業価値というと株式時価発行総額を思い浮かべるかもしれません。そのように考える調査・研究も少なくありませんが、しかし日本企業の企業価値といった場合には社会におけるプレゼンスや革新性も含みますので、企業価値というものの内実も決して一様ではありません。とは言っても、企業価値をできるだけ大きくしたいということは、世界中の多くの企業のあるべき姿の共通点でしょう。

そこで、「できるだけ企業価値を上げるためのシナリオはいかなるものか」というテーマへの論理的な回答を体系化したものが、経営戦略論と言うことができます。乱暴に言えば、経営戦略論は「どうすればいいのか」についての基本的な視点は提供してくれますが、「どうしたいのか、どうなりたいのか」については、自分で考えてくださいということになるのです。

こうした経営戦略論の限界を指摘することは、「あなたが会社を経営したらさぞかしうまくできるのでしょうね」などと皮肉を言われやすい経営学者を擁護するためではありません。逆に実践家の皆さんに、経営戦略論の限界や守備範囲を自覚した上で、経営戦略の勉強をしたり経営戦略論の本を読んだりしていただきたいということです。

卓越した経営戦略を策定するには、シナリオを生成する論理力だけではなく、従業員そして社会が認める夢や理想を掲げる想像力・構想力が必要になるのです。

4　良い経営戦略とは

(1)　戦略を考える二つの挿話

ここまで、戦略策定のツールや経営戦略の基本的なプロセスなど注意すべきポイントを解説してきました。でも皆さんが最も関心を持っているのは、良い戦略とはいかなるものかということでしょう。

本章の冒頭で定義したように、経営戦略を「環境への関わり方や事業の構成を将来志向的に示す構想と実現シナリオであり、従業員の意思決定の指針となるもの」としますと、将来の市場や技術の変化を正確に予測するものが良い戦略のように思えます。

半導体業界のようにムーアの法則に従って世界中の関連企業が集まって作成する将来のテクノロジー・マップをもとに技術開発を進めるような業界では、予定通りに物事が進むことがあるでしょう。しかしそうした人為的な例外を除けば、人間は正しく未来を予測できるのでしょうか。

現実を振り返ると、たとえば皆さんは今日の経営環境を見事に当てた五年前の戦略計画書や中長期の事業計画に出合ったことはありますか。極端に言うと、五年先をめどにするような中長期の事業計画を毎年書き直しているなんてことはありませんか。人間は未来をなかなか正しく予測できないというよりも、ほとんど予測できないのではないでしょうか。

人間が未来をほとんど予測できないと認めると、将来を志向する経営戦略にどんな意味があるのでしょうか。良い戦略とはいかなるものでしょうか。

このような疑問に答えるにあたって、二つの挿話を紹介したいと思います。

一つは経営学者のワイクが経営の基本方針や戦略について語る際に引用した、ハンガリー軍の生還についての話（ワイク、２００１）、もう一つはやはり経営学者のミンツバーグが戦略経営を研究した本の中で取り上げているトナカイの骨で狩り場を決める部族の調査結果についての話です（ミンツバーグ、１９９７）。それぞれの話の後で、問いを設けていますので、皆さんも答えを考えてみてください。

【挿話1】

アルプス山中で訓練を行っていたハンガリー軍は、予期しない猛吹雪に見舞われ二進《にっち》も三進《さっち》も行かなくなり、雪に穴を掘り吹雪の止むのを待ちました。しかし一夜明けると周囲の景色は一変しており、もはや自分たちがどこにいるのかもわからない絶望的な状況に追い込まれました。全員が死を覚悟したとき、ある隊員が自分のポケットに地図の入っていることに気づきました。「地図があった」という言葉に全員が歓喜し、生きて帰れるという希望を取り戻しました。麓の村で全員を遭難させてしまったと悲嘆に暮れる上官のもとに、彼が送り出した部隊が帰ってきました。どうやって帰ってきたのかと上官が尋ねると、隊員の一人は地図を頼りに全員が近くの村まで帰ってくることができましたと答えました。上官が部下の命の恩人であるその地図をあらためて見てみると、それはアルプスの地図ではなく、ピレネーの地図でした。

〈問い〉

どうやって彼らは生還できたのでしょうか。また、ピレネーの地図は彼らの生還にどのように役立ったのでしょうか。

【挿話2】

文化人類学者のムアがラブラドル半島において調査した部族では、食糧が底をついてくると、オラクル（預言者）に獲物の居場所を尋ねに行きます。オラクルはトナカイ（カリブー）の骨を熱く焼けた石炭の上に載せて、パチパチという音を聞くのだそうです。するとオラクルには獲物のいる場所がわかるらしく、たとえば「獲物は西にいる」といった託宣を与えてくれるのです。オラクルに方向を指示された部族はその方角に向かって狩りをすることになります。すると確かに彼らは獲物を手に集落に帰ってくるというのです。そうした方法をその部族は何世代にもわたって続け、生き残ってきました。

ムアが調べても、骨の焼ける音と獲物のいる場所には関係がなさそうです。つまり、オラクルは、成り行き任せのいい加減な指示しか出していないわけです。周囲にはたくさんの動物が生息していて、「どこに行ってもよかった」ということも考えられますが、周りには滅んでしまった部族がたくさんあったので、どこに行ってもよかったわけではなさそうです。

〈問い〉

どうやって、彼らは生き残ってきたのでしょうか。いい加減で成り行き任せの託宣が、その部族の生き残りにいかに機能してきたのでしょうか。

(2)　現場に行為をもたらす戦略

間違った地図を頼りに、いかに帰還できたのか。いい加減な託宣をもとに、長い間いかに生存することができたのか。みなさん、いろいろな答えを考えてくださったと思いますが、地図や託宣が部隊や部族を正確な位置に導くガイダンスとして役立ったわけではないことは推察できるのではないでしょうか。

実際にハンガリーの部隊やラブラドル半島の部族は、どのような行動をとったのでしょうか。その後の隊員へのインタビューなどの調査によって明らかになったハンガリーの部隊の行動はおおよそ以下のようなものでした。

猛吹雪の中で遭難しかかった彼らは絶望してしまいますが、ある隊員の「地図があった」という言葉に落ち着きを取り戻しました。吹雪が止んだ後雪洞から出て、まずは周りを見渡せる小高い丘に登って、より周囲が確認できそうな丘を目指して進み、高い場所から川が流れていそうな谷を見つけたそうです。川沿いに下っていけばいずれ人の住んでいる里にたどり着くはずだと、渓流を降りてきて人家にたどり着いたのでした。

ラブラドル半島の部族も似たような行動を取っていました。たとえば、西に行けと言われて西に進むのですが、たとえば広い草原に出て南にカリブーの群れが見えるとそのカリブーを追いかけて狩猟を行っていたようです。つまり、地図も託宣も実際に行動をガイドしていたわけではありません。行動する人たちが周囲の状況を判断し、その都度、的確な判断を積み重ねて、生還や狩猟を成功させていたわけです。

この間違った地図や成り行き任せの託宣が生還や生存に有効に機能するメカニズムを、経営学という視点で見てみましょう。おそらく二つに共通する機能は、「全員を落ち着かせ、信じさせ、部隊や部族を組織的に行為させたこと」だと考えられます。

やや詳しく見ていくと、二つの事例とも皆が一致団結して動いたことが成功の要因のようです。つまり見出された地図や下された託宣が正確に当たっていなくても、皆が地図や託宣を信じていたので、彼らは絶望やパニックに陥らずに動くことができたわけです。動いたことで何かが見え、新しく見出されたリアリティ（現実）に部隊や部族の現場が対応したわけです。

ここで心にとめておいていただきたいのは、行動（behavior）と行為（act）は違うということです。ある目的を持ち、それを達成するために動くのが行為、衝動的な動きや無意識の振る舞いも含めたものが行動です。地図や託宣のおかげで、現場に行為がもたらされたのです。

「遭難した」「食糧がない」といった危機的状況で起きやすいのは、パニック行動です。パニックの状態でも人間はあたふた動くと思いますが、そのように慌てて動いても周囲の状況を正しくつかみ取ることはできません。それは人間が何かを達成するために起こす行為ではないのです。

たとえば、地図のおかげで冷静になれたので、丘に登って周囲を確認したわけです。西に獲物がいると言われ一致団結して冷静に動いたから、南の方に何かが見えたわけです。現場に行為をもたらしたことこそ、間違った地図や成り行き任せの託宣の機能だったのです。

勘のよい方でしたらすでにおわかりでしょうが、ワイクやミンツバーグによれば、戦略は、はじめの例だったらピレネーの地図、後の例でしたらオラクルの託宣のようなものです。というのも、人間は本質的に未来を予測することができないからです。未来を予測できない人間が作る将来志向のガイダンスである戦略は、間違った地図や成り行き任せの託

図6−7　対話によって練り上げていく戦略

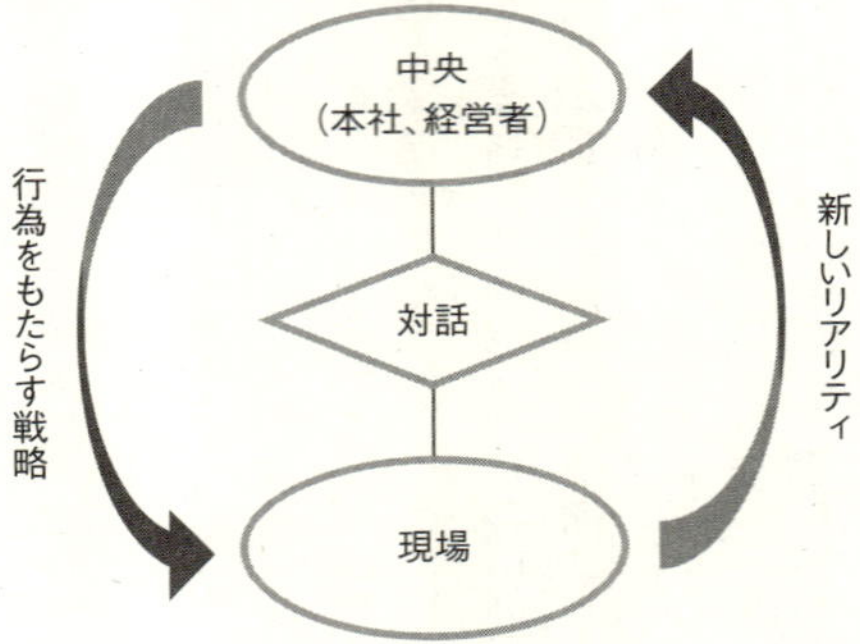

宣と大して変わりないというのです。

経営戦略や長期の経営方針で大事なことは、未来を正確に当てることではありません。「勝てば官軍」といったところでしょうが、経営者や会社がはじめから卓越した戦略を打ち出して成功したような記事を目にすることがありますが、インタビューなどで詳しく話を伺うと、とりあえずみんなで頑張っただけで、はじめはこんなに成功するとは思っていなかったというようなことを耳にします。

提示された未来の姿やビジョンを組織メンバーが信じて、またはその未来像が実現されることを望んで、全員が心を落ち着けて動く、すなわち行為することができることが大事なのです。

現場が組織的に動けば、今まで見えていなかった世界のリアリティが見えるはずです。持ち帰られたリアリティをもとに、現在の戦略を軌道修正していく、軌道修正された戦略のもとでさらなるリアリティを組織的につかんでいく、といったプロセスの中でよりよく練り上げられていくのが優れた戦略の実態であろうと思います。

つまり、まず現場にパニックではなく行為を引き出すことができるか、できないかが、良い戦略かそうでない戦略かを分ける一つの大きな分岐点になるのです。その上で、現場が持ち帰ったリアリティに耳を傾け、理想を掲げる中央と事実をつかむ現場とで対話を行っていくことが大事です。良い戦略は振り下ろすだけのものではなく、中央と現場とで練り上げていくものだからです。

(3) 日本型経営戦略——ヒトを動かす経営戦略

中央と現場で練り上げていくという良い戦略の本質的特徴から、現場に行為をもたらすことが戦略の機能であることを述べました。戦略に関する章を閉じるにあたって、こうした戦略の見方から示される日本企業の経営戦略への示唆を書いておきたいと思います。

一つ目は、日本企業においては、組織が戦略を実行するだけの存在ではないということです。この章の冒頭の「戦略的経営の概略図」において解説したとおり、戦略的経営においては企業や組織の究極的な目的をもとにまず経営戦略を策定します。その経営戦略に基づいて、それを実行する実態としての組織が作られるというステップでした。

経営戦略の概念を打ち出した一人であるチャンドラーも、米国における多角化戦略と事業部制組織の歴史的分析から「組織は戦略に従う」という命題を作りました。策定された経営戦略が効果的に、かつ効率的に実行されるよう組織を構成しなければならないということです。

しかしこの戦略的経営への示唆は、日本企業においても正しいのでしょうか。市場や経済の現状やトレンドを冷徹に分析した戦略が実行できるように組織を編成することはできるでしょうか。

伊丹敬之教授によれば、日本企業の経営戦略で気を配らなければならないユニークなポイントの一つは、戦略を策定する時点から現状の組織について考慮する必要があるということです。机上の空論のような経営戦略を現場に振り下ろしても、組織を効果的に動かすことはできません。現状で活用できる組織や資源、そして組織メンバーの利害や心理を考慮した上で、戦略を策定しなければならないのです。さらに、策定された戦略が実行されるよう、経営者やリーダーは現場をきちんと説得しなければなりません。

戦略策定に先だって、組織や従業員の意識改革に取り組んで成功した日本企業を例示しようとすると、アサヒスーパードライで起死回生の大変身を遂げたアサヒビールや、不況の続く電機・電子業界において卓越した業績をあげるブラザー工業の多角化のプロセスなど、枚挙に暇がありません。

そんなことは当たり前じゃないかと感じる方も多いかもしれませんが、労働市場の発達した米国ではそういった配慮を行う必要性があまりありません。極端に言えば、人や組織も戦略を実行する上で必要であれば外から買ってくればいいし、不必要であれば売却すればいいからです。そもそも戦略に相応しい人材を集めて実行するのですから、繰り返しの説得作業もいりません。したがって、組織は戦略に従うという命題は、米国では決して間違っていないわけです。

しかし長期雇用が慣例化し、労働市場の発達していない日本では、そうはいきません。ヒトは簡単に切ったりつなぎ合わせたりするものではなく、育てていくものです。ヒトは他の二つとは違い、経営資源としての意味が一段階上なのです。

米国企業には大胆な戦略を考案できる、つまり戦略策定の自由度が高いのかもしれませんし、そういった自由が制約されているという意味では、日本企業は戦略的経営においてハンディキャップがあると言えるかもしれません。しかし本当にそうでしょうか。

人が長期にわたって企業にいるということは、知識や技術といったヒトに宿る資源が組織内に蓄積される可能性が高いことを意味します。イノベーションこそが競争力の源泉と言われる今日、こうした技術的資源を有効に活用するためにも、組織や従業員の行動や感情への効果を考慮した戦略経営がより重要になるのです。

(4) 日本型経営戦略──ロジックの必要性

戦略策定時から組織や従業員への影響を考慮することを、一つ目の日本企業の経営戦略への示唆としました。もう一つは、論理を重視するという、この章で書いてきた「練り上げていく戦略」という概念と一見反するような示唆です。

たとえば、第2節で紹介した経験曲線効果を取り上げましょう。経験曲線効果は今日なお、多くの経営戦略の思考枠組みやツールの基底を支える中軸的な概念となっています。皆さんの会社では、（単に売り上げ増というよりも）市場占有率を高めることが大事だとされていませんか。日本経済新聞でも毎年のように市場占有率調査の結果が発表されて、その浮沈に注目が集まります。

なぜ市場占有率は大事なのでしょうか。しばしば市場支配力といった答えをする人がいますが、市場支配力とは何でしょうか。そもそもが曖昧な概念ですが、さしあたって市場支配力を製品やサービスの価格を決定できる力とすると、競合他社を圧倒するかなり高い占有率がなければ、市場を支配することなんてできません。それは、日頃の市場占有率向上の施策で実現できるようなものではないでしょう。

市場占有率が大事だとする論理の基盤は、経験曲線効果にあります。市場占有率が一五％と一〇％の会社とでは、市場支配力といった意味では差異が小さそうですが、経験曲線効果を考慮すると、日々五％分ずつ累積生産量に差が開き、その分コスト力に差をつけられているのです。一％差でもよいからトップシェアを獲得する企業になれれば、長期的なコスト優位性につながると考えられるのです。

また経験曲線効果は「戦略的価格付け（意味のある赤字の価格付け）」の価格政策ももたらしました。最初は儲からなくても、とにかく赤字覚悟で売って市場占有率を上げる。すると経験曲線効果で競合他社よりもコストが下がり、いずれ儲かるようになるという論理です。

ボストン・コンサルティング・グループ（ＢＣＧ）は、高度成長期を支えた日本企業の発展の論理を経験曲線効果によるものだと分析しました。はじめは低価格の製品で数量を稼ぎ、経験曲線効果による成果を享受して、安価になった部品を利用して中・高価格の領域にも進出して成功するというものでした。

この観点からは、日本企業は当初のポーターの見解とは異なって、極めて戦略的だったと言うことができるかもしれません。しかし中央大学大学院の榊原清則教授が本の中で述べていますが、日本企業の経営陣は経験曲線効果のロジックを理解して事業展開したわけではなさそうだということです（榊原、２０１３）。「歯を食いしばって努力すればいずれ報われる」といった単純な経験則から無意識にとった、結果的に戦略的だった経営行動で、ポーターの言う「戦略」ではなかったのかもしれません。

論理よりも経験則が優先され、なぜその戦略や経営行動が有効なのかを深く考えなかったことが、日本企業の戦略的経営の弱点と言えるかもしれません。ある戦略や行動がうまくいった理由やメカニズムについて十分に理解しなければ、環境が変化した際に、何を変更すればよいのかを考案することができないからです。状況が変わって業績が思わしくなくなると、それまでの行動をすべてあらためるといった暴挙に出てしまうかもしれません。たとえば、業績の良い会社のシステムを強引に模倣してみたり、無批判に米国式経営方式を取り入れたりして、さらなる苦境に陥った事例は数えきれません。なぜそうなるのか、何が何にどのように影響するのかといった、戦略の背後を支える論理が確固たるものではなかったからでないでしょうか。

未来を正確に予測するよりも、現場の従業員に信じられ、望まれる未来を提示して、現場に行為をもたらすことが大事だと言いましたが、このことと論理を大事にすることは決して相反するものではありません。

明治期に大企業が生まれてきた頃とは異なり、現代企業の従業員はかなり高い教養と知性を持っています。あまりに的を外した業界の将来マップや神のお告げといったことから作成された戦略では、インテリジェンスを持った従業員を信じさせることはできません。従業員や社会の望む高邁な理想や理念と、従業員の信じられるしっかりとした論理で構成された戦略こそが、現代企業を発展させていくのです。

VII

これからの経営学

――未来の経営を捉える視座

1　教養としての経営学をいかに活かすか

(1)　経営理論の活用方法

働く人がよりよく生きるために身につけておくべき経営学の実戦教養を探ろうとする「みんなの経営学」を冒険する旅も、いよいよ終わりに近づいてきました。ここまで、働く個人のモチベーションから企業論や経営戦略論まで幅広い経営学の理論、または理論の基底を支える考え方を取り上げてきました。この最終章では、あらためて「経営学の活かし方」を考えてみたいと思います。

教養の活かし方は、マニュアル的な実践方法を考えることではありません。「市場が成熟化してきたら差別化を行いましょう」といった単なる理論の活用法について述べるのではなく、たいへん曖昧で大風呂敷を広げるようですが、教養としての経営学をどのように活かしていけば、よく生きることにつながるのかという道筋について考えてみたいと思っています。

活かし方というと、実践方法を思い浮かべられるでしょう。たとえば、テレビ番組で見かけたビーフストロガノフを作ろうとして、詳しい調理方法を解説してある料理本を買ってきたとします。その本に書かれてある指示にきちんと従えば、きっとそこそこおいしいビーフストロガノフができあがるのではないでしょうか。しかしこうした表層的な知識に忠実に従った実践だけでは、その本に載っている料理しか作れませんし、評判の高いレストランでいただくようなビーフストロガノフの味にはかないそうにありません。

なぜ本に忠実に従うだけではすばらしくおいしい料理ができないのでしょうか。まずはレストランと一般家庭の調理器具の違いが思い当たります。でも、レストランの調理場を貸してもらったとしても、事態はあまり変わらないような気もします。おいしさはどのように構成されるのかといった難しい議論を省略すると、調理の素人とプロフェッショナルとでは、「腕」が違うから料理の出来映えが違うのは当たり前と簡単に片付けられてしまうでしょう。

調理の「腕」は修業時代も含めて、長い経験の中で培われるもので、本を読んだり、ちょっとお料理教室に通ったりするだけでは身につきません。本には書かれていない（書くことの難しい）技能や知識を、長い経験の中でプロは身につけているというわけです。

私の個人的な印象ですが、日本人はこうした熟練の技やそれを生み出す経験といったものの価値をより強く認識する国民のように思えます。

一般的にも、理系、文系にかかわらず、企業に入社したばかりで、「大学ではこのように教わりました」とか「テキストにはこう書いていました」などと主張する新入社員は多くないはずです。まずは先輩や上司の意思決定や行動から、現実に有効な知識を学び取ろうとするはずです。

大学や大学院で最先端のユニークな研究を行って企業に入社したような人でなければ、理論そのものや、理論からの示唆と現実とでは一定の乖離があって、理論や理屈を振り回すことは正しくない、またはかっこよくないとわかっているわけです。

理論を振り回すことで問題が解決されたり目的が達成されたりするわけではないことは、決して間違っていたり責められたりすべきことではないでしょう。その通りなのですが、この傾向が強すぎて、元気がないとか、言われたことしかしない、などの不名誉な烙印を押されてしまう、控えめであまりに学ぶ姿勢の強すぎる新入社員が多いのではないでしょうか。

残念ながら、経営学などは社会に出て企業に入ってこそ役に立つ学問のように思えますが、「大学で学んだことは学んだこと」としてそっと頭の中にしまっておいて、そのうちに忘れてしまうような理論群の代表格かもしれません。

私たちは、理論と現実の関係をどのように考えればよいのでしょうか。

(2) 理論と現実

かく言う私も、理論は理論と考える新入社員の一人でした。しかし理論と現実の関係を見直すきっかけとなったのは、アルゼンチンの現地会社に勤務していたときでした。この本を読んでくださっているベテランのビジネスマンの方々には「かわいい経験だな」と笑われるかもしれませんが、ちょっと紹介したいと思います。

当時のアルゼンチンでは首都のブエノスアイレス周辺に市場を限定した事業を展開していたのですが、これを全国展開しようとする戦略が策定されました。営業部門でもそのための施策づくりに一〇名ほどの営業幹部が集まる会議が行われることになって、営業担当副社長の指示に従って、現地に赴任したての私も出席することになりました。その副社長は、南アフリカや他の中南米諸国で事業を構築・再構築し、マーケット・シェアを大幅に上昇させた実績のある、海外事業部門でも有名な人でした。

会議の内容は、新たにアルゼンチン国内での生産を拡大するテレビを基軸に、主要都市のいくつかで拡販施策を実施しそれを次第に全国に広げていくもので、担当者それぞれ頑張ろうというように締めくくられたように記憶しています。こうした会議に初めて出席した自分は、一生懸命ノートを取りながら参加していたのですが、会議が終わってすぐに営業担当副社長に呼び出されました。副社長は今日の会議の印象を聞いてきました。私がアルゼンチンの事情や営業の方法について勉強になりました、といった返答をしたとたんに、「何のために会議に出ているんだ」とやや強い口調で叱責されました。

「初めての会議でしたし、私には申し上げるべきことなどとくに……」ともごもごしていると、「大学でマーケティング論の講義を受けてきただろう。マーケティングのフレームワークから見て今日の結論はどうだったんだ。今日の会議は単なる根性論だったと思わないか。なぜ大学で学んだマーケティング論の知識を会議の場で活かそうとしないんだ」と言われてしまいました。

確かに今日の会議では、マーケティング戦略の基礎概念であるセグメンテーションも4Pなどのマーケティング・ミックスという言葉も全く出てきませんでした。いわばみんなで頑張ろうという精神論に終始した気がします。副社長に叱られて、経験の少ない自分が果たすべき役割は、会議の場に理論を持ち込むことだったと気づきました。

その後も副社長には公私共々お世話になって、いろいろな話を伺うことができました。その中で驚いたことは、副社長の頭の中には体系的なマーケティング理論がしっかりと根づいていて、その理論を通して現実をつかみ施策を考案するように研ぎ澄まされた目を持っているということでした。副社長がこれまであげてきた数々の実績は、天才的なひらめきや何か特別な行動力ではなく、極めてオーソドックスなマーケティング理論とその適用にあったようなのです。

単純な例ですが、ある地区でのマーケット・シェアが下がった場合、すぐに実態把握を行い、問題点を抽出し、手を打つのですが、副社長はこの施策が的確でしかも迅速なわけです。なぜ的確で迅速かといえば、副社長の思いつきや勘ではなく、何が起こったのか、なぜそういうことになったのかといった出来事の生じたメカニズムをマーケティング理論の中で瞬時に意味付けして、マーケティング理論に則った的の絞れた調査と一貫した対策が行えるからなのです。

また、この電機メーカーはどちらかというと不言実行的な組織文化が強かったのですが、海外事業部門には新市場進出や事業再構築の際に、何はさておき自社製品を扱っている、あるいは扱ってくれるかもしれない当該領域の全店舗を見て回るという「悉皆《しっかい》調査」というビジネスの作法のようなものがありました。私もそうすることが当たり前でなぜ悉皆調査が適しているのかについては考えることもなかったのですが、一見すると時間とコストのかかる悉皆調査のマーケティング論的な意義や限界を、副社長はしっかりと理解していました。

自分の小さな経験談が長くなってしまいました。理論を振り回すことも意味がありませんが、現実や経験に謙虚になりすぎて精神論に終始しても意味がありません。理論と現実・経験は両方が大事で、それらの往復運動が肝要なのですが、やや現実・経験に偏重しやすいように思える日本人、とくに若い社員が持つべき心がけは、理論は現実とかけ離れて宙に浮いたものではないと自覚することではないでしょうか。大学で学んだ理論を「理論は理論」としまっておいてはいけません。理論とは、現実を効率的かつ効果的に捉えるメガネなのです。

理論が現実を正しく見るメガネであって、これを活かすことで仕事を効率的かつ効果的に運ぶことができるということを、私の小さな経験から述べてきました。しかしそれはかなり普遍性のあることのようです。

(3) リフレクティブ・プラクティショナー

「リフレクティブ・プラクティショナー（自省的実践家）」という概念があります。これはショーンという教育学者がいわゆる「デキル人」の特徴を研究し、その結論として打ち出したものです。

ショーンによれば、デキル人とは日々起こる様々な出来事や経験を、その場で瞬時に反省的に捉えて、自分自身の仕事上の理論や知識として行動に活かしていける人、すなわち「リフレクティブ・プラクティショナー」です。もちろん、ここで言う反省とは、失敗を悔いるようなネガティブなことを指しているわけではありません。自分の考え方や言動を見直して自分自身を知るというような意味です（ショーン、２００７）。

このように書くと、多かれ少なかれみんなリフレクティブ・プラクティショナーじゃないか、と思われる方が少なくないと思います。仕事をしながら瞬時に反省的に自分を捉えられていないとしても、多少時間幅を広げれば、日記を書いている人はもちろん、日記を書く時間もなく働いている人も、仕事がうまくいかなかったときなど、なぜだめだったのかを振り返ります。しかしその経験からの教訓を、実践上の理論としてしっかりと次の仕事の糧にできているかと問われるとどうでしょうか。

日頃の出来事や経験を反省的に捉えて、理論や知識にしていくには、二つの難しさがあるように思われます。

一つは、経験自体が自動的に生じるわけではないということです。私たちは誰でも同じ時間の流れの中で生活しています。しかしその中で、今日はこんなことがあった、というような過去の時間の流れに始点と終点を置いて区切りをつけた物語が経験です。ぼうっと過ごした場合はもちろん、何の目的意識も仮説もなく一日忙しく動き回った場合にも、なかなか経験は得られません。経験は半ば主体的に構成するものなのです。

二つ目は、自分自身の経験に意味を与えて次に活かせる理論や教訓とすることの難しさです。自分ではその経験の意義や意味がわからない場合があります。皆さんも何気ない会話の中で、他の人から「それはすごいことだよ」などと言われたことはないでしょうか。自分一人で経験から正しい意味や有効な教訓を導き出すことは、偏見や先入観による歪曲も含めて簡単なことではありません。

こうした二つの難しさを解決する手段の一つが、他人との対話です。異なる視点を持った者同士での意見交換とでも言うべきでしょうか。同じ職場で働いている仲間であっても、これまでの経験の質量やちょっとした立場の違いから生じる異なる視点を持っているはずです。こうした仲間の間で自分の経験を語り合い、意味や教訓を引き出そうということです。他人の力を借りて自分自身を振り返るわけです。

経験を反省的に捉えて理論や知識にしていくもう一つの手段は、トートロジー（同意反復）ではありますが、偏見や先入観を回避するような、ものの見方や捉え方の基盤となるしっかりとした理論を自覚的に身につけておくということです。

冒頭の章で述べたように、経営学やマーケティングの諸理論や分析フレームワークの多くは、無意識的な偏見や先入観を自覚的に排除する機能を持ちます。そのため正しい現実の把握が理論によって支援されます。また、理論を身につけた人は「こうしたらこうなるはずだ」というような仮説を持って行動します。そのため、何げない日常の意思決定や行動からも「経験」を構成しやすいのです。さらに、自分の言動の結果への評価、すなわち反省を理論や知識として、次の判断の糧とすることも促進されます。

すなわち、理論を活かすということは、単純な時間の流れの中から経験を構築し、その経験の反省を通じて、現実や自分をより一層知るとともに、そこから明日の糧となる新しい理論や知識を生み出していくことなのです。こうした経験・現実と理論との往復運動の起点として、たとえば営業の仕事だったらマーケティング理論やマネジメント理論など、仕事に関連する理論をしっかりと身につけておくことが大切なのです。

2　時代のトレンド

(1)　half truths：半分だけ正しい真理

前節で理論の大切さや意義を説明してきました。しかし、それは既存の理論を金科玉条のように掲げましょうと言いたいわけではありません。理論からの含意をそのまま実践することが必ずしも望ましい結果をもたらすとは限りません。むしろ、理論をそのまま当てはめてうまく事が運ぶことなどまれだと言った方がよいかもしれません。これまでの話と違うじゃないかとクレームをいただきそうですが、経営学の教養とは経営学の諸理論の限界を知ることでもあります。

企業という領域を特定した実践科学である経営理論には、様々な限界が指摘されています。代表的な指摘の一つは、理論からの帰結が世界中で実行されると意味がなくなるというものです。たとえば、ある業界に属する世界中の企業を調査して、業績の良い企業の特徴を見出したとします。それはその時点では確かなことでしょうが、そのことをみんなが認識してまねをすれば、見出された特徴は業績を左右するものではなくなるはずです。公知になると意味がなくなるということでは、普遍的な真理とは言えません。

もちろん、調査した時点では正しいことですし、何よりも認識したからといって実行できるとは限りません。みんなが知ることで業界全体の生産性が向上して、世界中の人の幸福に貢献するかもしれません。私は経営学研究で飯を食べている人間ですが、皮肉な言い方をすると、経営学の理論は意味がなくなることが最終目的という自己破壊的な性質があるのかもしれません。しかし、こうした社会科学の持つ根本的な問題を議論するのは、この本でのテーマではありません。

日常の仕事の中で経営理論を活用しようとする際に注意しておくべきことは、経営学の理論や理論的な帰結は、あくまで平均的な企業や、一般的な従業員を想定して構築されていることが多いということです。したがって、現実の企業は事業や地域、従業員など個別な事情を抱えているはずですから、経営理論とのズレがあるはずです。

もちろん、その理論を生み出した研究の原点に立ち返れば、その理論が成り立つ条件をきちんと限定しているはずです。しかしその理論の効果が一部の企業や産業で喧伝されると、さもどこでも成り立つ普遍的な原則のように適用されだします。

たとえば、成果主義的処遇制度で従業員のやる気が高まるというような経営実践への示唆が実際に効果があったと知られると、多くの企業がその制度導入に取り組みます。しかし、売り上げや利益の大部分が天候や景気によって左右されるような業界で、成果主義は意味を持つでしょうか。

フェッファーとサットンは、こうした経営理論から得られる示唆は半分だけ正しい真理(half truths) だと言っています。一般的に正しい真理だとしても、あなたの会社にとっての正しいことではないかもしれないということです(フェッファー&サットン、2009)。

モチベーションでもリーダーシップでも組織でも戦略でも、研究している当事者はそここそ企業の浮沈を決める決定的な要因だと信じて、調査を行い理論を構築しています。コンサルタントも同様です。しかしそれはあなたの会社でも適用可能なことなのでしょうか。フェッファーは本の中で、有効な経営手法を適用する前に、自社における事実をデータという形できちんと収集・分析した上で判断しましょう、と訴えています。

私もフェッファーらの主張するとおりだと思います。さらに加えるとしたら、導入の可否を検討する者が表層的な経営手法の把握だけではなく、その背後の理論や理論的前提まで理解しておく必要があることです。哲学でもなければ、多くの科学にはそれが成り立つ前提条件、または背後の思想やパラダイムがあります。通常、有効な理論として生き残るものは、理論内部の論理(ロジック)自体は強靱なはずです。もしそれが有効に機能しないとすれば、前提条件を疑ってかかるべきでしょう。

こうした前提条件を検討するということは、フェッファーの指摘の通り、一般的な企業像を思い描いて構築された理論が個別の企業にも成り立つのか、という検討が大事なことを意味します。

以上、一般的な理論を個別の企業に適用する際に生じる問題、いわば空間的なズレを説明しました。もう一つ理論と現実のズレには時間的なズレもあります。つまり、根幹である経営学が思い描いてきた一般的な企業像や経営のあり方そのものが時代とともに変化してきていることを、理解しなければならないということです。経営を取り巻く世界的・社会的な動向によって、一般の経営理論の前提条件が大きく変化してきているのです。ここからは、経営学に大きな方向転換をもたらす社会的な時代の変化について考えていきましょう。

(2) 経営を取り巻く文脈の変化

「今日は＊＊の時代である」といった表題や副題を載せた記事や本をしばしば見かけます。経済や経営の分野に関して言えば、「イノベーション」「グローバリゼーション」「多様性(ダイバーシティー)」「ハイパーコンペティション」などでしょうか。

皆さんでしたら、「＊＊」にどういった言葉を思いつきますか。ノートの片隅でも構いませんので、たとえば「二〇世紀後半はA、二一世紀前半はB」のAとBにあたる言葉をいくつか書き留めてみてください。もちろん「去年はA、来年はB」でも構いませんが、ある程度、時間幅を広く捉えてみた方が取り組みやすいと思います。さらにそれらであげられたAとBを総合して、時代の変化のトレンドを「今日は＊＊の時代である」という一文で書き表してみましょう。

やってみればわかりますが、この作業は簡単ではありません。しかしそうやって書き上げたものが皆さんの持っている時代認識です。私たちはどういった時代を生きているのか。現在の社会に変化をもたらしている動きやパワーにはどのようなものがあるのか。その結果、これから世の中はどのように変化していくのか。

こうした大きな時間や時代の流れを自分なりに捉えておくことは、別に大会社の経営者が戦略を考案する場合でなくても、部下を率いて仕事をうまく運んだり事業の企画書を作成したりする場合でも大事なものです。むしろ仕事に限らず、私たちがよりよく生きるために持っておくべき必須の知識の一つと言えるかもしれません。

「そんなことを考えなくてもうまくやってこられているよ」と反論されそうですが、そういった方は、変化の激しい現代の社会においてむしろラッキーな人でしょう。というのも、ビジネスは本質的に多少の不確実性を持った未来志向の行為です。投資や新製品・新事業を企画する際はもちろんのこと、定型的な業務だとしても、業務を行ってから製品やサービスが顧客に提供されるまでにはタイムラグが発生します。私たちはある程度先を見込みながら生きているのです。

第Ⅵ章における戦略の解説の中で「人間は未来を予測できない。できないがゆえに戦略

（ねらい）を定めなければならない」という主旨のことを書きましたが、たとえ短期的な未来であっても、戦略（ねらい）を生み出すもととなる展望、すなわち時代の流れに対するパースペクティブを自覚的に持たなければなりません。

その時代認識はもしかしたら的外れかもしれません。自分の予測とは異なる方向に世の中が動くかもしれません。しかしたとえ見込み違いだったとしても、自分の持つ時代認識に照らして、現在、そして未来へのトレンドをつかみ取ることができるからです。

一般的な理論の枠組みを活用して、自分（個別）を取り巻く状況と背後のメカニズムを理解し、時代認識でそのメカニズムに作用するパワーとそこから引き出されるトレンドを読み解いて、適切な手を打つことが経営理論を活用するプロセスであるとまとめることができるでしょう。

(3) IT革命とイノベーションの時代

時代認識を持つことの重要性を説明してきましたが、時代を動かす様々な流れの中で、私が経営学の根本に最も影響を与える原動力と認識していることは、しばしば「IT革命」と呼ばれる、情報の通信と処理に関する技術の驚異的な発達です。

IT革命によって私たちは、それまでは考えられなかったたくさんの情報をいとも簡単に手に入れることができるようになりました。「本当に大切な情報はネットには載っていない」との指摘もありますが、そうだとしてもインターネットが普及する以前に比べれば、世界中のニュースはほぼリアルタイムで飛び込んできます。難解な新規の流行語に出合っても、すぐにネットで意味を検索できます。

IT革命が経営に与えるインパクトとして、今日では「オープン・イノベーション」などの概念が喧伝されていますが、インターネット普及当時はコミュニケーション・コストの著しい低下が叫ばれました。

情報のやりとりを中心テーマにする一部の経済学では、多くの人が一堂に集まることで取引やコミュニケーションにかかる費用を削減するために企業や組織は存在しているという見方を持っています。こうした見方からすれば、どこにいようが誰とでも密度の濃い情報を安価にやりとりできるようになると、いずれ組織は不要なものになります。大企業は営業や製造や研究開発といった主要な機能ごとに解体（unbundling）されていきます。また、社会的にも組織的にも、中抜き（dis-intermediation）が進行し、問屋や中間管理職といった中間機能はなくなっていくというのです。

確かに当時の予言の通り、一部の産業では専門特化された企業に既存の大企業が敗退する形で衰退したり、問屋や中間管理職といった中間機能の排除が進んだりしたように思えます。しかしすべての産業や企業でそうした現象が起きたわけではありません。

「誰が解体されるのか、誰が中抜きされるのか」という議論への解答は、情報の伝達や流通のみを行う主体であればITには勝てないということに帰着するように思えます。実際にも自社を取り巻くビジネス・プロセスの中で、ITに代えられるものであれば、どんどんITに移行させていって効率化を図ろうとしています。

「中抜き合戦（dis-intermediation battle）」とでも称すべきなのでしょうか、自分のビジネス・プロセスの両脇にいる会社や人同士で、それぞれが中抜きし合おうとしているのが今日の競争の実態のように思えます。逆に考えれば、生き残ろうとするのであれば、産業や社会に有益な情報の生産や知識の創造を行う主体にならなければならないことになります。

IT革命が進めば進むほど、情報の発信や知識の創造が企業存続の必須条件になります。その結晶としてのイノベーションこそが今日の競争の根幹となる、イノベーションの時代を迎えていると言えます。

(4) 賢い大衆・従業員の経営学

では、企業はどうやって新しい価値ある情報や知識を創造し、発信していくのでしょうか。イノベーションを興していくのでしょうか。

このメカニズムにとても大きな影響をもたらしているのが、「情報の民主化」です。情報の民主化を誤解を恐れずに簡単に言い表せば、それまでは一部の人たちだけが持っていたような多くの情報を、従業員や一般大衆が持つようになってきている現象を指します。

近年の情報の民主化の直接的な推進要因はもちろんIT革命なのですが、情報の民主化は知性を持つ人類が誕生して以来の大きな歴史的な流れと言ってもいいと思います。文字や書物の普及を中心に、情報の民主化の歴史的な流れをさっと見てみましょう
おそらく文字が発明される以前の情報や知識は、口承という形で非常に限られた人たちの間でのみ保有されていたと推察できます。紀元五〇〇〇年頃、くさび形文字が作られ、文字さえ読めれば誰でもその情報を手にすることができるようになったと思いますが、文字の読み書き自体が特権階級の専有物であったようです（ジャン、1990）。また文字が書かれる媒体も石碑や銀盤であり、誰でも気軽に持ち運べるようなものではありませんでした。

やがてパピルスが発明されましたが、それは国家の専売品で、まだまだ極めて高価なものだったようです。しかしパピルスはエジプトからギリシャへ広がり、哲学者などの知識を売る職業を生み出しました。また、マケドニアやローマの時代になると、各地に多くの図書館が建設されました。有名なアレキサンドリア図書館には六〇万巻を超える書物が集められましたが、今日の図書館とは違って誰でも利用できるものではなく、公開は極めて限定的だったようです。

ローマ時代の図書館はゲルマン人の侵攻で多くが破壊されてしまいましたが、四世紀以

降カトリック教会が聖書の写本や管理を行うようになり文字は一層普及していきます。やがてケンブリッジ大学などの大学が図書館を持つようになりますが、その利用も極めて限定的でした。たとえば一三世紀頃、オックスフォード大学では、八年間の哲学の研究を済ませた後でなければ図書館使用は許されませんでした。まだまだ書籍は高価であり、知識は極めて少数の特権階級のためのものだったのです。

こうした特権階級による情報や知識の独占的な体制が変化したのは、グーテンベルクの活版印刷術の発明によるものでしょう。書籍は安価になり一般市民にも広がりやすくなりました。特権階級による知識の独占度合いが薄れていったのです。

こうした情報や知識を持つようになった市民によって、いわゆる市民社会が形成されるようになったと言えるかもしれません。すなわち情報の民主化が市民社会を生み出し、市民社会の中でより一層の情報の民主化が進んだのだと思います。

そして今日、私たちはグーテンベルク以来の情報革命の真っ只中にいます。一九世紀の電信の発明以降、電話、ファックス、そしてインターネットが私たちの利用できる情報の質と量を格段に、そして急速に向上させています。社会的階級の上下、学者や専門家と一般人、玄人と素人、そして経営者と従業員の間の情報格差は大幅に縮小されつつあります。否、縮小どころか、一部では逆転する現象も起こっています。

こうした情報の民主化こそが、これまでの経営学が基盤として持っている理論の前提やパラダイムの再考、捉え直しを要請しているのです。近代大量生産を実現したフォード[*20]が事業を興したり、経営学の嚆矢であるテイラーの科学的管理法を普及させようとした当時の米国は、英語の読み書きもできない、職業的訓練も基礎的教育も受けていない一般市民を労働者として活用することが必要でした。もちろん、彼らは会社勤務などの組織的労働の経験もありません。

こうした一般大衆をいかに組織的に行動させ、企業としての業績をあげるかということが、経営学誕生時の難問であったわけです。基礎的な知識や能力の低い人でも誰でも労働力として活用できるように、分業や専門化を推進する一方で、情報は限られた能力ある人間に集約させて意思決定を行い、一般の従業員に実行させるよう組織や管理方式が発展していったわけです。第Ⅳ章のリーダーシップの最終節で説明したとおり、情報の集約によって職位による権限が生み出されていったのです。

しかし二〇世紀に入り、一般大衆の教育水準や市民意識は上昇しましたし、企業における組織的労働にも慣れてきました。それに合わせて、経営学でも単純な機械のように人間を捉えてはいけないとか、社会的な存在としての人間を重視しようとか、感情をもって意

＊20　ヘンリー・フォード：一九〇三年フォード自動車を創設したアメリカの実業家。生産の標準化やコンベア方式の採用などによって、T型フォードと呼ばれる大衆車の大量生産を成功させました。

味解釈を行う存在としての人間といった見方が打ち出され、経営学を進歩させてきたのです。しかしそうした経営学の進歩の速度以上に、情報の民主化は進展しています。

おそらく新しい経営学は、極めて限られた情報しか持たない、組織的労働にも不慣れな一般大衆や労働者ではなく、情報をたくさん持つようになった「賢い」一般大衆や従業員を対象として、新しい知識や価値を創造していく組織的活動を探究するものにならなければならないはずです。

3　日本発の世界的な経営学パラダイム

(1)　情報の民主化と日本社会

「イノベーション」と「情報の民主化」への時代的な流れは、お互い独立したものというより、相互に影響を与えながらそれぞれを加速化させているように見えます。

イノベーションへの対応ももちろんかなり大きなテーマですが、すでに顕在化された課題ですでに多くの理論的・実践的成果は報告されています。しかし、とくに従業員や一般大衆が経営者や専門家に肩を並べる情報を手にしているという状況は、「消費者よりも企業が、従業員よりも経営者の方が情報をたくさん持って正しい判断をする」という経営学の前提の根本からの見直しを要請しているように思えます。

しかし現場や現物を尊重し、第一線の従業員に大きな権限を持たせたカイゼン活動から大きな成果を得てきた日本の製造業の人たちからすれば、「そんなことは今さら言われなくても、当たり前のことじゃないか」と指摘されそうです。

確かに日本企業に勤める人にとって、「現場や現場の従業員に知恵がある」ということは疑う余地のない常識です。しかし逆に考えれば、日本の産業が第二次世界大戦後に急速な成長と発展を遂げてきたのも、現場や第一線の従業員の主体性や技術・技能が価値あるものだという、情報の民主化の世界的な流れを先取りしてきたからではないでしょうか。テイラーの科学的管理法では、工程改善は生産技術部門などの頭のいい人たちの仕事で、現場が勝手に工程を工夫する余地はありません。

大学院生時代に米国の大学の先生三名を日本の自動車工場に案内したことがありました。その自動車工場で、現場従業員のＱＣ（品質管理）サークルによるカイゼン活動によって大きな成果があがっていることが説明されました。それを聞いた先生の一人が、「工程を現場従業員が勝手にカイゼンするなんてあり得ない」と工場側の説明者に半ばくってかかるように詰問しだしました。

私も解説に加わり、何とかその場はおさめることができましたが、帰りの車の中でも「作業者に工程改善をさせたら必ずカオスになるはずだ」と繰り返していました。とにかく理解できない現象だったのでしょう。おそらく現場で働く人を見る目が、米国と日本では大きく違っていたからではないでしょうか。

すなわち、日本企業が現場の従業員に対して持っている前提は、彼らは情報と知識が集積している存在であり、そうした人たちの主体的で積極的な関わりを引き出すことが、マネジメントの基本的な役割だということだと思います。

また近年の日本の世界的プレゼンスを高めている産業分野に、漫画・アニメやゲーム、そして若い女性ファッションの分野があります。いわゆる日本のポップカルチャー、すなわち大衆文化に関連する産業です。

とくに東京ガールズコレクションを代表とするようなリアル・クローズ（実際に着る服）の産業は、携帯電話やスマートフォンで情報武装した若い女性が、モデルなどの着た服への投票による多数決という民主的なルールに則って、大衆自ら流行を作り出す世界を実現しています。渋谷を歩くと、パリコレクションを代表とするプロフェッショナルなデザイナーが独創性を競うモードの世界と東京ガールズコレクションの世界が肩を並べるほどになっているようにさえ感じます。

情報を持つようになった大衆は、自らの目で服を選ぶのでしょう。ファッションについて何も知らない（または無関心な）私のような素人がブランドに頼って服を選ぶのとは違う原理が動き出しているのです。

現場のカイゼンにせよ、渋谷のリアル・クローズにせよ、日本に共通しているのは、一般の従業員や消費者の持つ知的パワーです。こうした世界を先取りするような動きが日本から生じているのは、（最近は様々な問題を指摘されていますが）ほぼ国民全体に行き届いた義務教育に加えて、所得的にそこそこ育っている中間層の存在と、一般大衆に広がったIT革命の恩恵でしょう。そしてそれに加えて、古くからの優れた大衆文化（ポップカルチャー）という土壌があったからのように思えます。

情報の民主化に対応する日本の先進性は、経営の実践や社会の動きだけに見られることではありません。経営学においても、従業員を単なるマニュアルワーカーとしては見ずに、従業員こそ企業の学習の主体であり、現場にこそ価値ある情報や知恵が蓄積されており、経営者と従業員は企業の利益や付加価値を奪い合うのではなく、経営のパートナーだと考える、二〇世紀後半の新しいパラダイムを作った理論のいくつかは、日本から発信されました。

ここでは、経営組織論と経営戦略論のそれぞれ一つずつ、世界的に新しい学説を打ち出した代表的な理論のエッセンスを簡単に紹介したいと思います。

(2)　知識創造の経営組織論（ナレッジ・マネジメント論）

近年、ナレッジ・マネジメントという言葉が一つの経営実践の手法として喧伝されていますが、その基盤を支える組織的知識創造理論を構築したのは（実は私の大学院時代の恩師である）野中郁次郎教授です。

野中教授は先ほど紹介した『失敗の本質』の著者の一人でもありますが、一九八〇年代に入り大量生産によるコスト削減よりも「イノベーション」に競争優位の源泉が移りつつあるという認識に基づき、多くの企業の開発現場を調査しました。

その中でイノベーションを得意とするような会社に共通する要素として、「現場がワイワイガヤガヤうるさい」ということと「新製品を開発するようなリーダーには強い信念を持った頑固な人が多い」という第一印象の発見をしました。

このことは、第I章で紹介したサイモンの情報処理装置としての人間という見方では説明ができません。なぜ「ガヤガヤうるさい」こととリーダーの「信念」がイノベーションに効果をもたらすのかを、新しい概念枠組みを用いて理論化したものが組織的知識創造論と言ってよいと思います。

暗黙知という言葉を耳にしたことはないでしょうか。そもそもは、「私たちは語れる以上のことを知っている」と言ったポラニーという科学者が打ち出した概念です。知識というと、公式や命題のようにきちんと表されていなければならないように思いますが、たとえば自転車に乗ることができる人は自転車の乗り方を知っているということですので、自転車の乗り方はその人にとっての知識になります。でも、言葉で表せと言われてもできま

図7−1 知識変換(SECI)モデル

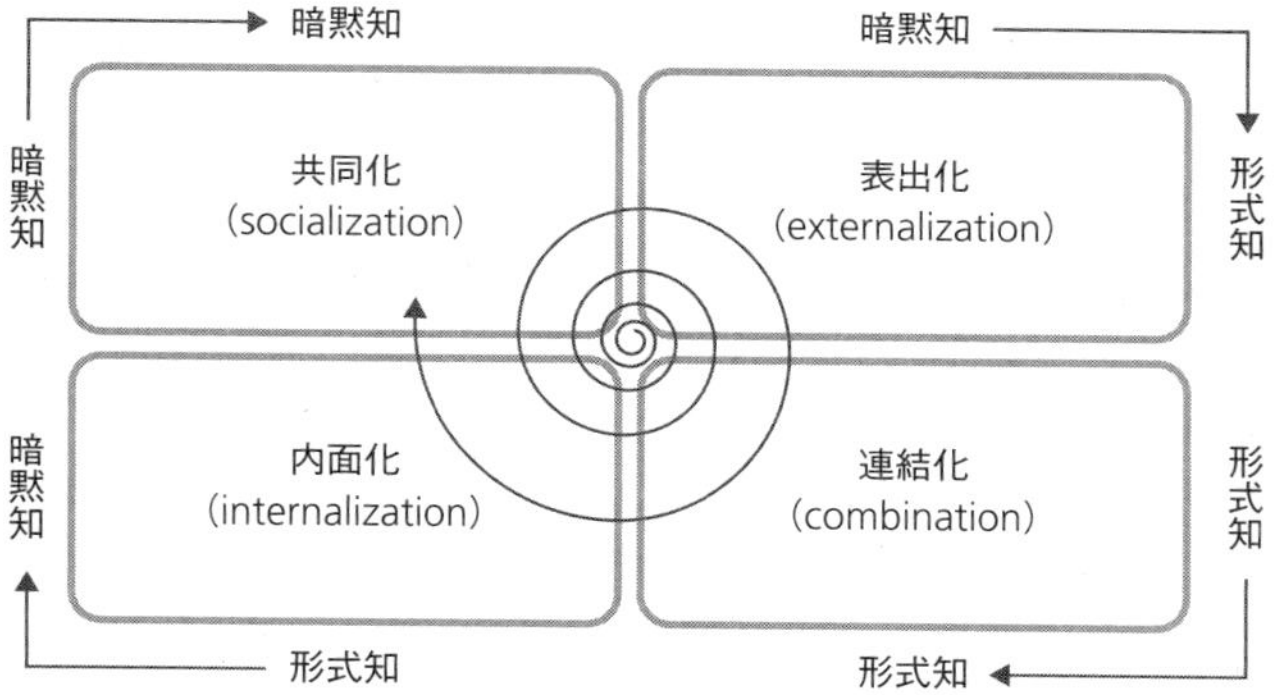

(出所) 次の図を一部修正、野中郁次郎『知識創造の経営』日本経済新聞出版社、1990年、61ページ、図2-1

せん。言語化された形式知と対比する形で、このような言語化されない私たちの知識を暗黙知と言います。

野中教授は、暗黙知と形式知の相互変化作用こそが、新しい知識を創造するプロセスであるとして、SECI(セキ)と称される四つのモードで構成される知識変換モデルを提唱しました。いわば、思いを言葉に、言葉を形に、形から実践へ、そして再び実践から思いへ、といった過程の中で、暗黙知も形式知も拡大し深化していって新しい知識が創造されるということです。

変換を行う主体もモードごとに変化します。個人と個人が思いを重ねて、プロジェクトチームなどの集団で言葉に変換し、組織で形にして実践していって、再び個人の暗黙知に循環的に戻ってくるのです。

この理論の真新しさの一つは、知識創造が個人だけではなく、集団や組織によって推進されることを明示したことです。東京理科大MOTで教鞭を執られた森健一教授は、かつて東芝で日本語ワードプロセッサーを開発された卓越した技術者であり、経営者です。アルファベットでの読みを入力すると仮名漢字変換できたことは、コンピュータ化の進展する現代で、アルファベット以外の世界のすべての言語を救った大発明だったわけです。このことで森教授は、文化功労者にも選ばれました。

その森教授が「私は一時期、野中理論を勉強したよ」と話してくださったことがありました。森教授によると、新しい技術や製品を成功させるには、優れたコンセプトを生み出す創造性が要求されるのだけれども、欧米の創造性開発に関する研究を見ても腑に落ちなかったそうです。

というのも、それらの研究のほとんどが知的創造は優れた個人によって行われるという前提に立っていたからだそうです。森教授自身の経験における、新しいコンセプトなどの創造は自分を含めた開発チームみんなでやってきたという実感と合わなかったわけです。そうした模索を行っていたときに組織的知識創造理論に出合ったとのことでした。

企業経営という観点からすれば、暗黙知は現場の経験から生まれる意味のある経験知ですが、しかしそれが個人の「胸の内」や「勘」にとどまっている限り、組織的に共有・活用できる知とはなり得ません。組織において重要となるのは、知識創造の主体としての現場の従業員の価値を認めるとともに、個々人の知の獲得・蓄積を触発し方向付け、組織的に共有・拡大させるプロセスのマネジメントにあります。ITによる支援を含めて、組織的知識創造を促進するメカニズムの解明やシステムの構築が今日でも進行しています。

(3) 見えざる資産とダイナミック経営戦略

企業の競争力の源泉として、バランスシート上に載るようなお金や物、設備といった資産に加えて、技術やノウハウなどの経営資産があることを知らない人はほとんどいないでしょう。こうした情報的な資産を「見えざる資産」として特定した上で、経営戦略におけるダイナミックな適合（戦略的適合）を概念化し、製品やお金にこだわってきた従来の静態的な理論の延長線上にはない、新しいダイナミックな経営戦略論の世界を構築したのが、これまでも何度かご登場いただいた伊丹敬之教授（東京理科大大学院イノベーション研究科教授）です。

伊丹教授が企業経営を捉える際の一つのキーワードが「情報」です。企業は、モノやサービスを作り、市場に投じ、その販売の対価として収益を得るわけですが、その背景にある企業の本質的な活動とは、「情報をやりとりし、蓄積する」ことです。そして、この情報のやりとりや蓄積から、「見えざる資産」が生み出されるのです。

「見えざる資産」の代表格は「技術」ということになりますが、その他にも具体的には「ノウハウ」や「ブランド」「組織風土」などを指します。これらの見えざる資産が企業の競争力の源泉となるのです。

この見えざる資産のユニークさ、または重要な理由として、二つの特徴があげられます。一つは、様々な事業で同時に使える「多重利用性」があるということです。これは見える資産と見えざる資産の最大の違いと言ってよいかもしれません。見える資産はいったん使うと他には利用できませんが、技術などの見えざる資産の場合には、同時に複数の事業や製品に活用することができます。そのため、企業の競争優位性の確立に大きく貢献するわけです。

もう一つは、技術などの見えざる資産は、日常の業務を通じて現場に自然に蓄積されていくということです。お金を出したり、意図的な努力をしたりしなくても、現場で働く人々に経験的な知識や技術、ノウハウとして半ば自動的に貯められていきます。したがって、特別な投資なしに無料で貯まるという意味では、これをうまく活用すれば極めて効率の良い資産になるのです。

伊丹教授はこうした「見えざる資産」についての探究を足がかりに、成功した戦略の膨大な事例を集めて、それらに共通する戦略の特徴とそれが成功する理由を分析しました。この研究によって優れた経営戦略の基本と論理を体系的に示したのです。その中で独自の経営戦略の定義とその成功要因について全体像を示しますが、伊丹理論のもう一つのユニ

図7－2 見えざる資産とダイナミック戦略適合（アスクルの例）

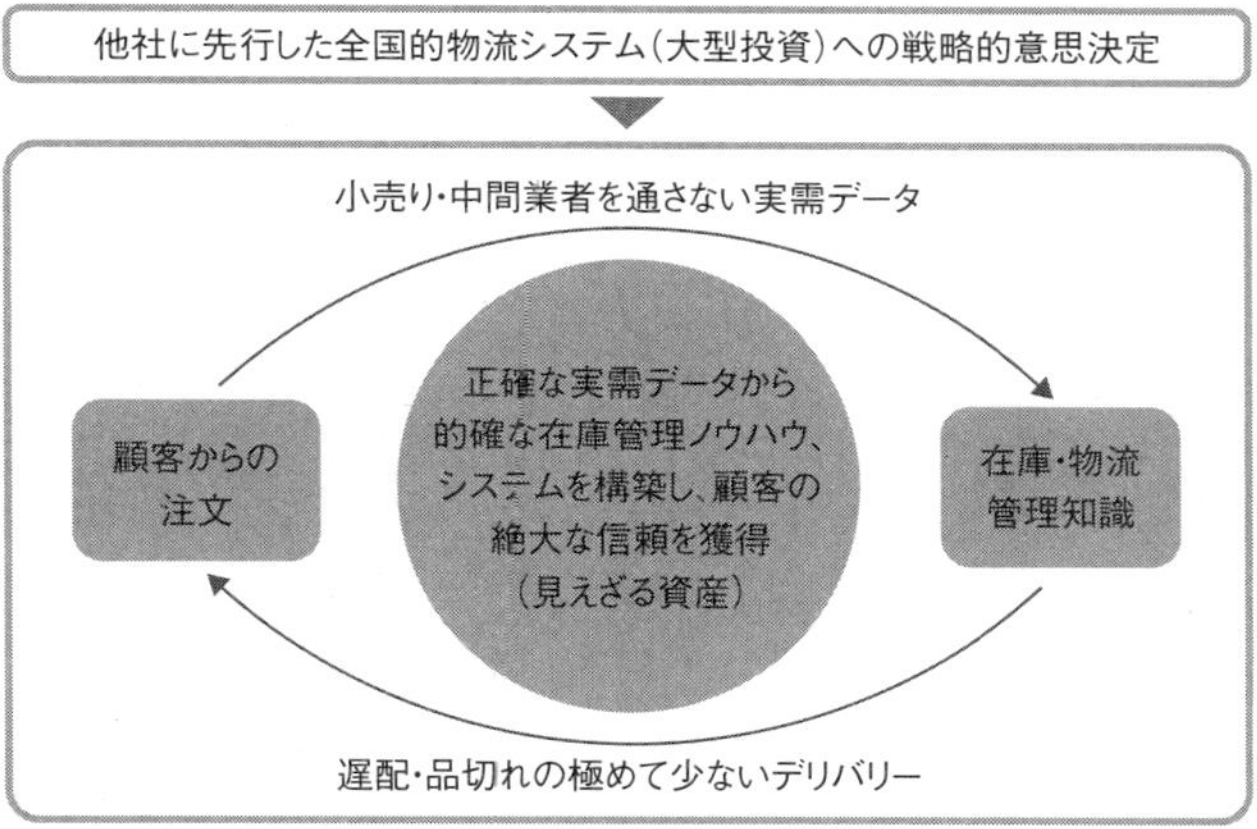
他社に先行した全国的物流システム（大型投資）への戦略的意思決定
小売り・中間業者を通さない実需データ
顧客からの注文
正確な実需データから的確な在庫管理ノウハウ、システムを構築し、顧客の絶大な信頼を獲得（見えざる資産）
在庫・物流管理知識
遅配・品切れの極めて少ないデリバリー

ークさは、ダイナミックな戦略的適合という概念にあります。

まず、経営戦略とは「何を、誰に、どうやって」という企業活動の「設計図」と定義できます。わかりやすく言えば、企業の基本的な活動の枠を決めるものです。そして、経営戦略の成功要因について、最新の『経営戦略の論理〔第4版〕』によると、顧客適合、競争適合、資源適合、技術適合、心理適合、五つのタイプの「戦略的適合」を提唱しています。

ここで提唱される「戦略的適合」とは、決してある環境に受動的に合わせていくような短期的（あるいはスポット）で静態的な概念ではありません。

一般的に適合というと、一方が他方に合わせる静態的で受動的なイメージを持ちます。しかし、成功した戦略における適合の内実はむしろ積極的で動態的（ダイナミック）なものです。たとえば、顧客への適合を考える場合、顧客のニーズに受動的に合わせるのではなく、積極的に顧客のニーズを創造し、変化した顧客によって戦略自体が変化していき、そのことが再び顧客に変化をもたらすというような意味でのダイナミックな適合なのです。前章で紹介したオーソドックスな戦略フレームが想定していた静態的で受動的な適合とは明らかに異なるダイナミックな戦略観を、世界に先駆けて発信したのです。

(4) ダイナミックな知的活動体としての企業

世界の経営学に新しいパラダイムを構築した経営組織と経営戦略に関わる二つの日本発信の経営理論を紹介しました。二つとも、イノベーションと情報の民主化による経営のあり方のあるべき姿を先駆的に解明している研究であることがおわかりいただけたのではないでしょうか。研究分野が組織と戦略ですので、対象とするものやレベルは異なるものの、その中で共通する二つのポイントがありそうです。

一つは、従業員を単なる労働力、あるいは機械やマニュアルワーカーとしては見ていないことです。従業員にはそれぞれの思いや世界観があって、実際の企業活動の学習の主体であり、現場にこそ価値ある情報や知恵が蓄積されていると捉えていることです。従業員の思いや感情、そして知性をきちんと認めた上で、それらの積極的な側面も取り上げて、経営の一翼を担う存在としての従業員の組織的な活用や戦略的な配慮を主張しています。

もう一つは、経営をダイナミックなプロセスとして捉えていることです。前述したとおり、従業員が知的で企業の学習の主体として考えれば、上意下達の一方的な指示に従わせることがマネジメントではないはずです。

ナレッジ・マネジメントでは、現場の経験から生まれる暗黙知が組織的に活用され、再び個人の暗黙知を豊かにするよう影響を与えるスパイラル的なプロセスの構築が重要とされています。ダイナミック戦略的適合でも、戦略が従業員の行動を変化させ、新しい行動による新しい学習が戦略を進化させるようなテコ（レバレッジ）のような適合が主張されています。

もちろん従来の欧米の経営学でも、従業員に個人的な思いや感情がないと思われていたわけではありません。とくに心理学を出自とするようなミクロ組織論においては、人間を社会的で自己実現欲求を持った複雑な存在として捉えてきました。

しかし、企業経営全般を捉える視点としては、会社と従業員の欲求は相反するもの、または従業員個人の思いや知識を統率のとれた組織的行動への障害物（ノイズ）のように考えてきたと感じます。このような従来の経営学の世界に、二つの理論は大きな矢を投じることになったのです。

自分自身を振り返っても「賢くなった」という表現は相応しくないかもしれませんが、

情報の民主化によって、老若男女、一般の人や労働者が、少なくとも安価に世界中のニュース、動向、知的な蓄積に接することができるようになりました。情報の民主化によって情報的に武装された人々の集まりが企業であり、従業員は技術もなく組織的労働にも慣れていない愚かで命令されるままに働いている存在ではありません。こうした新しい時代の潮流が、新しい経営のあり方や理論を要請しているのです。

両先生とも、紹介したようなすばらしい理論構築を行うにあたって、膨大な卓越した日本企業の調査を行っています。もちろん、日本企業といっても多種多様なわけで、決して褒められないマネジメントを行っている会社もあるでしょうが、世界的に発展した日本企業は、現場や従業員の価値を認める新しい経営を実践してきたのではないでしょうか。情報の民主化を先取りするような日本企業の実践や思想を理論化したものが、日本発の世界を動かす経営理論となったと言えるのかもしれません。

4　おわりに――人間を中心に据える経営学へ

(1)　経営学のトレンド

「イノベーション」と「情報の民主化」という相互に影響を持っている二つの流れの中で、

極めて先駆的である二つの理論を紹介しました。また、これらの研究の根っこに日本企業に対する膨大で詳細な調査があることから、日本企業の経営実践に先進的な面があったのではないかという私の思いも述べました。第I章から見てきた経営学の諸理論やフレームワークの変遷も、こうした時代的な変化から読み取ることができるかもしれません。

第I章では、人を直接動かすことはできないので、マネジメントの基本としては意思決定前提を置くことで望ましい行動を取ってもらうようにすると書きました。しかし不確実性の高いイノベーションの時代と、従業員も世界中の情報を手にすることができる情報の民主化によって、意思決定前提の基軸は「事実前提」から「価値前提」に移行しつつあると思います。

企業観もイノベーションの促進が望まれる中で、株主の利益を極大化する一つの方法として事業を切ったり貼ったりする変革もあるでしょうが、安心と安定を作り出すことにより思い切った挑戦ができるという企業の機能が大事になってきています。

モチベーションも動因理論の適用、つまり馬の前につるすニンジンを、人間に対しては何にするのかという議論が主流だったように思います。そうした外発的動機付けだけでは、一人ひとりの主体的な取り組みの必要なイノベーション業務には効果をもたらしません。人間が自主的に取り組む内発的動機付けに重心が置かれてきています。

リーダーシップ論は、俺についてこい型の天才的なひらめきと行動力を持つカリスマ・

図7－3　経営学のトレンド

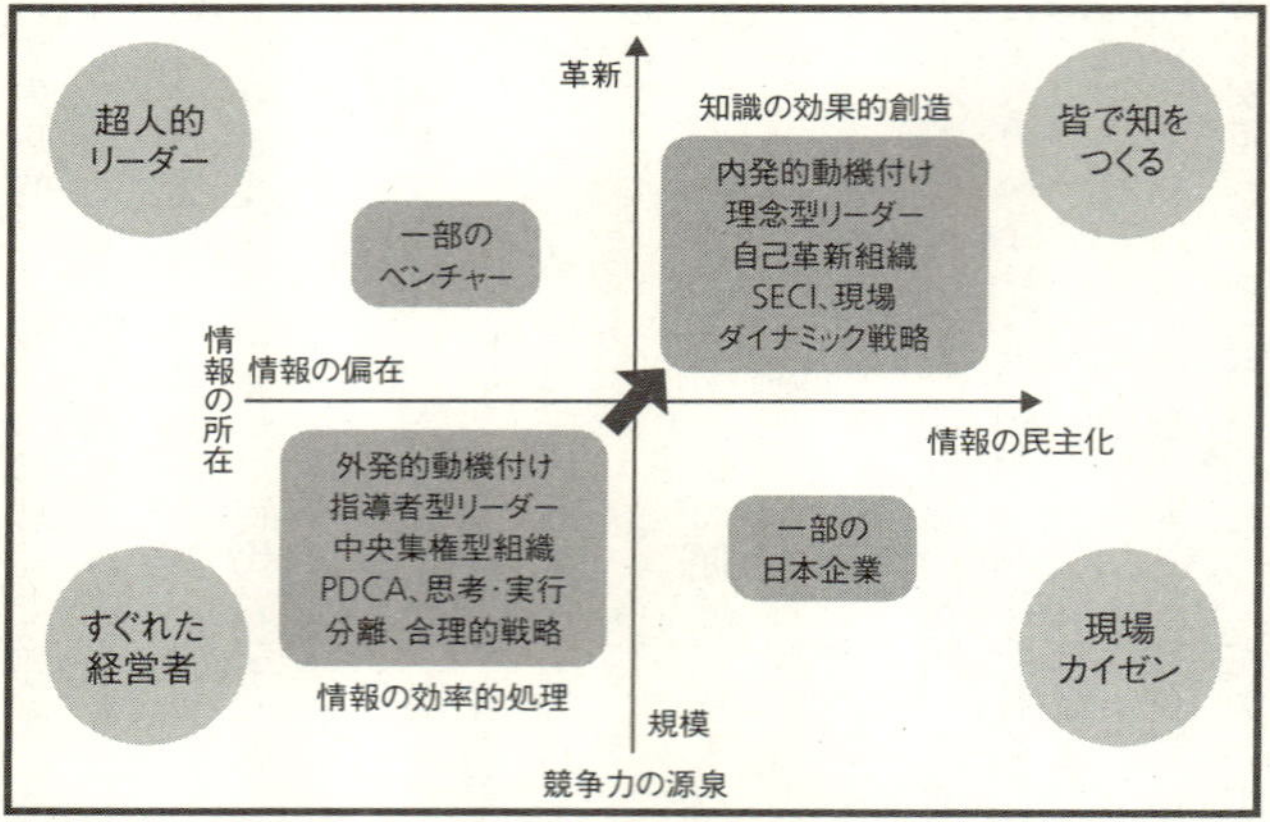

リーダー論から、周囲の人間に尽くして逆に持ち上げられる理念型のリーダー、あるいはサーバント・リーダー論が注目されています。情報の民主化によって、上司だけが知っているという情報パワーは崩壊し、価値や理念によって部下を動かしていく時代になっているのです。

経営組織論は、イノベーションと情報の民主化の時代的影響を最も受けている経営学の研究分野と言えるでしょう。一見すると、官僚制組織が崩壊し、フラットなネットワーク型とも称されるような組織構造が喧伝されていますが、情報の民主化によってスマートになった組織メンバーの人間性を守りつつ自己革新を図れる、イノベーションの時代に適合する経営組織のあり方の探究が、喫緊のテーマになっています。

最後に経営戦略論は、経営幹部や戦略スタッフが合理的に策定し下位組織に振り下ろすものから、そもそものあるべき姿の提示と、企業の中央と現場との相互作用の中から創発されてくるプロセスを重視する傾向が強くなっていると思います。不確実に変化する世界で現場に行為をもたらし、そこから得られるリアリティと中央との対話が優れた戦略を作っていくのです。

こうした経営学のトレンドを図示したものが、前ページの図7－3です。この図は単純に左下から右上への転換を意味しているのではありません。むしろ、左下の特性に右上の特性が加わっているという理解の方が正しいかもしれません。たとえば、情報の民主化によって、サーバント・リーダーのみが重要視されるのではなく、卓越した理念や思考と高度な情報力を兼ね備えた超人型リーダーも活躍する時代とも言えるわけです。

見方を変えれば、情報を持ったスマートな従業員の主体的な努力が求められる時代には、経済的動機のみで動くわけではない人間の本質的な特性を内包するマネジメントが要請されているように思えます。それは、人間を行動させる原理を総動員したマネジメントなのでしょう。

(2) 経済と人間の論理の相克としての経営学

では、人間を動かす原理は何でしょうか。経済学や経営学、社会学などにおいては、人間の行動原理を大きく分けて考えることができます。

一つは経済学が想定しているような、経済的合理性を追求する、打算的で利己的な人間像です。確かに私たちは他人と競争し自己の経済的利益を増やすために働いています。それが文明を作り発展してきた人間の原動力といえるものでしょう。しかしそれだけではないはずです。自分の利益を犠牲にしてまで他人を思いやったり、仲間を助けたりします。第Ⅲ章でも紹介した「フクシマ・フィフティーズ」と海外のニュースで取り上げられたような、金銭的にはかけがえのないはずの命をかけて使命を達成しようとする人がいます。

打算的ではないもう一つの人間の行動原理は、倫理的で高邁な社会的理想を実現しようとする利他的な人間像でしょう。

人間の行動原理が「打算」と「倫理」の二つであるとすると、この二つを同時に活用し追求していくことが、人を効果的に動かす基本のように思えます。しかし、それらを同時に追求しようとすると、二つのシステムは相反するものにならざるを得ないようです。

打算的な人間を動かすシステムは、明確な数値で表される短期的な業績に応じた金銭的報酬のメリハリによるものになるでしょう。これをファイナンス主導経営とすると、財務的データの性格上、一定期間の行動の（事後的な）結果ということになります。

事後的なので、対応が後手後手に回りますが、たとえば赤字になれば、「尻に火がつく」ように強烈なメッセージを組織メンバーに与えることになります。場合によっては、痛みを伴うリストラクチャリングもやむなしという結果をもたらすことになるかもしれません。

それに対し、倫理的・理想的な側面から人間を動かすシステムを理念主導型経営と呼ぶとすると、人間性という曖昧で長期的な概念をもとにするため、ロジックとして脆弱です。理想とのギャップという意味では、日頃からチェックされることになるので、オンタイムという利点はあるのですが、理想と違うからといって尻に火がつくわけではありません。コンプライアンスに触れるようなことでなければ、「今日Aさんへの思いやりが足りなかったけど、まあいいか」で終わってしまうかもしれません。

このように二つのシステムはそれぞれ長短を持っていて、人を動かす（動いてもらう）経営の理想としては、両者の同時極大化が求められるでしょう。しかし相反する特徴を持つため、併存させようとすると対立が生じます。対立すれば、おそらく打算的な人間行動原理を刺激する前者のシステムが勝つことになると思います。従業員ははるかな理想よりも目の前の業績を上げるプレッシャーをより強く感じるでしょうし、何よりも打算的な原理で動いているであろう、商品・金融マーケットがその背後に控えているからです。

では、誰が脆弱な理念主導型経営を推し進める原動力となるのでしょうか。それは経営者やリーダーしかいないのではないでしょうか。

社会的な理想や理念を重視する企業に対して、「儲かっている企業のアクセサリーだ」とか「企業経営はボランティア活動じゃないんだ」という声もあります。しかし、そうした企業は利益追求をおろそかにしているのではないはずです。むしろ、人間の二つの行動原理を同時に追求することで、より生産性を高めることになっているはずです。

すなわち、経営者やリーダーが理念に偏重し、倫理や理想の探求にぐっと重しを置いた言動をしていくことで、やっとバランスがとれるぐらいなのです。

(3) ドラッカーはなぜマネジメント研究を始めたか

この本の中でも多くの経営学者を取り上げていますが、私個人としては、ドラッカーが大好きです。産業社会や企業経営の未来を示唆し、現在の社会に警鐘を鳴らすような学者や研究者はたくさんいますが、その中でドラッカーは経営学がなぜ必要かという深い問題意識を常に基底に備えているように感じるからです。

ドラッカーは第二次世界大戦前のヨーロッパの混乱の原因を、企業経営（management）に関する知識の未成熟によるものだとしました。ドラッカーは二〇世紀初頭にオーストリアに生まれて、二〇代後半に米国に移住するまでヨーロッパで育つわけですが、自由主義と全体主義の対立や社会的混乱と戦争といった現実を目の前に、マネジメントの理論の必要性を謳っていきます。

ドラッカーの処女作である『「経済人」の終わり』では、自由主義的な経済体制はその目論見とは異なり、人々に自由と幸福をもたらしたわけではなく、むしろ孤立して浮遊する個人を作り出し、社会的不安を増大させることを分析しています。このような危惧すべき状況を打開する手段の一つとして企業経営に着目していったのだと思います。

つまり、企業が経済活動の主人公となっているのに、経済学のように市場という大海原に企業という小さな島があると捉えるだけでは、現実の経済問題を解決できないばかりか、大企業経営に関する知識を構築しないと人々が不幸になるだけだという問題意識が、彼の経営学研究の大きな動機の一つだったようです。

社会レベルで考えれば、理想や思想の異なるたくさんの人がいて、その多種多様な人たちを束ねる法律や政治体制、そして経済政策の実現は極めて困難であることが容易に推察されます。しかし企業という枠の中では、経済的にも精神的にも人々の自由と平安を確保できる仕組みが作れるのではないかという実践的な考えもあったかもしれません。

企業が経済活動の主人公になっているという現実に対して、経済学などの他の学問の援用ではない経営学の創造と発展に取り組んでいったのです。したがって、経営学は単なる金儲けの学問ではなく、マネジメントを洗練させることで、社会や人々の幸福を実現しようとする学問なのです。

(4) 人間を中心に据える経営学へ

経済学は人間を打算的な存在として捉え、そうした人間がたくさん集まって相互作用をした（し合った）場合、どのような社会や社会的成果が生じるのかを探究する学問です。しかし人間は一〇〇％打算によって動く存在ではありません。

第Ⅲ章で紹介したとおり、利己的で打算的な人間が貨幣の創造によって登場したならば、それは貨幣が生み出されて以降のたかだか数千年の歴史しかありません。人類が誕生したのが二五万年前だとすると、人々が平等で助け合っていた二〇万年以上の歴史があるはずです。働くとは、自分の蓄財ではなく、みんなのために行うことだという長い経験が遺伝子の中に残っているはずです。

打算的ではない、他人を助けたり社会的な調和や倫理を大切にしたりする人間のもう一方の側面こそが、私たちが日頃言う「人間性」のもとではないでしょうか。ドラッカーは、企業を人間性の復興の装置、マネジメントをそれを達成する手段として捉えて、マネジメントの研究と理論化に努力していたように思えるのです。

ドラッカーによれば、マネジメントとは経営資源の活かし方のことであって、経営資源の中でも最も貴重だが不確実なヒトをいかに活かすか、すなわち他人または人々をいかに動かして組織として事をなすかが経営の中心的な課題です。

こうした「人間性」に相対する形で、自己の利益を極大化しようとする人間社会の特性をあえて「経済性」と呼ぶとしたら、経済性の原理が世の中を極めて強力に支配しつつある今日、社会の平和や安定、安心を求める人間性を守り発展させていく主体が企業であ

図7−4 人間行動原理と経営システム

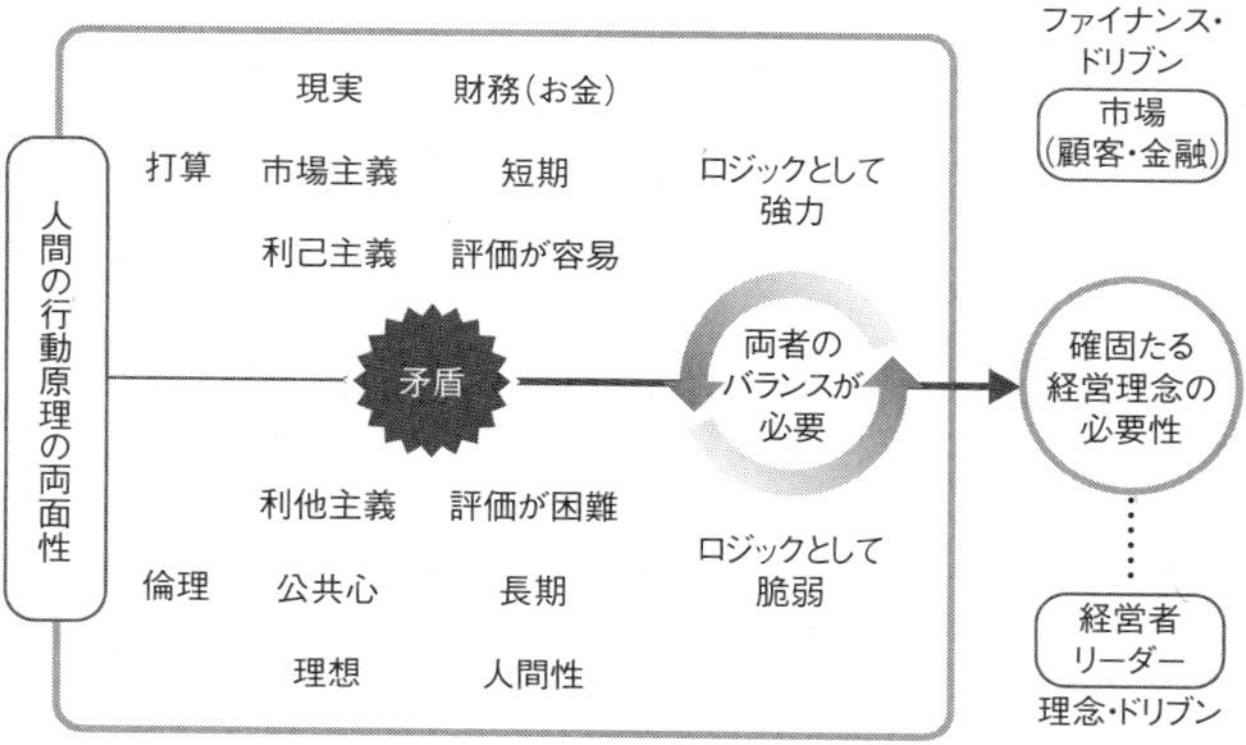

り、それを実現する手段が経営なのではないでしょうか。

景気の浮き沈みの激しい今日において、日頃の経営の実践が利益や成長、あるいは企業としての生き残りを目的として展開されていることは、紛れもない事実だと思います。しかし、経営学の目的は実践を後押しするだけの、企業に成長や利益をもたらすことではありません。利益や成長は、企業が社会や人々に幸せをもたらすという目的に対する手段です。

経営学を学ぶ意味は、理想的・倫理的な視点を持って、人々の自由と平和を維持発展させようとする企業経営を構想・実現することにあるのです。

主要参考文献

・アンゾフ、H・I（1977）『企業戦略論』（広田寿亮訳）産業能率大学出版部
・伊丹敬之（2013）『経営戦略の論理［第四版］』日本経済新聞出版社
・伊丹敬之（2009）『イノベーションを興す』日本経済新聞出版社
・伊丹敬之・加護野忠男（2003）『ゼミナール経営学入門　第3版』日本経済新聞出版社
・岩井克人（2011〜12）「やさしい経済学・貨幣論の系譜」日本経済新聞
・内野崇（2006）『変革のマネジメント』生産性出版
・占部都美（1970）『経営学のすすめ』筑摩書房
・鬼塚喜八郎（1991）『私の履歴書』日本経済新聞社
・金井壽宏（1999）『日経文庫・経営組織』日本経済新聞出版社
・Quinn, J. D. (1980) *Strategy for change Logical Incrementalism*, Richard D. Irwin Inc.
・グリーンリーフ、R・K（2008）『サーバント・リーダーシップ』（金井壽宏監訳、金井真弓訳）英治出版
・ゲマワット、P（2002）『競争戦略論講義』（大柳正子訳）東洋経済新報社
・小松章（2006）『企業形態論［第3版］』新世社
・コリンズ、J・Cほか（1995）『ビジョナリー・カンパニー』日経BP
・サイモン、H・A（2009）『新版・経営行動』（桑田耕太郎ほか訳）ダイヤモンド社

・榊原清則（2013）『日経文庫・経営学入門［上］［下］　第2版』日本経済新聞社
・ショーン、D・A（2007）『省察的実践とは何か』（柳沢昌一・三輪建二訳）鳳書房
・ジャン、G（1990）『文字の歴史』（矢島文夫監修）創元社
・セネット、R（2008）『不安な経済／漂流する個人』（森田典正訳）大月書店
・DIAMONDハーバードビジネス編集部（2009）『動機づける力』ダイヤモンド社
・チャンドラー、A・D・Jr（2004）『組織は戦略に従う』（有賀裕子訳）ダイヤモンド社
・デジ、E・H（1980）『内発的動機づけ―実験社会心理学的アプローチ』（石田梅男訳）誠心書房
・戸部良一ほか（1991）『失敗の本質』中公文庫
・ドラッカー、P・F（1999）『明日を支配するもの』（上田惇生訳）ダイヤモンド社
・ドラッカー、P・F（2004）『［新訳］新しい現実』（上田惇生訳）ダイヤモンド社
・ドラッカー、P・F（2008）『企業とは何か』（上田惇生訳）ダイヤモンド社
・新田次郎（1978）『八甲田山死の彷徨』新潮社
・野中郁次郎（1990）『知識創造の経営』日本経済新聞出版社
・バーナード、C・I（1968）『新訳・経営者の役割』（山本安次郎ほか訳）ダイヤモンド社
・Burns, T. and G. M. Stalker (1961) *The Management of Innovation*, Tavistock.
・フェッファー、J・&R・サットン（2009）『事実に基づいた経営』（清水勝彦訳）東洋経済新報社
・プラハラッド、C・K&G・ハメル（1990）「コア競争力の発見と開発」『DIAMONDハーバード・ビジネス』八〜九月
・ヘーゲルⅢ&J・M・シンガー（2001）『ネットの真価〈インフォミディアリが市場を制する〉』

（小西龍治訳）東洋経済新報社
・ペロー、C（1973）『組織の社会学』（岡田至雄訳）ダイヤモンド社
・ペンローズ、E・T（2010）『企業成長の理論』（日高千景訳）ダイヤモンド社
・ポーター、M・E（1995）『競争の戦略』（土岐坤ほか訳）ダイヤモンド社
・ポラニー、M（1980）『暗黙知の次元』（佐藤敬三訳）紀伊國屋書店
・マグレガー、D（1970）『企業の人間的側面』（高橋達男訳）産業能率大学出版
・マズロー、A・H（1987）『人間性の心理学』（小口忠彦訳）産業能率大学出版
・宮本又郎ほか編著（1995）『日本経営史』有斐閣
・ミンツバーグ、H（1997）『戦略計画』（中村元一監訳）産能大学出版
・森川英正（1993）「日本トップマネジメント」伊丹敬之ほか編『日本の企業システム』第三巻、有斐閣
・森下伸也ほか（1989）『パラドクスの社会学』新曜社
・米倉誠一郎（1999）『経営革命の構造』岩波書店
・ロジャーズ、D（2013）『古今の名将に学ぶ経営戦略』（松野弘訳）ミネルヴァ書房
・ロビンス、S・P（1997）『組織行動のマネジメント』（髙木晴夫監訳）ダイヤモンド社
・ロバーツ、J（2005）『現代企業の組織デザイン』（谷口和弘訳）NTT出版
・ローレンス、P・R&J・W・ローシュ（1977）『組織の条件適応理論』（吉田博訳）産業能率大学出版部
・ワイク、K・E（2001）『センスメーキング イン オーガニゼーションズ』（遠田雄志・西本直人訳）文眞堂

あとがき

日本経済新聞出版社の堀口祐介さんとの会話の中から、「働く人みんなのための実戦教養としての経営学」というお題が生まれました。私のような浅薄な大学人にとって、経営学は実学的色彩の強い学問分野です。制度的に見ても、経営学部や商学部でもない限り、教養課程に「経営学」が設置されている大学は少ないと思われました。そのため、経営学の単なる基礎的な概念や理論の解説ではない「経営学の教養」とは何かと聞かれると考え込んでしまいます。それでも書いてみようと決めたのは、堀口さんとの会話によって、経営学にとっての「教養」とは何であろうか、と素直な知的関心が生まれたからと言っていいのかもしれません。

「まえがき」でも述べましたが、教養の本質を探究する専門の研究者（教養学者？）ではない私からすると、そもそも教養という言葉は三つの要素を持つと思われます。

まず、教養とは世界や社会が正しい方向に進むために、一人ひとりに正しい意思決定をもたらす基礎的な知識や考え方の集合体です。また、教養には人格や品格が含まれているということです。単に物事を正しく分析するための知識の豊富さだけでは教養ある人とは言われません。それを正しい方向に用いようとする高い倫理性や人間性を兼ね備えた概念だと思うのです。さらに、みんなが知っておくべき知識であり、多くの人が教養を身につけることで社会全体がいい方向に向かう理想が含まれたものだということです。

こうした堀口さんとの話し合いから「みんなの経営学」という、この本のタイトルも生まれました。

では経営学の教養とはどのようなものでしょうか。

教養という、途轍もなく大きくて大事な概念を前に私の筆（ワープロを打つ指？）は幾度となく止まってしまいました。

そんな私に思考のヒントを与えてくれたのは、大学院時代の恩師である野中郁次郎先生（一橋大学名誉教授）、伊丹敬之先生（東京理科大学）、榊原清則先生（中央大学）と、長く研究会でご一緒している内野崇先生（学習院大学）と、金井壽宏先生（神戸大学）です。

先生方からは、教室や研究会で数々の知識を授けていただいたのですが、この本に関して言えば、国立や神楽坂や有楽町あたりのレストランや居酒屋、あるいは夜の新幹線の中で、グラスやおちょこを片手に「経営学ってもんはねえ……」とか「そもそもマネジメントとは……」といった語り出しでお話しくださった内容がアイデアのもとになっています（お話しになった内容を先生方が覚えていらっしゃるかどうかは定かではありませんが）。

この本がまがりなりにも完成したのは先生方のおかげです。もちろん、執筆内容に関しては私に全面的な責任があります。

また、この本の対象領域が私が専門とする知識範囲を大きく超えるものだったことと、実務家からの知見を取り入れるべきだという思いから、執筆過程でたくさんの方の知恵をお借りしました。松島茂先生、西野和美先生（東京理科大学）と、柴田典子先生（横浜市立大学）には、それぞれ経営史学と経営戦略論とマーケティング論の専門的な視点から貴重なコメントをいただきました。

さらに、東京理科大MOT第八期生（佐々木研究室）の及川昌志さん、小笠原淳さん、小林靖さん、山中正樹さん、日本生産性本部の小林秀行さん、同本部経営アカデミーの「組織変革とリーダーシップコース」の青木良行さん、石川卓司さん、松崎永太さん、中田孝志さん、南憲吉さん、久保田一秀さん、畑行信さん、中村憲二さん、古橋孝祥さん、米内山辰司さん、大原恭子さんからは、実務家の立場からの価値あるご意見をいただきました。皆さん、ありがとうございます。

最後になりましたが、やはり日本経済新聞出版社の堀口さんには最大限の感謝の意を表さなければなりません。遅々として進まない原稿に、あるときには激励を、あるときには叱咤をくださりながら、研究をサポートしてくださいました。この本は堀口さんの知力と人間力の賜物です。本当にありがとうございました。

二〇一三年七月

佐々木　圭吾

本書は、二〇一三年八月に日本経済新聞出版社から発行した
『みんなの経営学』を文庫化にあたって加筆・修正したものです。

日経ビジネス人文庫

みんなの経《けい》営《えい》学《がく》
使《つか》える実《じつ》戦《せん》教《きょう》養《よう》講《こう》座《ざ》

2016年7月1日　第1刷発行
2023年4月5日　第3刷発行

著者
佐々木圭吾
ささき・けいご

発行者
國分正哉
発　行
株式会社日経ＢＰ
日本経済新聞出版
発　売
株式会社日経ＢＰマーケティング
〒105-8308 東京都港区虎ノ門4-3-12
ブックデザイン
鈴木成一デザイン室
印刷・製本
凸版印刷

Printed in Japan　ISBN978-4-532-19800-8

本書籍に関するお問い合わせ、ご連絡は下記にて承ります。
https://nkbp.jp/booksQA

日経 好評既刊

働くみんなのモティベーション論

金井壽宏

「やる気」の持論があれば、自分自身も周囲にも意欲を持たせることができる！　人気経営学者が、理論と実践例から「やる気」を考える。

15歳からの経済入門

泉　美智子
河原和之

「景気が悪い悪いって、誰のせいなの？」――身の回りの素朴な疑問から、経済の根っこをやさしく解説。見てわかる、読んで楽しい、楽習書！

よき経営者の姿

伊丹敬之

ただの「社長ごっこ」はもうやめよう。経営戦略研究家として名高い著者が、成功する真の経営者の論理を解き明かす。経営者必読の指南書。

模倣の経営学

井上達彦

成功するビジネスの多くは模倣からできている。他社（手本）の本質を見抜き〝儲かる仕組み〟を抽出する方法を企業事例から分析。

BCG流 経営者はこう育てる

菅野　寛

「いかに優秀な経営者になり、後進を育てるか」。稲盛和夫や柳井正などとの議論をもとに、「経営者としてのスキルセット」を提唱する。